Culinária de Todas as Cores
200 Receitas
Especiais Para Crianças

Culinária de Todas as Cores
200 Receitas
Especiais Para Crianças

Emma Jane Frost

PubliFolha

Um livro da Hachette Livre UK Company
Título original: *All Colour Cookbook: 200 Recipes for Kids*
Publicado originalmente na Grã-Bretanha em 2009 pela Hamlyn,
uma divisão do Octopus Publishing Group Ltd,
Endeavour House, 189 Shaftesbury Avenue, WC2H 8JY, Londres, Inglaterra.

Copyright © 2009 Octopus Publishing Group Ltd
Copyright © 2015 Publifolha Editora Ltda.

Todos os direitos reservados. Nenhuma parte desta obra pode ser
reproduzida, arquivada ou transmitida de nenhuma forma ou por nenhum
meio sem a permissão expressa e por escrito da Publifolha Editora Ltda.

Proibida a comercialização fora do território brasileiro.

COORDENAÇÃO DO PROJETO: PUBLIFOLHA
Editora-assistente: Nina Bandeira
Coordenadora de produção gráfica: Soraia Pauli Scarpa
Produtora gráfica: Mariana Metidieri

PRODUÇÃO EDITORIAL: ESTÚDIO SABIÁ
Edição: Silvana Salerno
Tradução: Elenice Barbosa de Araujo
Preparação de texto: Paola Morsello
Revisão: Valéria Braga, Hebe Lucas
Editoração eletrônica: Pólen Editorial

Dados Internacionais de Catalogação na Publicação (CIP)
(Câmara Brasileira do Livro, SP, Brasil)

Frost, Emma Jane
   200 receitas especiais para crianças / Emma Jane
Frost [tradução Elenice Barbosa de Araujo]. – São Paulo :
Publifolha, 2015. – (Coleção culinária de todas as cores)

   Título original: All colour cookbook : 200 recipes for kids.
   1ª reimpr. da 1ª ed. de 2010
   ISBN 978-85-7914-161-4

   1. Crianças – Nutrição 2. Culinária 3. Receitas
4. Saúde – Promoção I. Título.

10-01559   CDD-641.5123

Índices para catálogo sistemático:
1. Crianças : Alimentação : Receitas : Culinária   641.5123
2. Receitas : Crianças : Alimentação : Culinária   641.5123

Este livro segue as regras do Acordo Ortográfico da Língua
Portuguesa (1990), em vigor desde 1º de janeiro de 2009.

Impresso na China.

PUBLIFOLHA

Divisão de Publicações do Grupo Folha
Al. Barão de Limeira, 401, 6º andar
CEP 01202-900, São Paulo, SP
Tel.: (11) 3224-2186/ 2187/ 2197
www.publifolha.com.br

NOTA DO EDITOR
Apesar de todos os cuidados tomados na elaboração das receitas deste livro,
a editora original não se responsabiliza por erros ou omissões decorrentes da
preparação dos pratos.
Pessoas com restrições alimentares, grávidas e lactantes devem consultar um
médico especialista sobre os ingredientes de cada receita antes de prepará-la.
As fotos podem conter acompanhamentos ou ingredientes meramente ilustrativos.
Observações, exceto se orientado de outra forma:
• Use sempre ingredientes frescos
• O forno deve ser preaquecido na temperatura indicada na receita
Equivalência de medidas:
• 1 colher (chá) = 5 ml
• 1 colher (sopa) = 15 ml
• 1 xícara (chá) = 250 ml

sumário

introdução	6
café da manhã	14
almoços caprichados	38
jantares saborosos	76
lanches rápidos	108
restaurante em casa	134
lanches reforçados	154
sobremesas	194
sucos, vitaminas e milk shakes	220
índice	236
créditos	240

introdução

introdução

As refeições são sinônimo de relaxamento e alegria: pais e filhos reunidos interagindo em torno da mesa, e todos a limparem os pratos. Na realidade, a tarefa de alimentar uma família é bem diferente. Em geral, um dos responsáveis se encarrega de preparar a comida e entreter as crianças ao mesmo tempo. Muitas vezes, o ingrediente principal acabou de sair do freezer, ignorando as 24 horas de descongelamento, e uma das crianças tem aula de natação! Todos sonham com uma rotina menos estressante; assim, o objetivo deste livro é facilitar o preparo das refeições, tornando-o uma experiência não só divertida e prazerosa, como também mais saudável e bem-sucedida para todos os envolvidos.

Receitas para qualquer ocasião

Os pais sabem que cozinhar para os filhos é um desafio. Muitos de nós nos habituamos a repetir sempre os mesmos pratos, simplesmente porque é terrível ter de jogar comida fora ao final da refeição. No entanto, é nos primeiros anos de desenvolvimento que a criança aprende a aceitar e a gostar de novos alimentos; nesse período, é fundamental encorajá-la a experimentar novos sabores e diferentes texturas.

Este livro parte deste princípio: leva em conta que as crianças gostam de pratos simples e atrativos e que não é tarefa fácil agradá-las. Todas as receitas foram fotografadas, para que você saiba exatamente o que esperar do prato, e testadas quanto ao seu apelo infantil. Para evitar que seus filhos se cansem da repetição dos pratos, incluímos ao final de cada receita sugestões criativas para variá-los. Assim, de modo fácil e prático, oferecemos opções de sobra para você jamais perder a inspiração ao alimentar sua família!

A hora do café da manhã

O primeiro capítulo apresenta 22 sugestões para inovar no desjejum. Muitas crianças começam o dia com um prato de sucrilhos com leite, ou leite com achocolatado. Porém,

é importante lembrar que o metabolismo infantil é acelerado. Para crianças em idade escolar, em especial, o café da manhã é a refeição mais importante do dia, por isso deve ser planejado para satisfazer até a hora do almoço. O estômago vazio resulta na falta de concentração, e a falta de nutrientes prejudica o raciocínio, portanto ofereça às crianças pela manhã o que elas mais gostam: banana com aveia e frutas variadas, ovos, pãozinho com requeijão, iogurte e sucos — e veja a diferença ao longo do dia.

Almoço

O capítulo seguinte, "Almoços caprichados", pretende romper com os costumeiros sanduíches de queijo e presunto a que muitos se habituaram. As crianças de 2 a 6 anos costumam sentir bastante fome por volta do meio-dia, e uma refeição nutritiva e substanciosa pode evitar uma choradeira ao final da tarde.

Jantar

Os "Jantares saborosos" do capítulo seguinte fazem jus ao título — refeições testadas e aprovadas que vão conquistar os pequenos. Algumas das receitas são um pouco mais elaboradas do que outras, mas foram incluídas por agradar praticamente a todas as crianças. Logo, são uma boa opção não apenas para seus filhos, mas também para seus convidados com gostos variados. E não se esqueça: se a criança come bem no jantar, a hora de dormir costuma ser uma experiência bem mais tranquila e prazerosa.

Comida para viagem

Comer no carro na volta do treino esportivo, ou no carrinho de bebê a caminho da escola para apanhar o irmão mais velho infelizmente faz parte da rotina agitada atual. O capítulo "Lanches rápidos" pretende reduzir o estresse dos momentos de maior agitação, quando sentar à mesa para uma refeição é impossível. Em teoria, esses lanches podem ser transportados e fazem pouca sujeira ao serem consumidos no carro, no carrinho de bebê ou em áreas de uso comum. Contudo, não se esqueça do papel-alumínio, do filme de PVC, do guardanapo e de toalhinhas de limpeza, pois sem dúvida algo pode derramar.

Comer fora

O motivo da inclusão do capítulo "Restaurante em casa" é o fato de muitas crianças, assim como adultos, gostarem de comer fora. As sugestões são indicadas para quando o dinheiro estiver curto para bancar um bufê de café da manhã ou para quando o tempo (ou as crianças pequenas) não permitir a longa espera em restaurantes. Com tempo e determinação é possível tornar a refeição mais divertida simplesmente servindo-a num lugar inusitado como sobre um tapete, no chão, ou no jardim, para sair da rotina. Melhor ainda, guarde algumas embalagens de papel e sirva o café da manhã nelas; você ficará surpreso ao ver a reação positiva de seu filho ao comer num recipiente inusitado.

Lanches nutritivos

Para alguns, "lanche" é um palavrão. É sinônimo de barrinhas de chocolate repletas de conservantes e guloseimas que só fazem engordar. Na verdade, a criança necessita de lanches nutritivos no intervalo entre as três refeições principais para manter os níveis de energia e evitar crises de mau humor. Muitas das receitas do capítulo "Lanches reforçados" trazem guloseimas ricas em nutrientes — frutas repletas de vitaminas, uma seleção de sementes e castanhas (excelentes e práticas fontes de proteína) e uma variedade de alimentos integrais energéticos.

Sobremesa

Muitos acham que o "pudim" é ultrapassado, contém carboidratos demais e pouco sabor, mas sempre é possível agradar as crianças com uma sobremesa caseira nutritiva e saborosa. A maioria das crianças adora doces, portanto não há momento melhor para lhes apresentar uma nova fruta e sabores exóticos do que na sobremesa. Com as receitas deste capítulo, a criançada vai se esbaldar: há frutas frescas e cozidas misturadas com coberturas crocantes, panquecas, chocolate, sorvete e cremes caseiros.

Tempo disponível

Alimentar crianças, tanto aos 2 quanto aos 12 anos, demanda tempo, por isso desenvolvemos receitas práticas e rápidas. No começo, você pode levar mais tempo para prepará-las do que o esperado, caso insista no modo habitual de fazer "iscas de peixe e espaguete à bolonhesa" — aprender a usar novos ingredientes demora um pouco. O segredo do sucesso neste livro está no planejamento. Há uma variedade de receitas inspiradoras para o café da manhã, o almoço, o jantar e o lanche; assim, reserve alguns minutos (ainda que isso seja um verdadeiro desafio numa casa cheia de crianças caprichosas) para planejar o cardápio semanal, comprar apenas o necessário para as receitas e descongelar carnes e peixe em tempo hábil.

Ao cozinhar para crianças, é importante manter um estoque dos ingredientes básicos, como macarrão, mussarela, parmesão, leite, caldo de galinha, molho de tomate, azeite, canela, noz-moscada e outras ervas e temperos. Mantenha também alguns legumes nutritivos no freezer, para serem acrescentados à comida — espinafre, milho e ervilhas estão entre os preferidos. Tomate, atum e sardinha em lata também quebram um bom galho na hora de preparar pratos de última hora.

Convide a criança

Pode soar como clichê, mas ao participar no preparo da refeição a criança come sem reclamar. Ajudar na confecção dos pratos desperta a imaginação da criança, e ela passa a ver o alimento como parte divertida da rotina. Por isso, muitas receitas deste livro foram elaboradas contando com a participação dela, a despeito de sua idade ou destreza.

Por exemplo, os Rolinhos de aspargos (pp. 58-59) são ótimos para estimular a criança a experimentar o aspargo pela primeira vez. Ensine-a a enrolar os talos no presunto cru e deixe que ela os salpique com o parmesão — os mais novos irão adorar olhar o aspargo "escondido" no túnel. Ou então, deixe seu filho picar e espalhar as azeitonas e o presunto sobre as Minipizzas (pp. 118-119). A criançada também adora ver bater as Vitaminas (pp. 32-33) para o café da manhã — contudo, os mais pequenos podem se assustar com o barulho.

Cultive seus ingredientes

Indo além, pais de filhos que se recusam a comer frutas e hortaliças podem recorrer a cultivar uma horta ou pomar. Por exemplo, plantar sementes de cenoura em tubos plásticos largos é recompensador para a criança, principalmente quando ela colhe a cenoura e a come ainda com a rama e tudo.

Para aqueles determinados, mas com espaço restrito, um vaso de ervas na janela pode enriquecer a dieta da criançada. As ervas frescas são ricas em nutrientes, e as crianças irão adorar vê-las crescer e depois salpicá-las sobre uma massa ou um purê de batatas. Salsinha, hortelã e tomilho cultivados em floreiras na janela também são uma boa fonte de vitaminas — encarregue a criança de apanhá-los, picá-los e espalhá-los no prato. Isso lhe dá confiança e reforça seu controle sobre a própria comida.

A escolha dos ingredientes

Ao comprar os ingredientes para as receitas deste livro, opte sempre pelos mais frescos — após colhidos, frutas e hortaliças começam a perder os nutrientes, portanto, quanto antes forem consumidos, mais benéficos serão para seus filhos.

Se o orçamento permitir, prefira ingredientes orgânicos. Mais e mais pessoas estão optando por alimentos orgânicos, o que é compreensível. Estes alimentos possuem mais minerais benéficos, aminoácidos essenciais e mais vitaminas que os alimentos não orgânicos. O leite orgânico, por exemplo, tem cerca de 70% mais ômega-3 do que o não orgânico. Assim como os legumes, frutas e verduras orgânicos, na produção de carne orgânica não se usam pesticidas, ou seja, os animais não recebem substâncias químicas e antibióticos. Como ninguém sabe ao certo o quão prejudiciais à saúde os pesticidas possam ser a longo prazo, é sempre melhor comprar alimentos orgânicos para as crianças, já que eles apresentam mais nutrientes e são muito mais saborosos.

Comendo juntos

A maioria das receitas deste livro foi desenvolvida para uma família de quatro pessoas — dois adultos e duas crianças na faixa dos 7 anos. Certamente, ao cozinhar apenas para você e mais uma ou duas crianças pequenas, o mais indicado é reduzir os ingredientes à metade ou, se a receita permitir, faça-a por completo e congele algumas porções para outra ocasião.

É recomendável, sempre que possível, fazer as refeições junto com as crianças. E isso por duas razões principais: primeiro, porque os filhos se espelham nos pais, logo, quando você come algo novo, eles tendem a experimentá-lo com mais facilidade. Segundo, a refeição é um acontecimento social, um momento de interação e troca de experiências. Com a vida agitada atual — pais que trabalham fora, atividades extracurriculares e pais solteiros — é raro ter tempo para sentar e conversar com os filhos. Procure estender as refeições ao máximo, principalmente ao introduzir novos alimentos, e elogie quando a criança provar algo novo, mesmo que só tenha sentido o gosto.

Vamos cozinhar!

O sucesso de uma refeição exige planejamento, dedicação, ingredientes de qualidade, inspiração e um certo estímulo. O objetivo deste livro é lhe proporcionar inspiração suficiente para cozinhar e transformar a batalha na hora das refeições da criançada numa experiência gratificante.

café da manhã

panquecas de canela e pêssego

8 porções
Preparo: **10 minutos**
Cozimento: **20 minutos**

3 **pêssegos** pequenos
1 colher (chá) de **canela em pó**
6 colheres (sopa) de **mel**
125 g de **farinha de trigo com fermento**
2 colheres (sopa) de **açúcar**
1 **ovo**
150 ml de **leite**
óleo para untar

Pique a polpa de um pêssego e reserve. Fatie os outros dois e tempere com uma pitada de canela e o mel. Reserve.

Peneire a farinha e o restante da canela numa tigela. Junte o açúcar. Abra uma cova no centro e reserve. Bata o ovo e o leite à parte e despeje na cova. Misture bem, com movimentos leves, até obter uma consistência pastosa. Incorpore o pêssego picado.

Unte uma panquequeira ou frigideira grossa com um pouco de óleo. Despeje a massa às colheradas e mantenha em fogo médio por 1-2 minutos, até a panqueca soltar por completo. Vire e cozinhe por mais 1-2 minutos. Retire do fogo e mantenha aquecida, até preparar todas as panquecas.

Sirva as panquecas quentes, guarnecidas com fatias de pêssego e mel.

Variação: panquecas cremosas de banana.

Prepare a massa como indicado acima, substituindo o pêssego por 1 banana pequena picada. Cozinhe por 1 minuto de cada lado, até dourar, e guarneça com 1 banana em rodelas finas e mel.

mingau de maçã caramelada

4 porções
Preparo: **10 minutos**
Cozimento: **15 minutos**

500 g de **maçã** sem casca picada
½ colher (chá) de **especiarias**
½ colher (chá) de **gengibre em pó**
8 colheres (sopa) de **água**
5 colheres (sopa) de **açúcar mascavo**
600 ml de **leite**
150 g de **aveia em flocos**

Coloque as maçãs, os temperos, a água e 3 colheres (sopa) do açúcar numa panela de fundo grosso. Ferva, abaixe o fogo, tampe e cozinhe por 4-5 minutos, mexendo de vez em quando, até as maçãs amolecerem mas sem desmanchar. Reserve e conserve tampada, para manter a temperatura enquanto faz o mingau.

Ferva o leite e o restante do açúcar, mexendo de vez em quando. Retire do fogo e junte a aveia. Misture bem e recoloque no fogo. Cozinhe em fogo brando por 4-5 minutos, mexendo sempre, até engrossar.

Incorpore metade da maçã caramelada ao mingau e divida em 4 porções para servir. Salpique com o restante das maçãs e regue com a calda a gosto.

Variação: mingau com frutas vermelhas.
Amasse 250 g de frutas vermelhas com 1 colher (chá) de açúcar cristal. Prepare o mingau como indicado acima e, ao retirar do fogo, despeje colheradas das frutas vermelhas maceradas. Misture 1-2 vezes delicadamente. Sirva em tigelas individuais guarnecidas de iogurte natural a gosto.

folhados especiais

4 porções
Preparo: **15 minutos**
Cozimento: **15-20 minutos**

400 g de **massa folhada** em lâminas
1 **pimentão vermelho** picado
2 **tomates** cortados em gomos
125 g de **champignons** cortados ao meio
2 colheres (sopa) de **azeite**
8 tiras de **bacon**
6 **ovos**
15 g de **manteiga**, mais um pouco para untar

Corte a massa e recorte em retângulos de 10 cm x 12 cm. Com a ponta da faca, marque uma linha paralela às laterais sem perfurar a massa, deixando 1 cm de borda. Coloque os retângulos numa assadeira untada.

Distribua o pimentão, os tomates e os champignons sobre os retângulos, deixando a borda livre. Regue com 1 colher (sopa) de azeite e asse em forno preaquecido a 220°C por 15-20 minutos, até crescer e dourar.

Enquanto isso, frite o bacon no azeite restante por 1-2 minutos de cada lado e reserve. Bata os ovos. Derreta a manteiga numa panela média e junte os ovos batidos, mexendo até cozinhar.

Retire a massa folhada do forno e sirva em pratos individuais. Distribua os ovos mexidos e cubra com fatias de bacon. Sirva quente.

Variação: tortinhas de tomate e linguiça. Grelhe 8 linguiças de boa qualidade, por 8-10 minutos, virando algumas vezes, até ficarem bem cozidas. Nos 5 minutos finais, junte 8 tomates-cereja em metades. Corte as linguiças ao meio e misture-as bem com os tomates e 1 colher (sopa) de salsinha picada. Use para rechear a massa folhada.

rabanadas com mirtilos

4 porções
Preparo: **5 minutos**
Cozimento: **10 minutos**

2 **ovos**
25 g de **açúcar**
½ colher (chá) de **canela em pó**
4 colheres (sopa) de **leite**
25 g de **manteiga**
4 fatias grossas de **pão**
100 g de **mirtilos**
8 colheres (sopa) de **iogurte natural**
4 colheres (chá) de **mel**

Bata os ovos com o açúcar, a canela e o leite numa tigela. Derreta a manteiga numa frigideira grossa. Passe as fatias de pão, duas a duas, de ambos os lados, na mistura de ovo batido, e frite-as na manteiga por 1-2 minutos de cada lado, até dourarem.

Misture metade dos mirtilos com o iogurte.

Sirva as rabanadas quentes com 1 colherada de iogurte com mirtilos. Espalhe o restante dos mirtilos ao redor e regue com mel.

Variação: rabanadas com açúcar e canela. Prepare as rabanadas como indicado acima. Misture 50 g de açúcar com ½ colher (chá) de canela e salpique sobre as rabanadas quentes. Sirva.

feijão com bacon e ervas

4 porções
Preparo: **10 minutos**
Cozimento: **15 minutos**

6 fatias de **bacon** picadas
1 colher (sopa) de **azeite**
1 **cenoura** pequena ralada
400 g de **tomates** em conserva
3 colheres (sopa) de **purê de tomate**
2 colheres (sopa) de **mel**
350 g de **feijão cozido** e escorrido
3 colheres (sopa) de **salsinha** picada
4 fatias de **pão integral**
25 g de **parmesão** ralado (opcional)

Frite o bacon no azeite numa frigideira de fundo grosso, em fogo médio, por 2-3 minutos, até começar a dourar. Junte a cenoura e refogue por mais 1 minuto.

Acrescente os tomates, o purê de tomate e o mel, e cozinhe até ferver. Junte o feijão, reduza o fogo e cozinhe por mais 4 minutos, sem tampa, até engrossar. Misture a salsinha e reserve.

Toste rapidamente as fatias de pão. Distribua as torradas em pratos individuais e despeje o feijão sobre elas. Salpique com parmesão a gosto.

Variação: feijão com linguiça. Frite 4 linguiças de boa qualidade no azeite por 4-5 minutos, virando até dourarem. Retire do fogo e fatie. Recoloque na frigideira com 100 g de salsicha cozida e picada e refogue por mais 2 minutos, até corar. Prossiga como indicado acima. Sirva com parmesão ralado a gosto.

hambúrguer matinal reforçado

4 porções
Preparo: **15 minutos**
Cozimento: **20-25 minutos**

500 g de **linguiça**
1 colher (sopa) de **mel**
1 colher (sopa) de **alecrim** picado
3 colheres (sopa) de **salsinha** picada
1 colher (chá) de **vinagre**
4 **ovos**
2 **pãezinhos de leite** cortados ao meio

Ketchup caseiro
400 g de **tomates em lata**
2 colheres (sopa) de **mel**
1 colher (sopa) de **açúcar mascavo**
3 colheres (sopa) de **vinagre de vinho tinto**

Ferva todos os ingredientes do ketchup numa panela de fundo grosso. Abaixe o fogo e cozinhe por 5-7 minutos mexendo vez ou outra, até encorpar. Bata no processador de alimentos, coloque num recipiente de vidro e deixe esfriar. (Conserva-se bem sob refrigeração, por até 2 semanas.)

Corte as linguiças no comprimento e descarte a pele. Misture com o mel e as ervas. Com as mãos úmidas, modele 8 hambúrgueres pequenos e grelhe por 8-10 minutos, até dourarem.

Enquanto isso, ferva meia panela com água e o vinagre. Abaixe o fogo, rapidamente quebre os ovos na água, distantes entre si, e cozinhe por 1 minuto, até a clara ficar opaca. Retire-os da água com a escumadeira e mantenha aquecidos.

Toste as metades dos pãezinhos. Distribua em quatro pratos e cubra cada uma com 2 mini-hambúrgueres, 1 ovo poché e 1 colherada de ketchup.

Variação: sanduíche de tomate e cogumelo.
Refogue 250 g de cogumelos e 4 tomates cortados ao meio no azeite por 4-5 minutos, até corarem e amolecerem. Prepare as torradas e os ovos pochés como indicado acima. Sirva os pães cobertos por tomates aquecidos, cogumelos e 1 ovo poché, e regue com o ketchup caseiro.

iogurte crocante

6 porções
Preparo: **10 minutos**
Cozimento: **5 minutos**

500 g de **iogurte natural**
125 g de **morangos** em quartos

Cobertura
50 g de **amêndoas** fatiadas
50 g de **sementes de abóbora**
50 g de **sementes de girassol**
3 colheres (sopa) de **sementes de gergelim**
50 g de **aveia**
6 colheres (sopa) de **açúcar refinado**
4 colheres (sopa) de **mel**, mais um pouco para regar (opcional)

Misture as amêndoas, as sementes, a aveia e o açúcar numa tigela grande. Forre uma assadeira grande com papel-manteiga e despeje a mistura. Sacuda a fôrma para nivelar os ingredientes.

Regue com um filete de mel e leve ao forno preaquecido por 3-4 minutos, até o açúcar começar a caramelizar e as amêndoas e sementes corarem. Retire e reserve, para recuperar a consistência. Coloque a mistura endurecida num saco hermético e triture com um rolo de macarrão, até ficar no tamanho desejado.

Coloque o iogurte numa tigela e incorpore os morangos. Distribua em 6 potes para sobremesa e salpique com a mistura crocante. (Conserve a sobra de mistura crocante num recipiente hermético por até 2 semanas.) Regue com mel a gosto.

Variação: crocante de iogurte e cereal. Derreta 125 g de chocolate branco em banho-maria. Retire do fogo e junte 2 colheres (sopa) de iogurte natural. Triture 50 g de cereal de milho, 2 biscoitos integrais e 25 g de flocos de arroz e espalhe na assadeira forrada com papel-manteiga. Regue com o chocolate derretido e o iogurte e leve à geladeira por 1 hora, até endurecer. Corte sobre uma tábua e quebre até esfarelar. Use para finalizar as receitas.

muffins integrais de banana

12 unidades
Preparo: **15 minutos**
Cozimento: **20-25 minutos**

150 g de **farinha de trigo integral**
150 g **farinha de trigo com fermento**
1 colher (chá) de **fermento**
1 colher (chá) de **bicarbonato de sódio**
½ colher (chá) de **sal**
125 g de **açúcar**
3 **bananas** grandes maduras amassadas
1 **ovo** batido
75 ml de **água**
75 ml de **óleo de girassol**
75 g de **passas** ou **chocolate meio amargo** picado

Peneire as duas farinhas, o fermento, o bicarbonato e o sal numa tigela grande. A seguir, junte os grãos de trigo da peneira e o açúcar. À parte, misture a banana, o ovo, a água e o óleo e despeje sobre os ingredientes secos, batendo delicadamente até formar a massa. Incorpore as passas ou o chocolate.

Forre 12 fôrmas para bolinho com forminhas de papel e encha ⅔ delas com a massa.

Asse em forno preaquecido a 180°C por 20-25 minutos, até crescerem e retomarem o tamanho quando pressionados. Deixe esfriar no forno.

Variação: muffins de baunilha e cereja. Substitua a banana por 2 colheres (chá) de extrato de baunilha, e as passas ou o chocolate por cerejas em calda escorridas picadas.

vitamina de banana

2 porções
Preparo: **5 minutos**

2 **bananas**
300 ml de **leite**
3 colheres (sopa) de **mel**
50 g de **aveia em flocos instantânea**

Para guarnecer
rodelas de **banana**
cubos de **bolo**

Bata bem no liquidificador as bananas com o leite e o mel. Junte a aveia e continue a bater até engrossar. Despeje em dois copos altos.

Espete as rodelas de banana intercaladas com cubos de bolo em palitos de madeira, a serem servidos sobre o copo.

Variação: vitamina de pasta de amendoim.
Substitua as duas bananas por 4 colheres (sopa) de pasta de amendoim. Use cubos de sua fruta favorita para acompanhar o pão de ló ao servir.

delícia crocante

8 porções
Preparo: **30 minutos**
Cozimento: **45-50 minutos**

500 g de **maçã** sem casca picada
250 g de **pera** sem casca picada
suco e raspas de 1 **laranja**
½ colher (chá) de **gengibre em pó**
4 colheres (sopa) de **mel**
175 g de **morangos** cortados em quartos

Cobertura crocante
50 g de **farinha de trigo**
3 colheres (sopa) de **sementes de linhaça** em pó
50 g de **manteiga** em cubos
50 g de **aveia** em flocos
50 g de **sementes variadas** (abóbora, girassol e gergelim)
75 g de **açúcar cristal**

Cozinhe as maçãs e as peras com o suco e as raspas de laranja, o gengibre e o mel numa panela de fundo grosso, em fogo brando, por 10 minutos, até começarem a amolecer. Junte o morango e cozinhe por mais 2-3 minutos, com a panela destampada, sem deixar desmanchar. Retire do fogo, coloque a mistura numa fôrma refratária e reserve enquanto prepara a cobertura.

Misture numa tigela a farinha e a linhaça, e incorpore a manteiga, até ficar com consistência de farofa grossa. Junte a aveia e misture com os dedos, distribuindo bem. Por fim, incorpore as sementes e o açúcar e espalhe sobre as frutas.

Asse em forno preaquecido a 200°C por 30-35 minutos, até formar uma crosta dourada. Sirva quente.

Variação: delícia dourada. Substitua as maçãs, peras e morangos por 4 pêssegos, 6 damascos secos picados e 4 laranjas em gomos, e misture com 4 colheres (sopa) de mel e 1 colher (chá) de canela em pó. Coloque as frutas numa travessa, salpique com a cobertura e asse como indicado acima.

cogumelos gratinados

4 porções
Preparo: **10 minutos**
Cozimento: **9-12 minutos**

2 colheres (sopa) de **azeite**
4 **cogumelos** grandes
4 **tomates** pequenos picados
1 colher (sopa) de **purê de tomate**
4 colheres (sopa) de **feijão-branco** cozido e escorrido
1 colher (sopa) de **mel**
1 colher (sopa) de **salsinha** picada
50 g de queijo **gruyère** fatiado
1 colher (sopa) de **parmesão** ralado
4 **torradas de pão integral** para servir

Aqueça o azeite numa frigideira de fundo grosso e grelhe os cogumelos por 2-3 minutos em fogo médio, virando uma vez, até ficarem macios. Coloque-os, com o talo para cima, sobre uma fôrma forrada com papel-alumínio.

Junte o tomate picado ao caldo da frigideira e cozinhe por 4-5 minutos, mexendo de vez em quando. Acrescente o purê de tomate, o feijão e o mel, e refogue por mais 1 minuto. Retire do fogo e misture a salsinha.

Divida a mistura entre os cogumelos e cubra com uma fatia de queijo. Salpique com o parmesão e leve para grelhar por 2-3 minutos, até dourar e borbulhar. Sirva com as fatias de pão tostadas na manteiga.

Variação: cogumelos com ovo poché. Siga a receita acima. Quase no final, prepare 4 ovos pochés em meia panela de água fervente com 1 colher (chá) de vinagre por 1-2 minutos. Retire os ovos com uma escumadeira e sirva sobre os cogumelos.

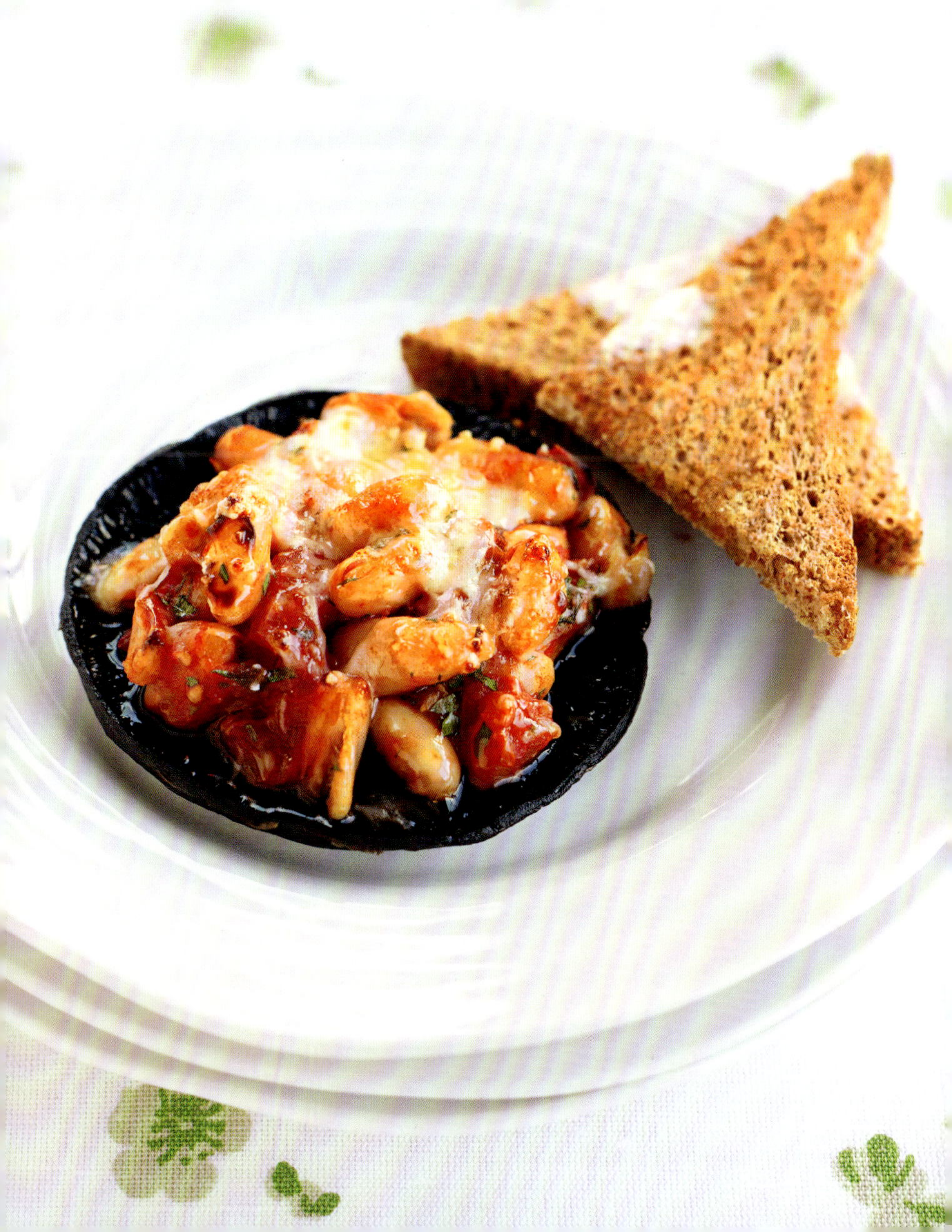

almoços caprichados

ovos mexidos coloridos

4 porções
Preparo: **10 minutos**
Cozimento: **10 minutos**

1 **cebola** pequena picada
½ **pimentão verde** sem sementes picado
½ **pimentão vermelho** sem sementes picado
½ **pimentão amarelo** sem sementes picado
3 colheres (sopa) de **azeite**
1 **dente de alho** amassado
3 colheres (sopa) de **água**
6 **ovos batidos**
100 ml de **creme de leite desnatado**
4 fatias de **pão integral** para acompanhar

Refogue a cebola e os pimentões no azeite em fogo médio por 4-5 minutos, até amolecerem. Junte o alho, refogue por mais 1 minuto e acrescente as 3 colheres de água. Tampe e cozinhe por 2 minutos.

Bata os ovos com o creme de leite e junte ao refogado na panela. Cozinhe em fogo brando, mexendo sempre com uma colher de pau, até os ovos ficarem macios.

Enquanto isso, toste levemente o pão. Sirva os ovos sobre as torradas ainda quentes.

Variação: ovos mexidos com queijo e agrião. Bata os ovos com o creme de leite e 50 g de mussarela ralada. Derreta 15 g de manteiga numa frigideira antiaderente e junte a mistura de ovos. Cozinhe em fogo brando, mexendo com uma colher de pau, até ficar cremoso. Sirva sobre torradas de pão integral salpicadas de agrião picado.

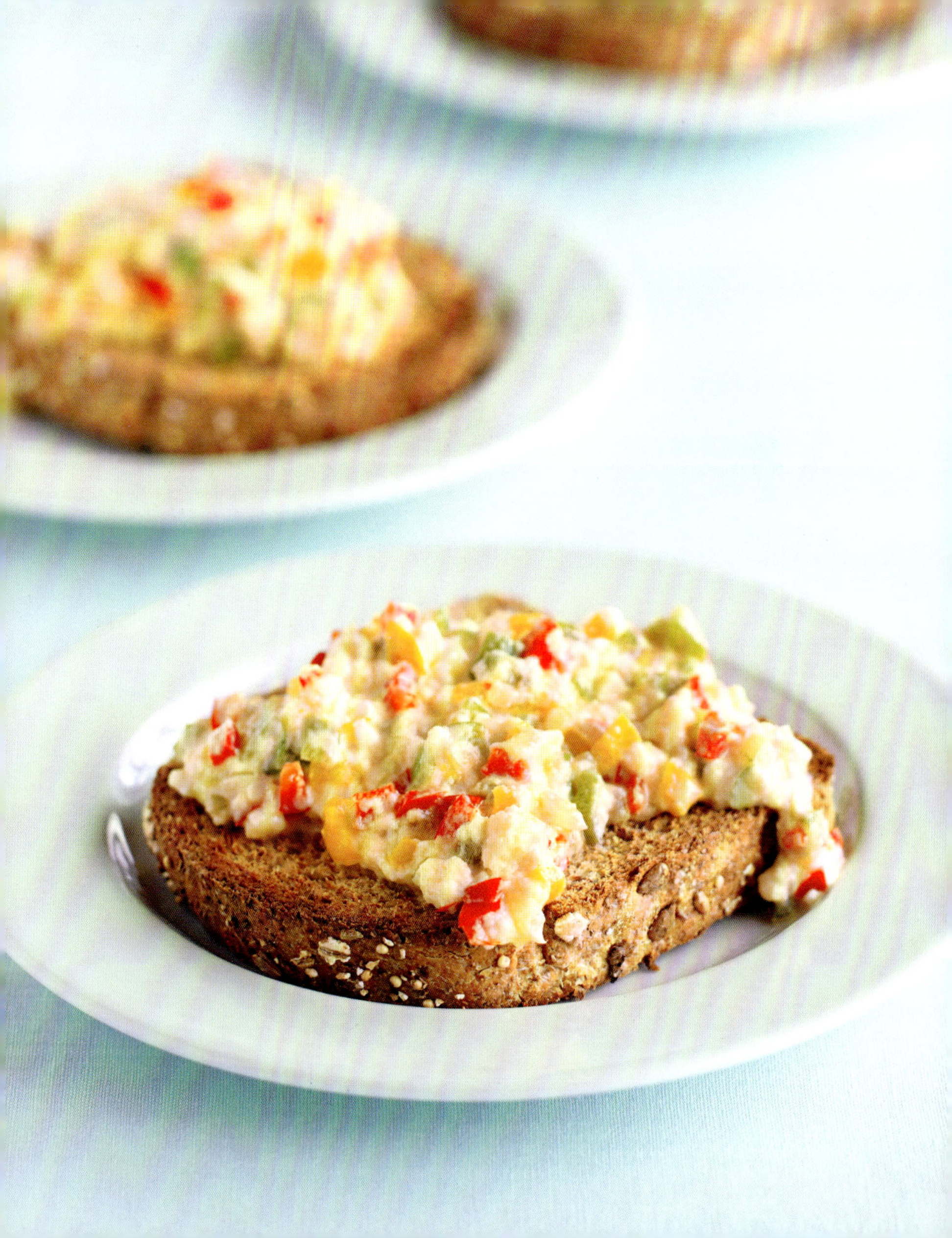

minibeirute de homus

6 porções
Preparo: **15 minutos**
Cozimento: **3 minutos**

3 colheres (sopa) de **tahine**
400 g de **grão-de-bico**
 cozido e drenado
raspas e suco de ½ **limão**
1 colher (sopa) de **azeite**
3 colheres (sopa) de
 cebolinha verde picada
 (opcional)
4 colheres (sopa) de **água**
2 **cenouras** médias raladas
½ **pepino** picado
um punhado de **agrião** picado
4 **pães sírios**

Bata o tahine e o grão-de-bico no processador de alimentos até obter uma pasta. Junte as raspas e o suco de limão, o azeite, a cebolinha e a água. Bata até conseguir uma consistência uniforme.

Misture a cenoura, o pepino e o agrião numa tigela.

Toste levemente os pães sírios por 1 minuto na torradeira, para aquecer e facilitar a abertura. Abra-os pela lateral, recheie ainda quentes com o homus e a salada.

Variação: beirute de homus de beterraba. Bata no processador 175 g de beterraba cozida e escorrida com 2 colheres (sopa) de tahine, o suco de ½ limão e 1 colher (chá) de molho de raiz-forte. Processe até virar um creme. Recheie os pães sírios com a salada, como indicado acima.

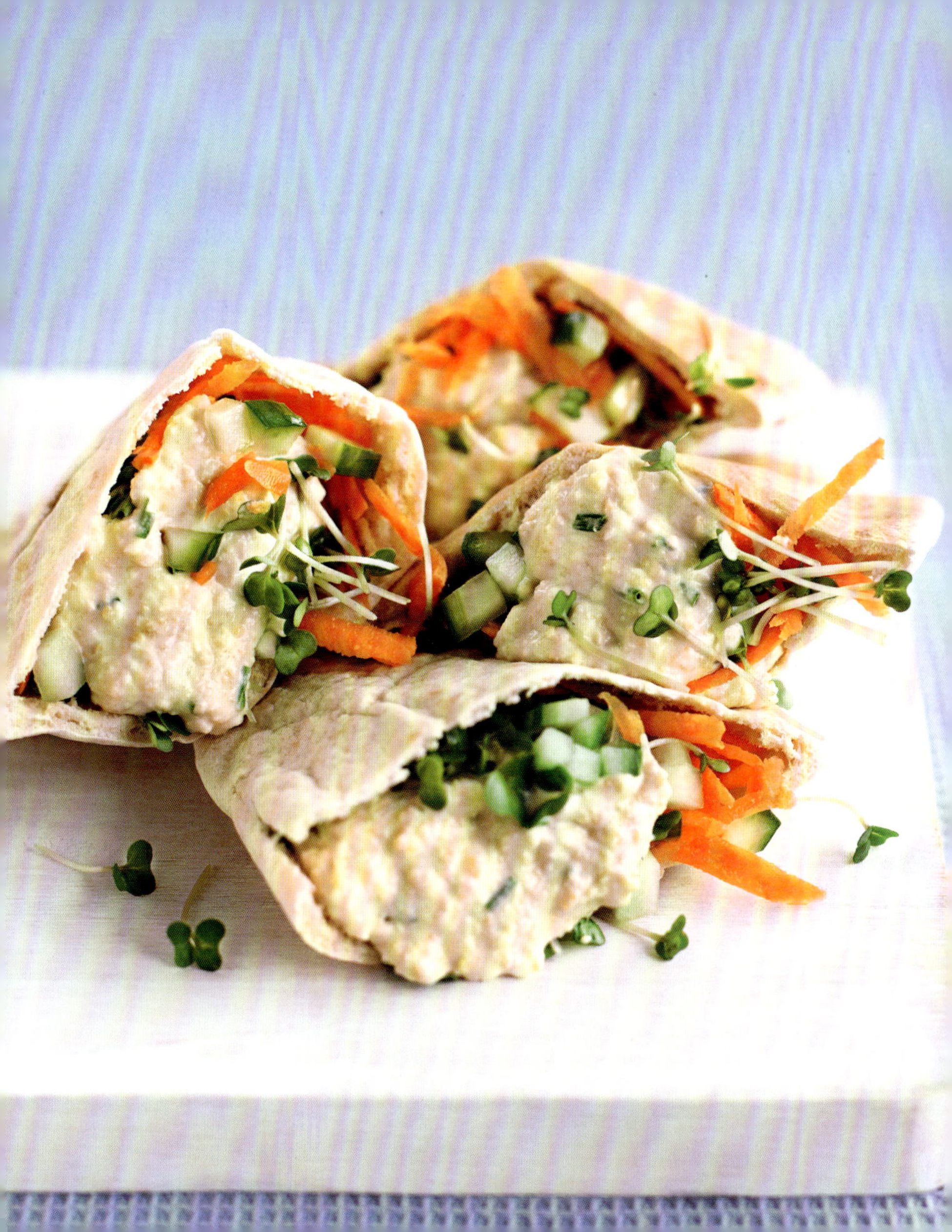

cuscuz real

2-3 porções
Preparo: **20 minutos**
Cozimento: **2 minutos**

150 g de **cuscuz marroquino** (sêmola de trigo pré-cozida)
200 ml de **caldo de legumes** quente
50 g de **vagens** em pedaços de 1 cm
1 **laranja** pequena
1 colher (sopa) de **mel**
2 colheres (sopa) de **azeite**
1 **romã**
½ **abacaxi** pequeno picado
1 **pimentão vermelho** sem sementes picado

Coloque a sêmola numa tigela refratária e junte o caldo de legumes. Cubra e deixe descansar por 20 minutos.

Enquanto isso, cozinhe as vagens em água fervente por 2 minutos, escorra e passe na água corrente.

Rale a casca de meia laranja numa tigela e acrescente 3 colheres (sopa) do suco, o mel e o azeite. Misture bem com um garfo e reserve.

Corte a romã ao meio e retire a polpa. Separe bem as sementes e descarte as partes brancas, que são amargas. Incorpore as vagens, as sementes de romã, o abacaxi e o pimentão à sêmola hidratada. Tempere bem com o molho de laranja e mel. Leve ao refrigerador para gelar até o momento de servir.

Variação: cuscuz de frango e hortelã. Hidrate a sêmola de trigo como indicado acima e reserve. Substitua as frutas e os legumes por 175 g de frango cozido desfiado, 125 g de ervilhas cozidas e 3 colheres (sopa) de hortelã picada. Misture as raspas e o suco de ½ limão com 200 ml de creme de leite fresco ou iogurte natural e sirva sobre o cuscuz.

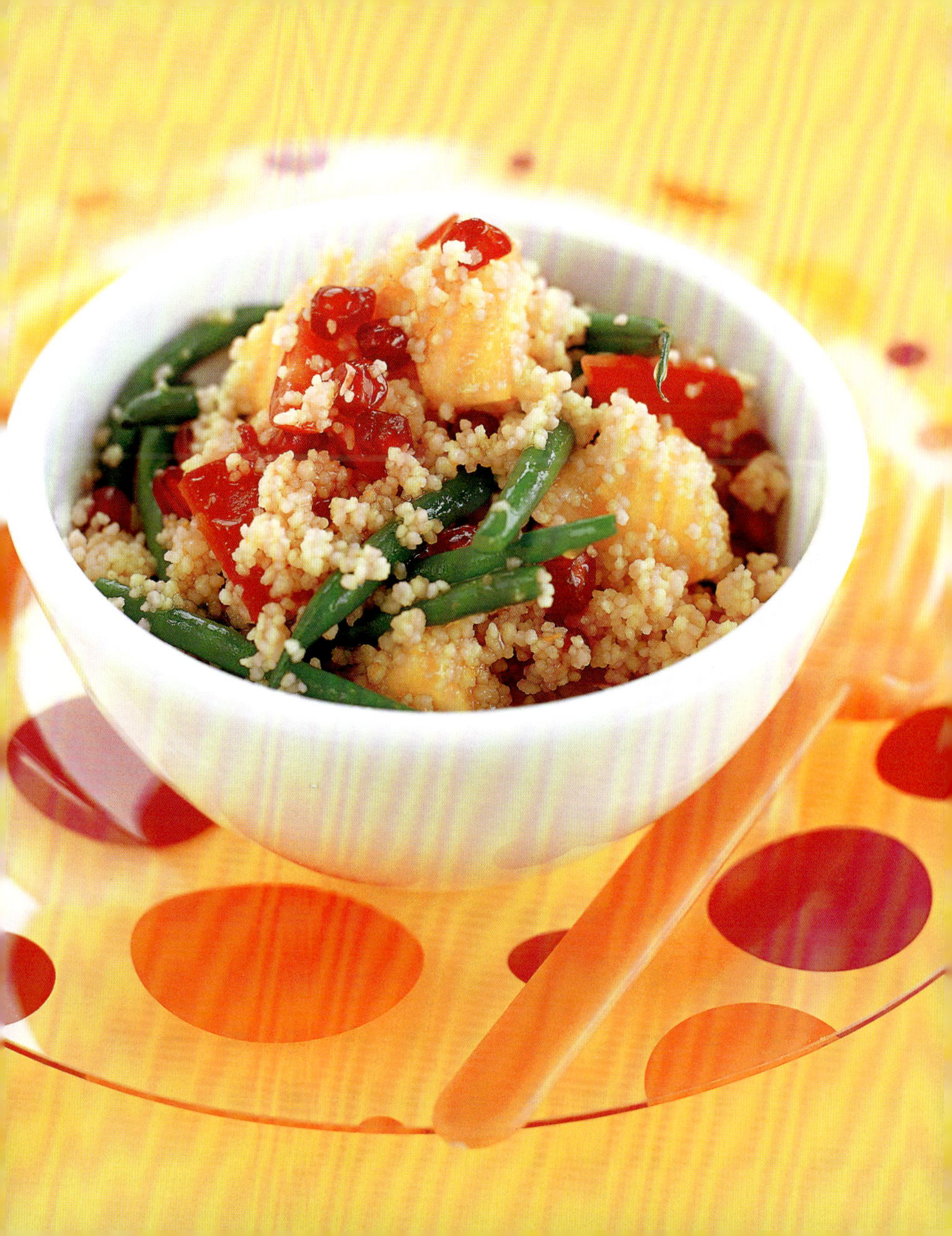

grissini e patê de queijo

4 porções
Preparo: **45 minutos**, mais o tempo de descanso
Cozimento: **30-40 minutos**

500 g de **farinha de trigo**
½ colher (chá) de **sal**
1 colher (chá) de **açúcar**
5 g de **fermento de pão seco**
300 ml de **água morna**
6 colheres (sopa) de **azeite**
2 colheres (sopa) de **sementes de gergelim**
1 colher (sopa) de **sementes de papoula**

Patê
2 **pimentões vermelhos** sem sementes picados
2 **tomates**
1 colher (sopa) de **azeite**
1 colher (sopa) de **vinagre balsâmico**
200 g de **cream cheese**
1 colher (sopa) de **tomilho** (opcional)

Peneire a farinha e o sal numa tigela grande e junte o açúcar e o fermento. Incorpore metade da água morna e 3 colheres (sopa) de azeite. Misture bem, até formar uma massa homogênea, e sove por 10 minutos sobre uma superfície enfarinhada, até ficar elástica. Cubra e deixe descansar por 15 minutos antes de sovar por mais 10 minutos. Coloque na tigela, cubra com filme de PVC e deixe descansar por 30 minutos.

Sove a massa novamente, para ficar aerada, e divida-a em quatro. Corte cada parte em 4 tiras, estique e torça, formando um palito comprido. Pincele a assadeira com o restante do azeite. Role os grissinis no azeite, e depois salpique com metade das sementes de gergelim e de papoula. Asse em forno preaquecido a 180°C por 30 minutos, até corar. Retire do forno e deixe esfriar.

Ao mesmo tempo, coloque os pimentões e os tomates em outra assadeira e regue com azeite. Asse por 30 minutos junto com os grissinis. Ao tirar do forno, feche num saco plástico e deixe esfriar. Retire do plástico e remova as peles. Bata no processador com todo o caldo do cozimento, o vinagre, o cream cheese e o tomilho a gosto, até formar um creme. Sirva com grissinis ou pãezinhos.

Variação: patê cremoso de abacate. Bata no liquidificador 1 abacate grande com as raspas e o suco de 1 limão e 100 g de cream cheese ou requeijão. Sirva com os grissinis ou pãezinhos.

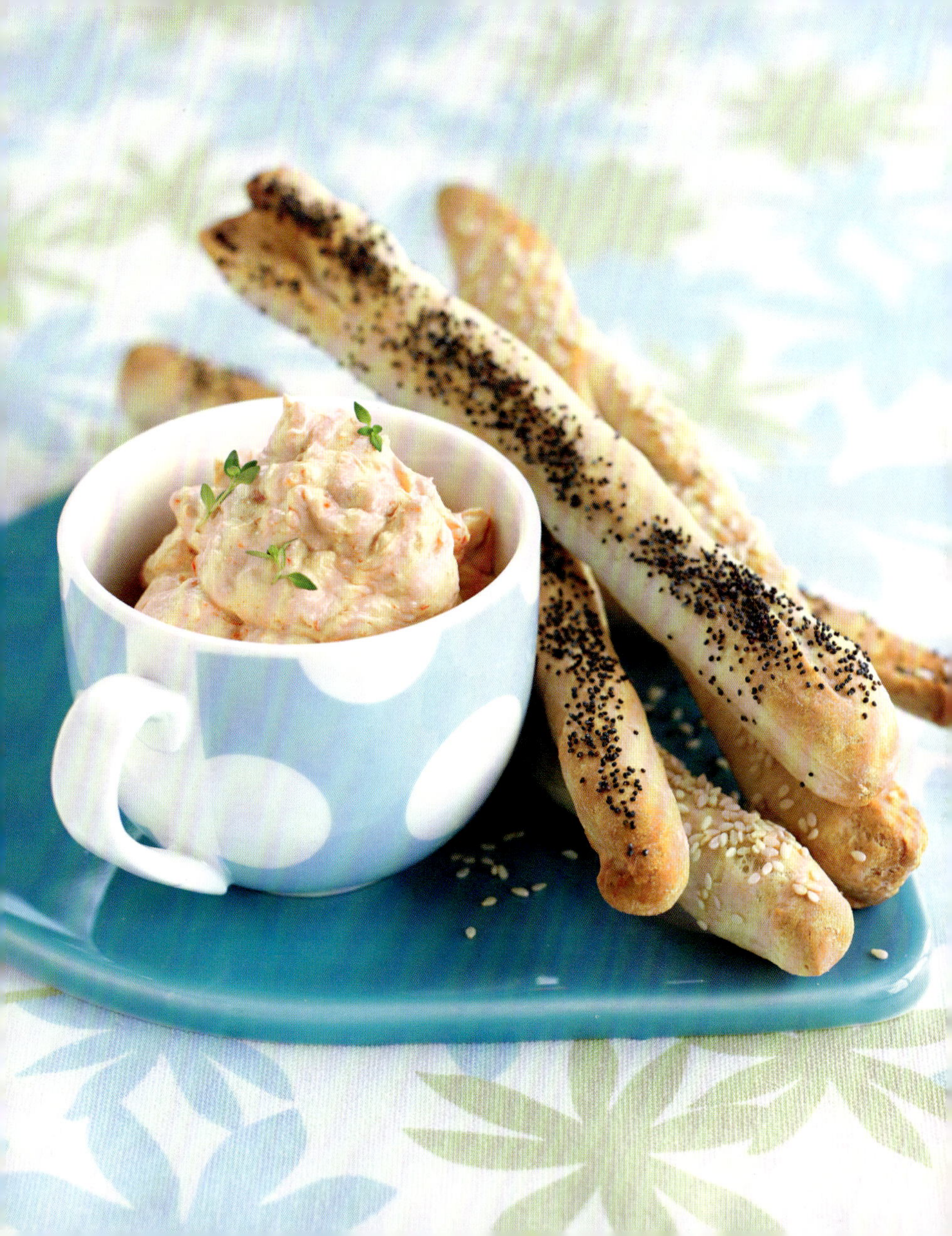

sanduíche de rosbife e aspargos

2 porções
Preparo: **5 minutos**
Cozimento: **2 minutos**

4 **aspargos** cortados em três
40 g de **agrião**
1 colher (sopa) de **maionese light**
1 colher (chá) de **mostarda de Dijon** (opcional)
2 **pãezinhos com grãos**
100 g de **rosbife** em fatias finas

Ferva uma panela pequena com água e sal e escalde os aspargos por uns 30 segundos; escorra e reserve. (O aspargo em conserva dispensa cozimento.)

Retire os talos do agrião e pique as folhas. Coloque a maionese e mostarda a gosto numa tigela e misture o agrião.

Abra os pães ao meio e toste-os levemente no forno. Espalhe a maionese de agrião e recheie com o rosbife e os pedaços de aspargos. Embrulhe. Os sanduíches podem ser conservados na geladeira por 1-2 dias.

Variação: sanduíche de salmão e aspargos.

Substitua o rosbife por 150 g de salmão defumado em fatias, e o agrião por 1 colher (chá) de raspas de limão, para dar sabor à maionese. Toste o pão e recheie com a maionese de limão, o salmão e os aspargos.

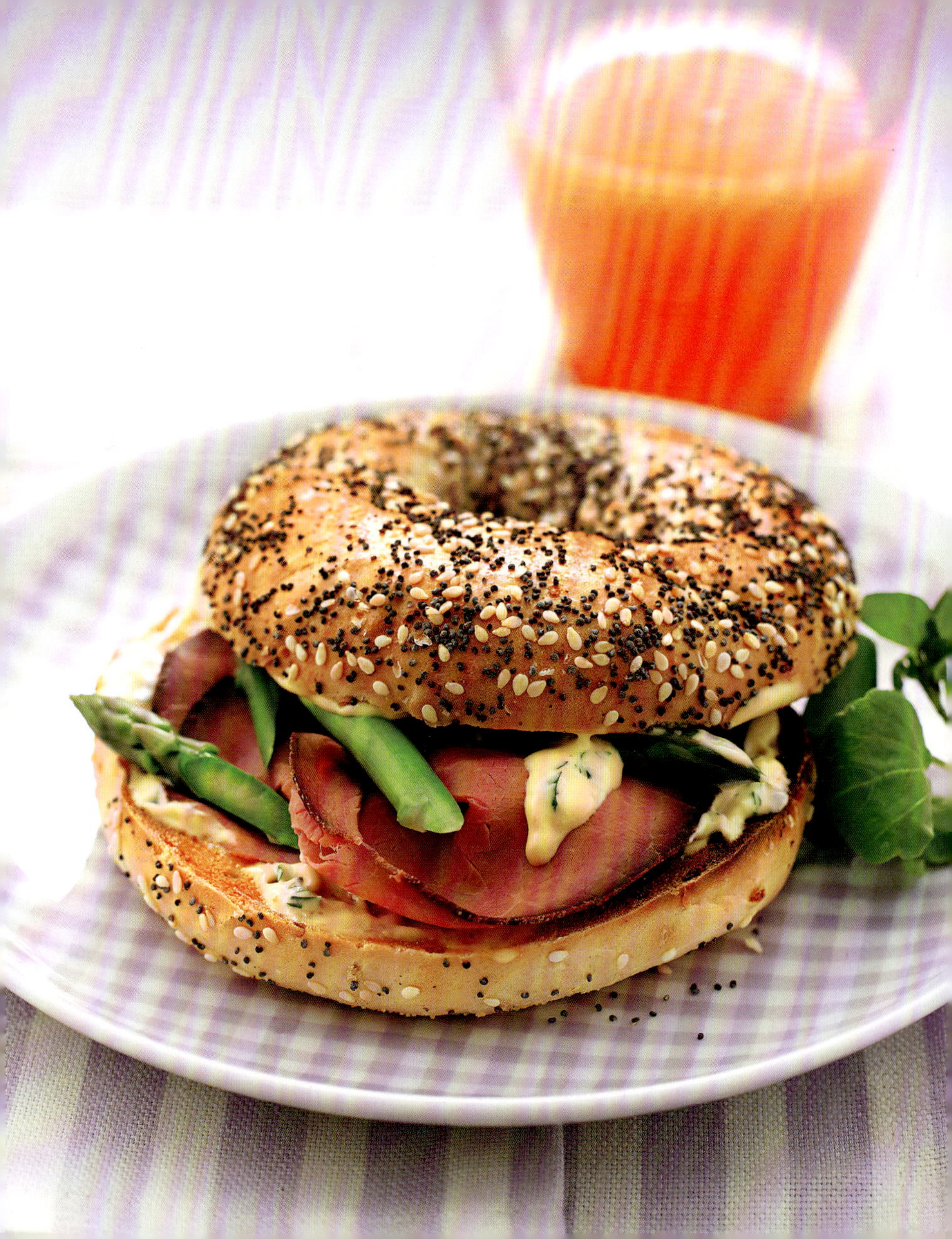

sopa de feijão, coco e espinafre

4 porções
Preparo: **5 minutos**
Cozimento: **20 minutos**

1 **cebola** picada
2 **dentes de alho** amassados
1 colher (sopa) de **azeite**
1 colher (chá) de **hortelã**
  em pó
600 g de **feijão** cozido
  variado drenado
150 ml de **caldo de legumes**
400 g de **leite de coco**
250 g de **espinafre**

Refogue a cebola e o alho no azeite em fogo moderado por 3-4 minutos, até murchar. Junte a hortelã e o feijão e refogue por mais 1 minuto, depois acrescente o caldo de legumes e o leite de coco. Ao ferver, abaixe o fogo, tampe e cozinhe por mais 10 minutos.

Junte o espinafre à panela, misture bem e cozinhe por 5 minutos.

Processe a sopa em duas levas, até obter um creme. Sirva a seguir.

Variação: sopa de lentilha e bacon. Refogue no azeite a cebola picada, 100 g de bacon picado, 2 cenouras grandes em pedaços e 1 dente de alho por 3-4 minutos. Junte 250 g de lentilha, ½ colher (chá) de noz-moscada ralada e 900 ml de caldo de galinha e deixe ferver. Diminua o fogo, tampe e deixe por 40 minutos, até cozinhar bem a lentilha. Processe a sopa em duas levas, até obter um creme. Sirva a seguir.

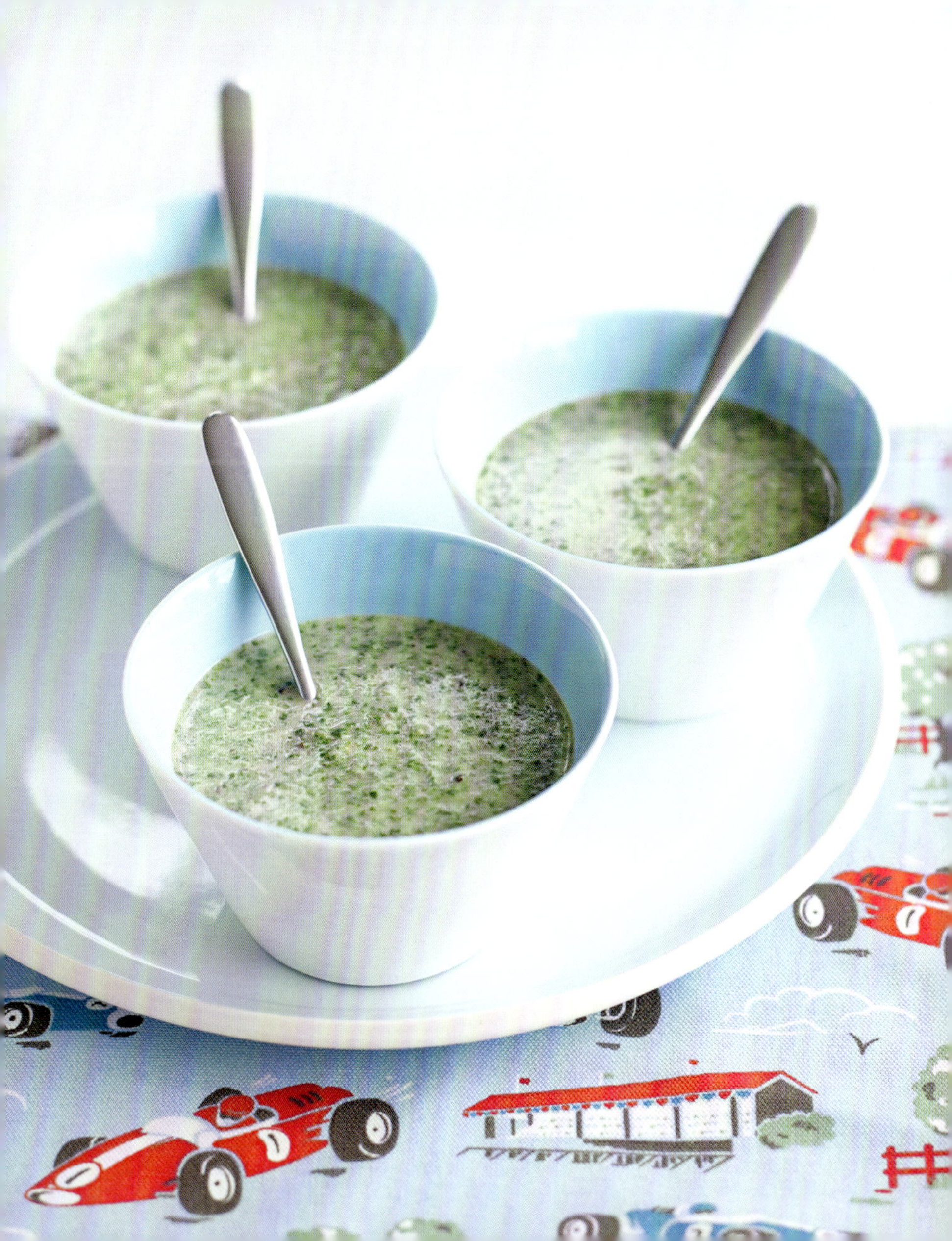

batatas coradas

6 porções
Preparo: **20 minutos**
Cozimento: **30-35 minutos**

3 **batatas-doces** com casca
2 **batatas** grandes com a casca
3 colheres (sopa) de **azeite**
2 colheres (sopa) de **salsinha** picada

Molho
150 ml de **iogurte natural**
4 colheres (sopa) de **creme de leite fresco** com algumas gotas de **limão**
4 colheres (sopa) de **cebolinha verde** picada
2 colheres (sopa) de **parmesão** ralado fresco

Corte as batatas-doces ao meio, depois em quartos e coloque numa tigela. Corte as batatas ao meio e depois em 6 partes cada e junte à tigela. Regue com o azeite e misture, para distribuir por igual.

Espalhe as batatas em uma assadeira grande. Asse no forno preaquecido a 200°C por 30-35 minutos, até corarem e ficarem macias. Coloque numa travessa e salpique com a salsinha.

Misture bem os ingredientes do molho. Sirva à parte, acompanhando as batatas ainda quentes.

Variação: molho de alho e pepino. Varie o acompanhamento substituindo a cebolinha e o parmesão ralado por ¼ de pepino ralado e 1 dente de alho amassado. Junte ainda 2 colheres (sopa) de hortelã fresca picada e misture bem. Sirva com as batatas quentes.

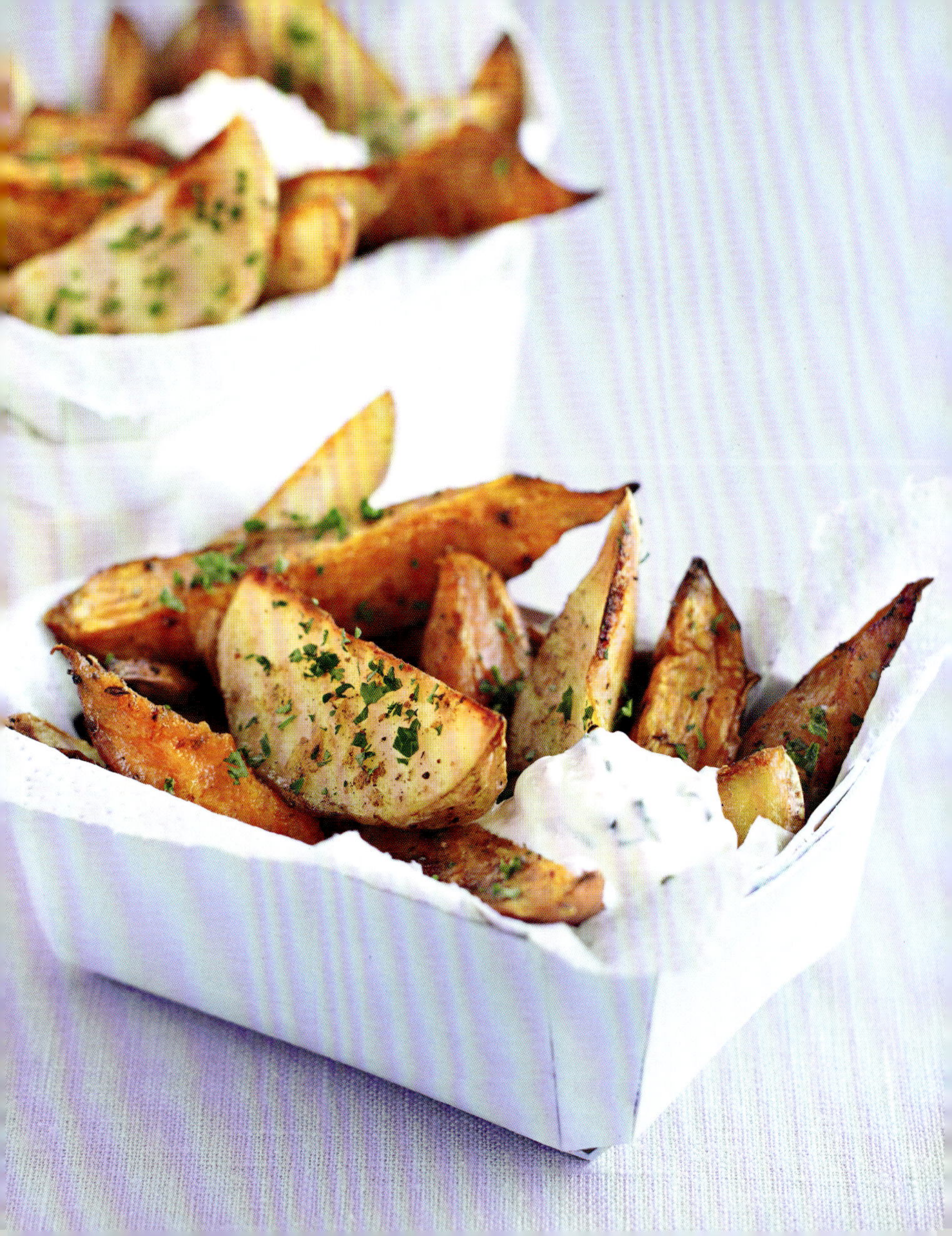

sanduíche de presunto

2 porções
Preparo: **10 minutos**

1 **dente de alho** cortado
    ao meio
4 fatias de **pão de fôrma**
1 **tomate** cortado ao meio
1 **tomate** em fatias
150 g de **presunto** em
    fatias finas
75 g de **queijo prato** fatiado

Esfregue as metades de alho nas fatias de pão, principalmente nas cascas. Repita com as metades de tomate.

Recheie o sanduíche com o presunto, o queijo e as fatias de tomate. Corte ao meio e embrulhe bem. Os sanduíches se conservam na geladeira por 24 horas.

Variação: sanduíche de salame e mussarela.
Aromatize os pães com alho e tomate como indicado acima, e recheie com 150 g de salame em fatias finas e 75 g de mussarela fatiada. Junte uma rodela de tomate. Asse em forno preaquecido a 200°C por 10 minutos. Sirva morno, cortado em triângulos.

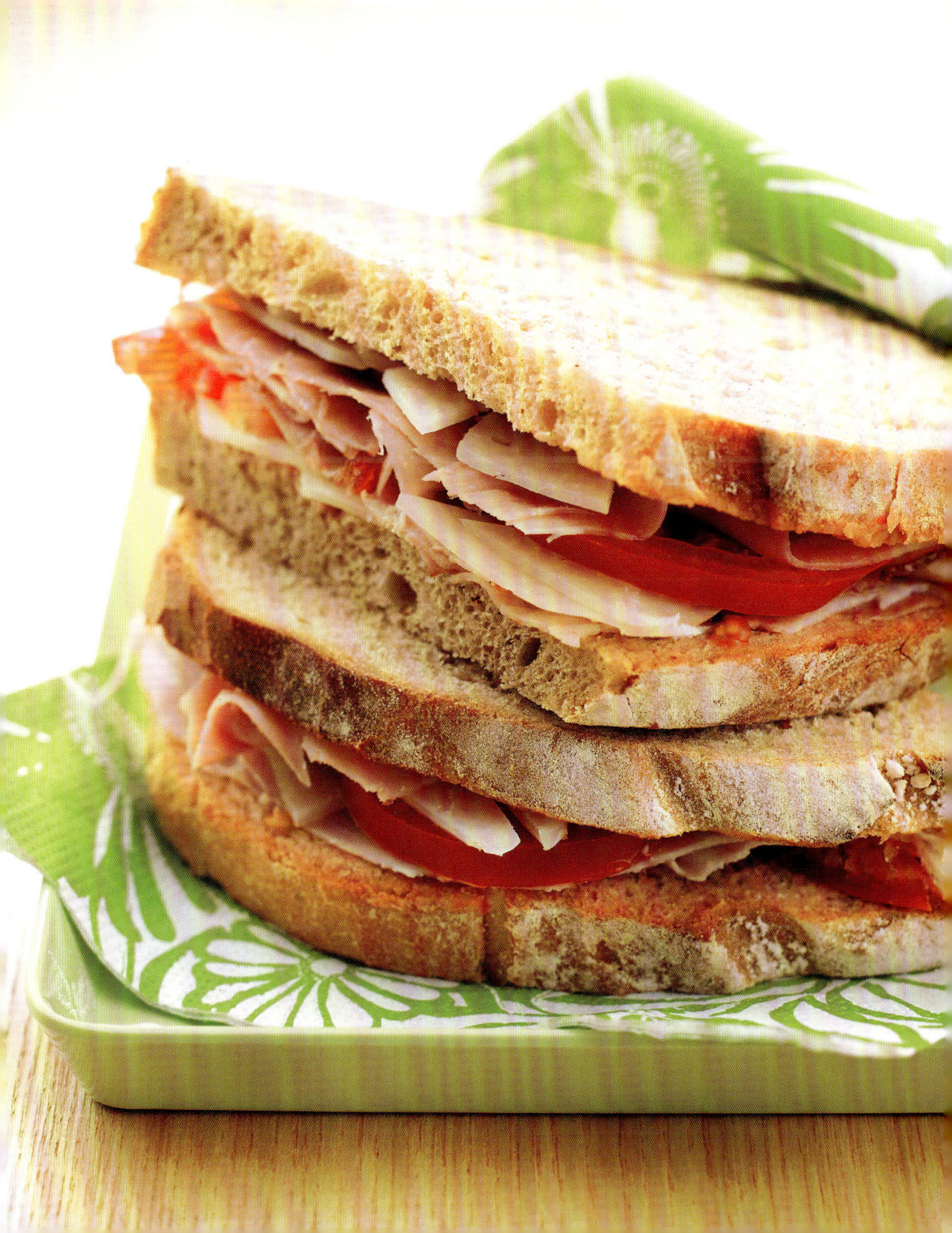

wraps de frango

4 porções
Preparo: **15 minutos**
Cozimento: **5 minutos**

3 filés de **frango** (150 g cada) em tirinhas
2 colheres (sopa) de **azeite**
1 colher (chá) de **mostarda em grãos**
3 colheres (sopa) de **mel**
4 **pães-folha**

Salada de repolho
¼ de **repolho** fatiadinho
1 **cenoura** grande ralada
3 colheres (sopa) de **azeite**
2 colheres (sopa) de **vinagre de vinho tinto**
1 colher (chá) de **mostarda de Dijon**
2 colheres (sopa) de **salsinha** picada

Prepare a salada. Coloque o repolho numa tigela grande e misture com a cenoura. À parte, misture o azeite, o vinagre e a mostarda. Regue a salada, mexendo bem para distribuir por igual. Junte a salsinha picada e misture. Reserve.

Refogue o frango no azeite quente por 4-5 minutos, até dourar e cozinhar por completo. Retire do fogo e junte a mostarda e o mel. Mexa bem.

Aqueça os pães-folha no micro-ondas ou no forno preaquecido por 10 segundos. Deixe-os dobrados ao meio. Espalhe a salada de repolho, a cenoura e as tirinhas de frango no meio de cada pão. Enrole firmemente; corte-os ao meio para servir.

Variação: wraps de presunto. Substitua o frango por 500 g de presunto em tiras. Refogue o presunto por 3-4 minutos, até corar e cozinhar por completo. Retire do fogo e misture com o mel e a mostarda. Proceda como indicado acima.

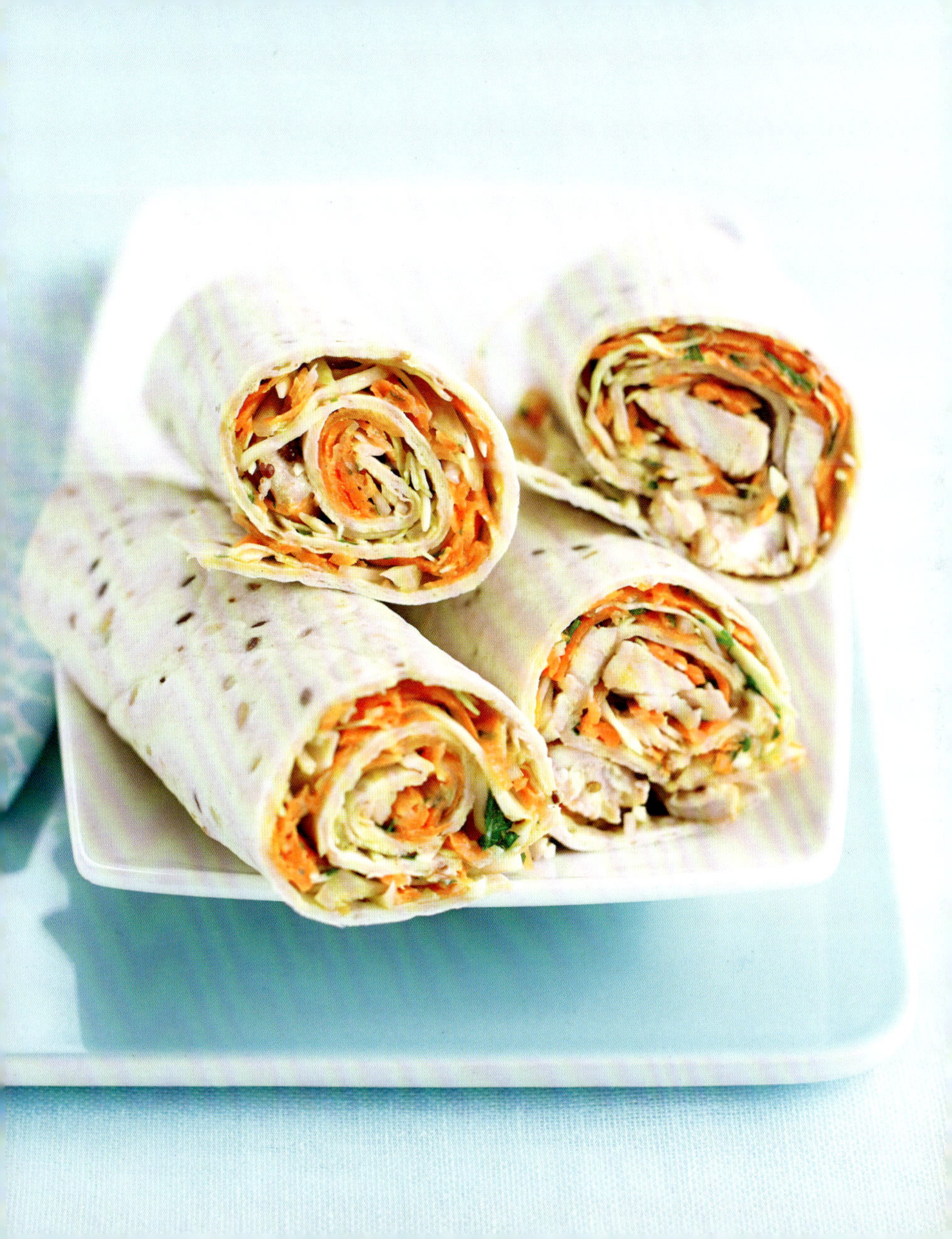

rolinhos de aspargos

4 porções
Preparo: **10 minutos**
Cozimento: **15 minutos**

2 maços de **aspargos** de 15 cm aparados
1 colher (sopa) de **azeite**
25 g de **manteiga** em temperatura ambiente
16 fatias de **presunto cru**
4 colheres (sopa) de **parmesão** ralado fresco

Cozinhe os aspargos em água fervente por 5 minutos. Retire-os com uma escumadeira e coloque-os numa tigela. Tempere com o azeite.

Unte uma assadeira refratária com manteiga. Enrole cada aspargo numa fatia de presunto e disponha-os na assadeira lado a lado. Polvilhe com o parmesão e leve ao forno preaquecido a 200°C por 10 minutos, para gratinar.

Sirva os rolinhos de aspargos acompanhados de hambúrguer matinal reforçado e ketchup caseiro (pp. 26-27).

Variação: pizza estilizada de aspargos. Prepare os rolinhos de aspargos com presunto defumado em vez de cru, e distribua-os numa assadeira. Espalhe 50 g de azeitonas pretas picadas e 100 g de mussarela ralada em vez do parmesão. Asse como indicado acima. Sirva a pizza de aspargos estilizada com pão de alho.

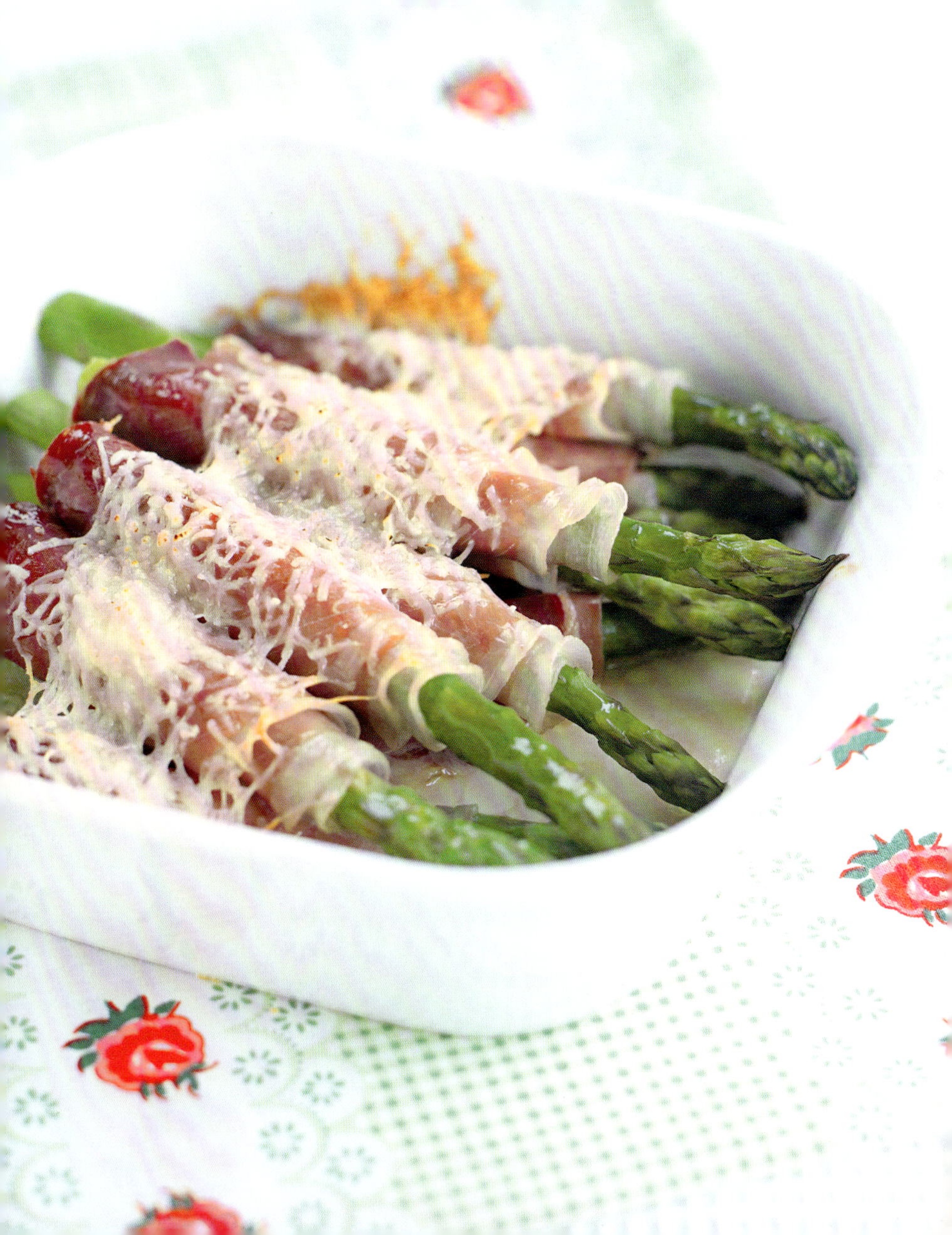

ensopado de feijão-branco

4 porções
Preparo: **10 minutos**
Cozimento: **15 minutos**

200 g de **tomates**
1 colher (sopa) de **óleo de girassol**
½ **cebola** pequena picada
1 talo de **aipo** picadinho
400 g de **feijão-branco** cozido e escorrido
2 colheres (chá) de **mostarda em grãos**
2 colheres (sopa) de **glicose de milho**
3 colheres (sopa) de **ketchup**
1 colher (sopa) de **molho inglês**
4 **torradas** ou 4 **batatas assadas** para acompanhar

Coloque os tomates numa tigela refratária e cubra com água fervente. Aguarde 2-3 minutos até a pele se partir. Retire-os da água com cuidado, remova a pele e pique-os.

Aqueça o óleo numa panela média de fundo grosso e refogue a cebola e o aipo por 5 minutos, até corar.

Junte o feijão, os tomates, a mostarda, a glicose de milho, o ketchup e o molho inglês e mexa bem. Cozinhe até abrir fervura, abaixe o fogo e tampe. Mantenha em fogo baixo por 10 minutos, até o molho engrossar.

Sirva com torradas ou como recheio de batatas assadas.

Variação: cozido indiano de lentilha. Substitua o feijão por 400 g de lentilha verde cozida e escorrida. Prepare como indicado acima e acrescente 250 g de queijo branco cortado em cubos nos 2-3 minutos finais.

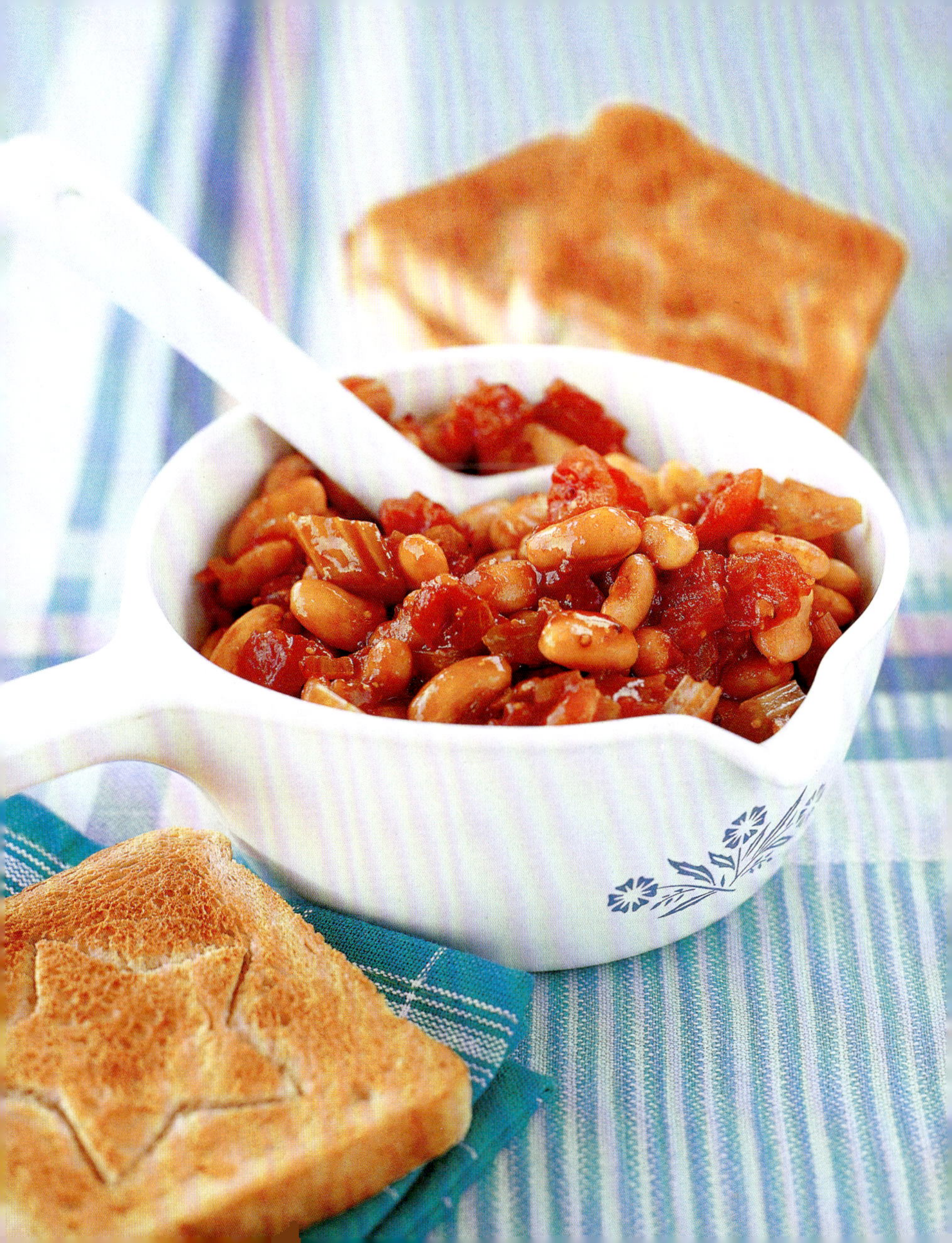

wraps de peru oriental

2 porções
Preparo: **10 minutos**
Cozimento: **1-2 minutos**

100 g de **peito de peru** fatiado
½ colher (chá) de **óleo de girassol**
1 colher (sopa) de **mel**
2 colheres (sopa) de **shoyu**
1 colher (sopa) de **óleo de gergelim**
2 discos de **pães-folha**
50 g de **brotos de feijão**
¼ de **pimentão vermelho** sem sementes fatiado
¼ de **cebola** fatiadinha
25 g de **ervilha-torta** fatiada
2 espigas de **minimilho** fatiadas

Refogue o peru no óleo quente por 1-2 minutos. Diminua o fogo, junte o mel, o shoyu e o óleo de gergelim e mexa bem para recobrir o peru. Reserve para esfriar.

Monte o rolinho: coloque metade da mistura de peru no centro do pão-folha. Adicione metade dos brotos de feijão, do pimentão vermelho, da cebola, da ervilha e do minimilho. Repita com o outro pão-folha. (Se preferir, reserve um pão-folha e o restante do recheio para outro dia; o recheio pode ser conservado em geladeira por 24 horas.)

Enrole o pão-folha firmemente e envolva-o em papel-manteiga (o filme de PVC pode deixar o rolinho ensopado).

Variação: wraps de porco e acelga à chinesa.
Substitua o peru por 125 g de lombo de porco em tirinhas. Refogue como indicado acima por 3-4 minutos. Junte uma acelga pequena rasgada com o mel e o óleo de gergelim e cozinhe por mais 2 minutos. Monte como indicado acima, substituindo a ervilha-torta, a cebola e o minimilho por 125 g de brotos de feijão.

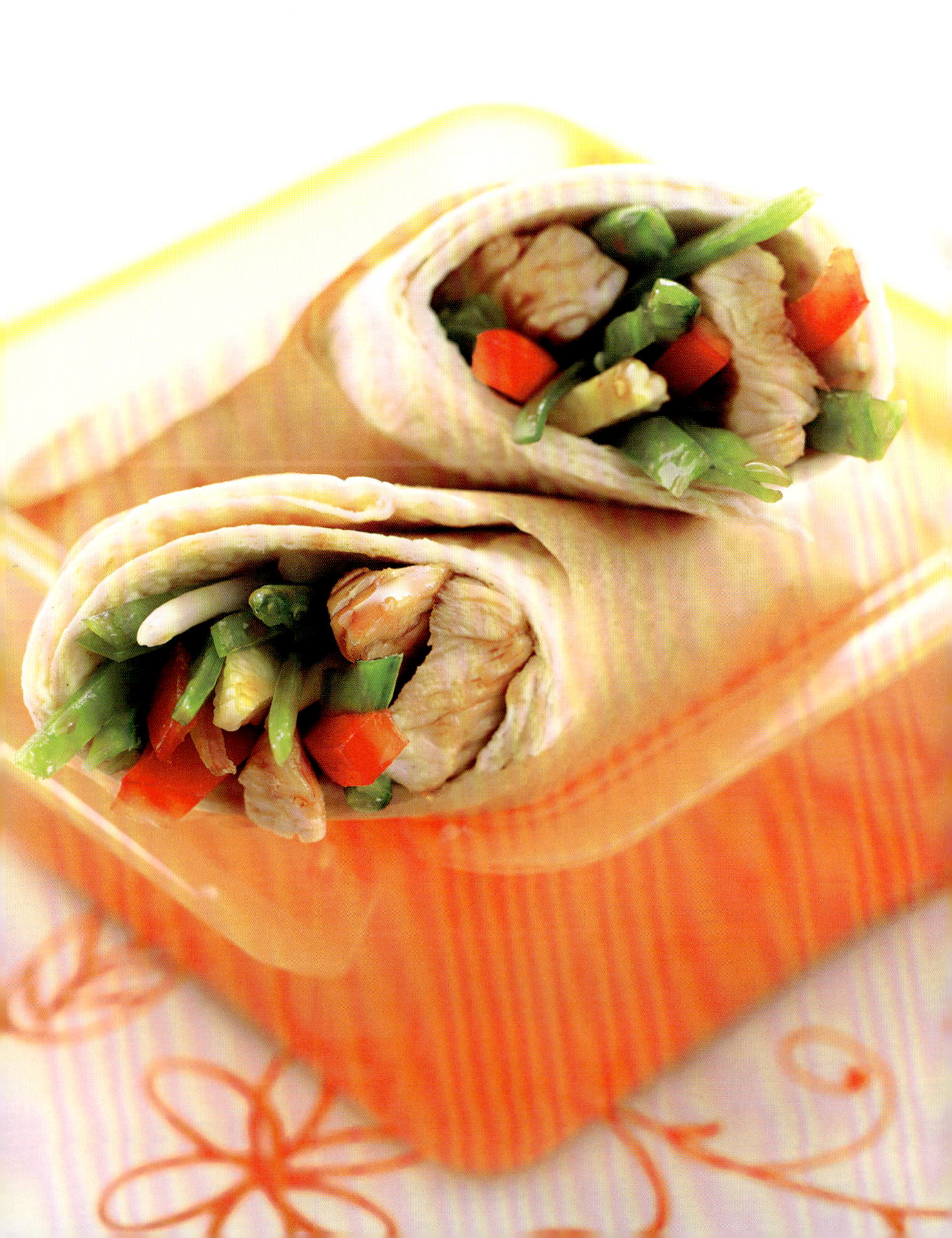

pãezinhos salgados

12 porções
Preparo: **1h40**
Cozimento: **15-20 minutos**

5 g de **fermento seco**
300 ml de **água morna**
500 g de **farinha de trigo**,
 e mais um pouco para polvilhar
1 colher (chá) de **sal** mais uma pitada
25 g de **manteiga** em cubos
4 colheres (sopa) de **sementes de girassol**
2 colheres (sopa) de **sementes de papoula**
2 colheres (sopa) de **sementes de abóbora**
1 **gema**
1 colher (sopa) de **água**

Salpique o fermento sobre a água morna, misture e reserve por 10 minutos, para fermentar. Peneire a farinha e o sal numa tigela grande e incorpore a manteiga até virar uma farofa. Junte todas as sementes e misture. Faça uma cova no centro, despeje a mistura de fermento e mexa com uma colher de pau. Amasse com as mãos, até obter uma massa homogênea.

Sove a massa até não estar mais pegajosa e ter adquirido consistência e elasticidade. Recoloque na tigela, cubra com filme de PVC e deixe descansar em local quente por 30 minutos, até dobrar o volume.

Volte a sovar a massa para liberar o ar e divida-a em 12 bolinhas, ou estique a massa e dê um nó. Coloque os pãezinhos numa assadeira untada, cubra com uma toalha limpa e deixe descansar em local aquecido por 30 minutos, até a massa dobrar outra vez de volume.

Misture a gema numa tigela com uma pitada de sal e 1 colher de água. Pincele sobre os pãezinhos. Asse em forno preaquecido a 200°C por 15-20 minutos, até os pães dourarem e soarem ocos ao bater em sua base. Retire do forno e deixe esfriar um pouco. Sirva quente, acompanhando uma sopa.

Variação: pãezinhos de queijo. Substitua as sementes por 5 talos de cebolinha verde picados refogados por 1 minuto em 1 colher (sopa) de azeite. Depois de pincelar com a gema, salpique 3 colheres (sopa) de parmesão fresco ralado.

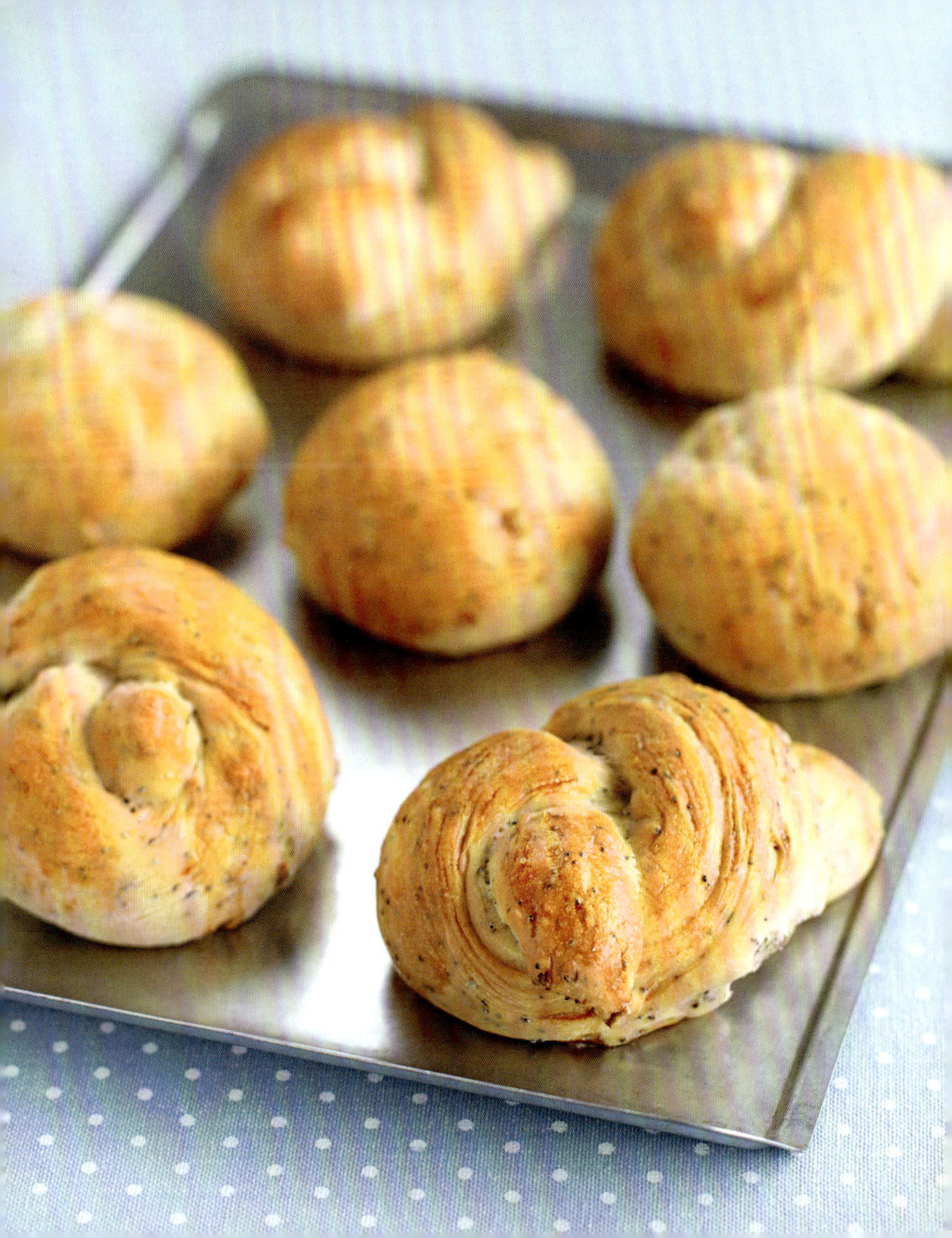

cuscuz de legumes

6 porções
Preparo: **15 minutos**, mais o tempo da demolha
Cozimento: **30-35 minutos**

175 g de **sêmola de trigo pré-cozida** (**cuscuz marroquino**)
1 cubo de **caldo de galinha**
450 ml de **água quente**
2 **abobrinhas** em pedaços
1 **pimentão vermelho** sem sementes em cubos
1 **pimentão amarelo** sem sementes em cubos
375 g de **abóbora-menina** em cubos
1 **cebola roxa** picada
5 colheres (sopa) de **azeite**
3 colheres (sopa) de **salsinha** ou **manjericão** picados
5 colheres (sopa) de **pinholes** tostados

Coloque a sêmola numa tigela e despeje o tablete do caldo previamente diluído em água quente. Mexa bem, cubra e reserve até absorver todo o líquido, enquanto prepara os legumes.

Espalhe os legumes cortados numa assadeira grande, regue com 3 colheres (sopa) de azeite e misture. Asse em forno preaquecido a 200°C, até ficarem macios e levemente tostados.

Revolva a sêmola hidratada com um garfo para aerar, regue com o restante do azeite e misture. Junte os legumes ainda quentes, a salsinha ou o manjericão e os pinholes. Misture bem antes de servir.

Variação: quinua com legumes grelhados e castanhas de caju. Substitua a sêmola por quinua. Lave 175 g de quinua numa peneira e escorra. Coloque numa frigideira antiaderente e leve ao fogo para tostar em fogo brando por 2-3 minutos, até começar a corar. Junte 450 ml de água e um cubo de caldo de galinha. Cozinhe em fogo médio por 8-10 minutos, até ficar macio. Escorra e reserve. Incorpore os legumes e a salsinha como indicado acima, substituindo os pinholes por 100 g de castanhas de caju torradas picadas.

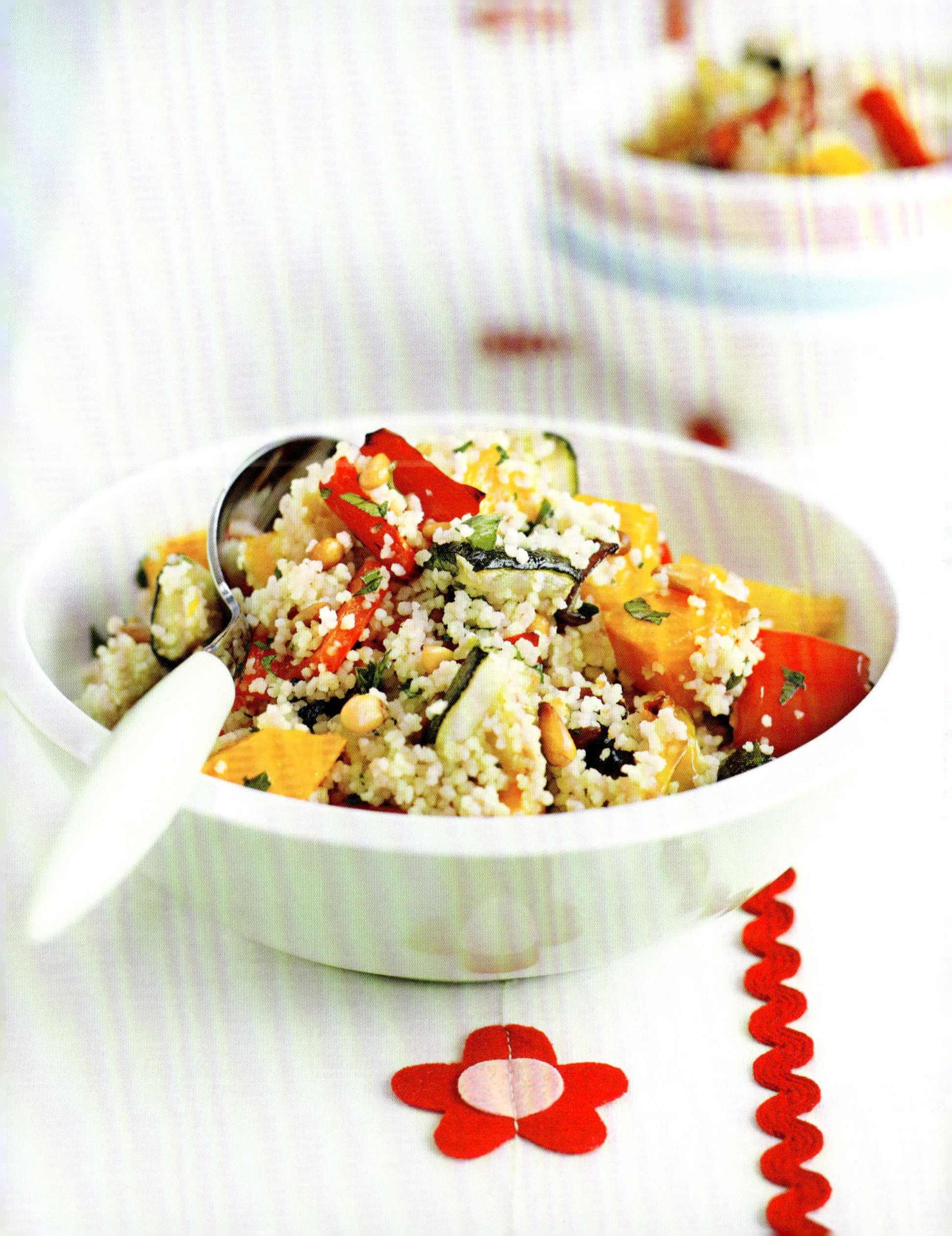

wraps de pequim

2 porções
Preparo: **10 minutos**
Cozimento: cerca de
   10 minutos

1 (175 g) **peito de pato**
   (ou **frango**) com a pele
   cortado em tiras
uma pitada de **sal**
1 colher (sopa) de **óleo**
2 **pães-folha**
um pouco de **requeijão**
2 folhas de **alface-americana**
   fatiadas
1 pedaço (5 cm) de **pepino**
   em palitos
2 talos de **cebolinha**
   cortados na diagonal

Coloque os pedaços de pato numa travessa e tempere com um pouco de sal. Aqueça o óleo numa frigideira por 1 minuto. Junte o pato e sele por 5 minutos, em fogo brando, virando de vez em quando com um pegador. Coloque sobre um prato para esfriar enquanto prepara o recheio.

Aqueça os pães-folha no micro-ondas por 8 segundos, em potência alta, ou numa frigideira antiaderente por 10 segundos.

Espalhe no centro de cada pão-folha o requeijão, a alface, o pepino, a carne de pato e a cebolinha por cima.

Dobre as pontas dos pães-folha até o meio e enrole-as firmemente, até envolver todo o recheio. Corte ao meio, enrole em papel-manteiga e leve à geladeira até a hora de servir.

Variação: wraps de cordeiro e alface. Substitua o pato por tiras de carne de cordeiro (ou de vaca) preparadas como indicado acima. Faça a montagem como sugerido, acrescentando cenoura ralada.

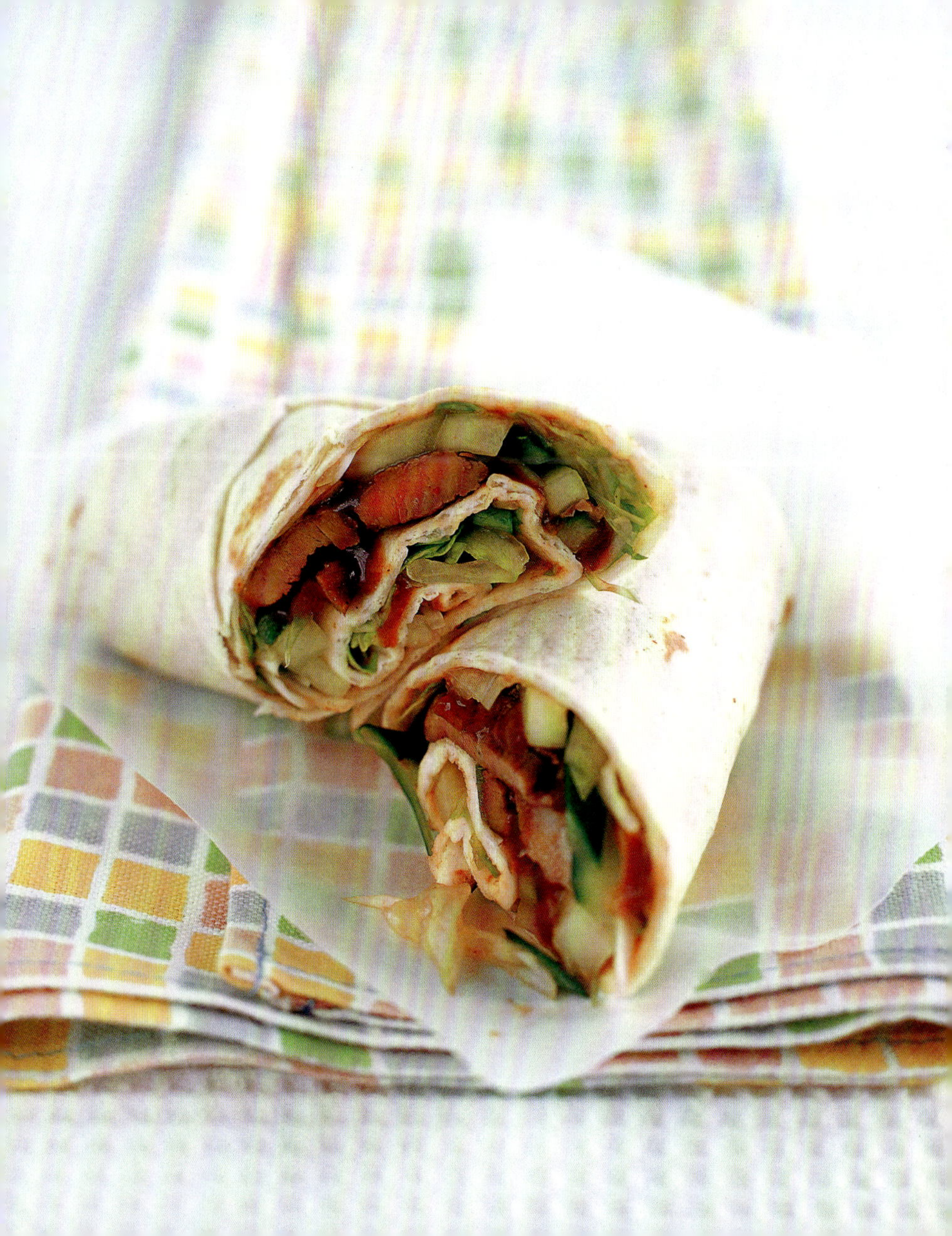

sanduíche de atum

2 porções
Preparo: **10 minutos**
Cozimento: **11-13 minutos**

1 lata (200 g) de **atum** escorrido
75 g de **milho verde** congelado
3 colheres (sopa) de **maionese**
2 **ciabattas** cortadas na diagonal
75 g de **mussarela** ou **queijo prato** em fatias finas

Desmanche o atum numa tigela. Cozinhe o milho por 3 minutos em água fervente e escorra numa peneira. Passe o milho em água fria e junte ao atum. Acrescente a maionese e misture bem.

Espalhe a pasta de atum em duas fatias de pão. Cubra com uma camada de queijo e feche o sanduíche com as fatias restantes, pressionando firmemente.

Aqueça uma frigideira de fundo grosso por 2 minutos. Toste os sanduíches por 3-4 minutos de cada lado, virando com o auxílio de um pegador. Enrole em papel-manteiga e leve à geladeira até servir.

Variação: sanduíche vegetariano. Doure 1 abobrinha fatiada e 1 pimentão vermelho fatiado em 1 colher (sopa) de azeite, por 3-4 minutos. Recheie os sanduíches com os legumes e 125 g de queijo coalho fatiado. Proceda como indicado acima.

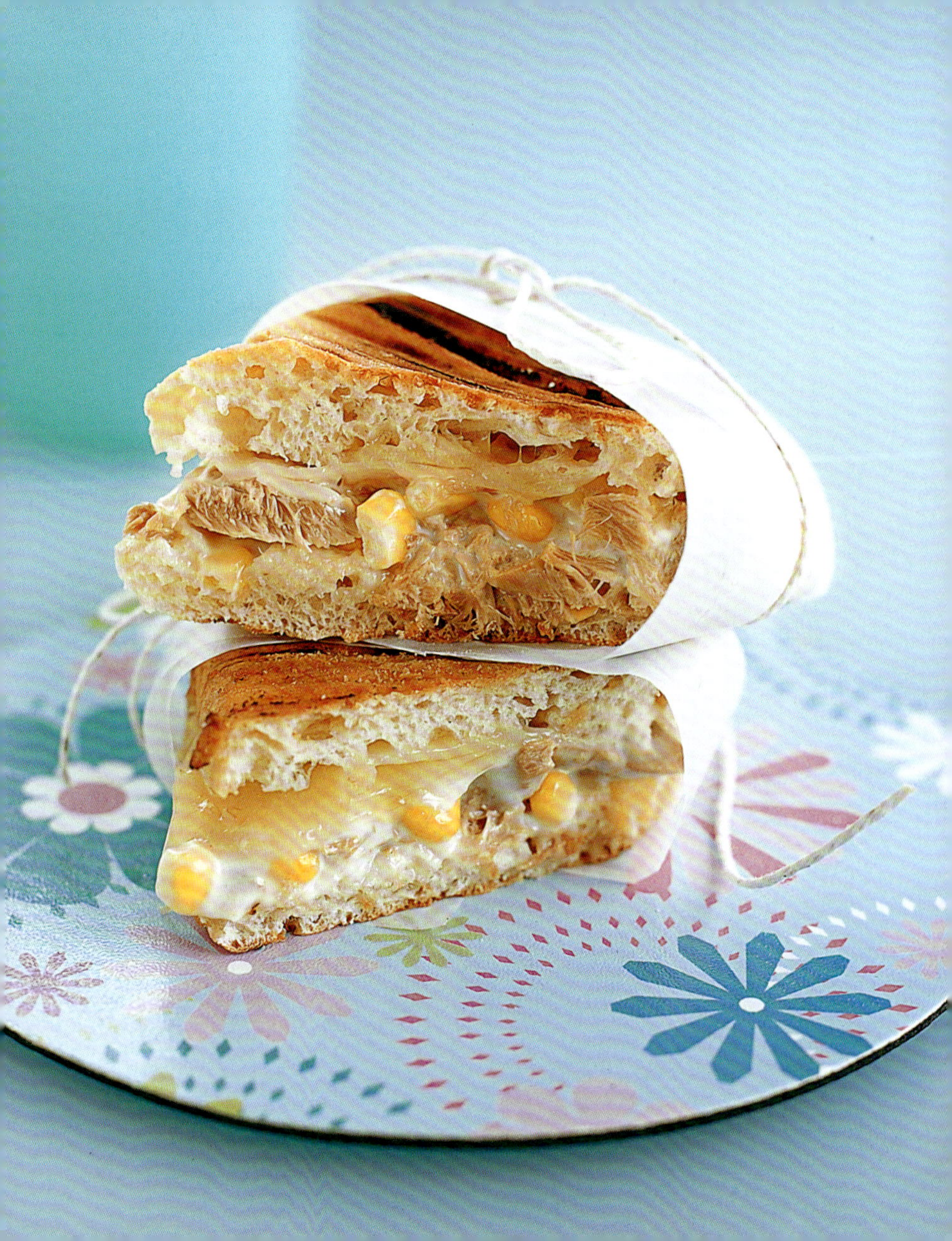

batata-doce assada

4 porções
Preparo: **10 minutos**
Cozimento: **25-30 minutos**

4 **batatas-doces** lavadas e secas
1 colher (sopa) de **azeite**
250 g de **camarão** médio
1 **abacate** maduro em cubinhos
2 colheres (sopa) de **maionese**
2 colheres (sopa) de **água** ou **leite**
3 colheres (sopa) de **iogurte natural**
1 colher (sopa) de **purê de tomate**

Para servir
páprica em pó
brotos de alfafa
 (ou **brotos de feijão**)

Regue as batatas com um filete de azeite e besunte toda a casca. Coloque numa assadeira e leve ao forno preaquecido a 200°C para assar por 25-30 minutos, até ficarem macias e cozidas.

Enquanto isso, coloque os camarões e o abacate numa saladeira. À parte, misture bem a maionese com a água ou leite, e incorpore o iogurte e o purê de tomate. Junte aos camarões e ao abacate e revolva para distribuir por igual.

Retire as batatas-doces do forno, faça um talho em cada uma e coloque o recheio de camarão. Sirva salpicada de páprica e brotos de alfafa.

Variação: batata-doce assada com cogumelos.
Prepare as batatas-doces como acima. Doure 250 g de cogumelos frescos picados em 1 colher (sopa) de azeite em fogo alto por 3-4 minutos. Retire do fogo, junte 200 ml de creme de leite fresco, 1 colher (sopa) de mostarda de Dijon e mexa bem para esquentar. Use para rechear as batatas.

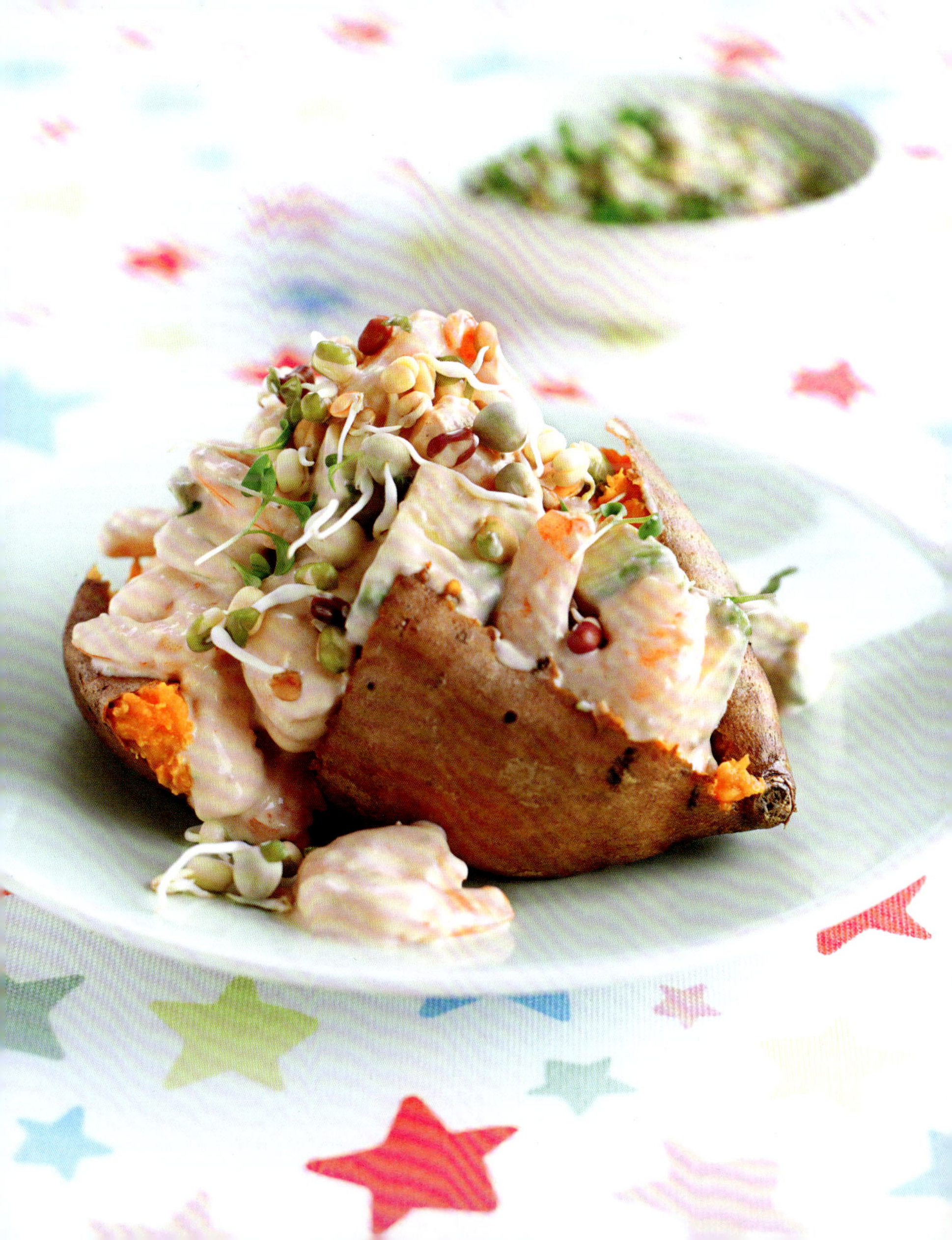

wraps picantes

2 porções
Preparo: **15 minutos**
Cozimento: **5-7 minutos**

4 **ovos**
50 g de **linguiça defumada** picada
½ colher (chá) de **pimenta em pó**
2 colheres (sopa) de **azeite**
um punhado de **mostarda** e de **agrião**
2 discos grandes de **pães--folha**
2 colheres (sopa) de **molho de tomate**

Bata bem os ovos numa tigela. Junte a linguiça e a pimenta. Aqueça o azeite numa frigideira por 1 minuto. Despeje os ovos batidos e frite por 3-5 minutos, levantando as bordas da omelete para deixar escorrer todo o líquido, até cozinhar totalmente. Coloque num prato para esfriar.

Pique a mostarda e o agrião, coloque no escorredor, lave em água fria e deixe escorrer.

Aqueça os pães-folha no micro-ondas por 8 segundos, em potência alta, ou numa frigideira antiaderente por 10 segundos.

Espalhe o molho de tomate nos pães-folha, coloque uma tira de omelete em cada um e a mostarda e o agrião picados. Enrole firmemente e corte ao meio. Envolva em papel-manteiga e mantenha refrigerado até a hora de servir.

Variação: wraps de frango e pesto. Prepare como indicado acima, substituindo a linguiça por 75 g de frango cozido desfiado e 50 g de azeitonas pretas picadas; e o molho de tomate por pesto.

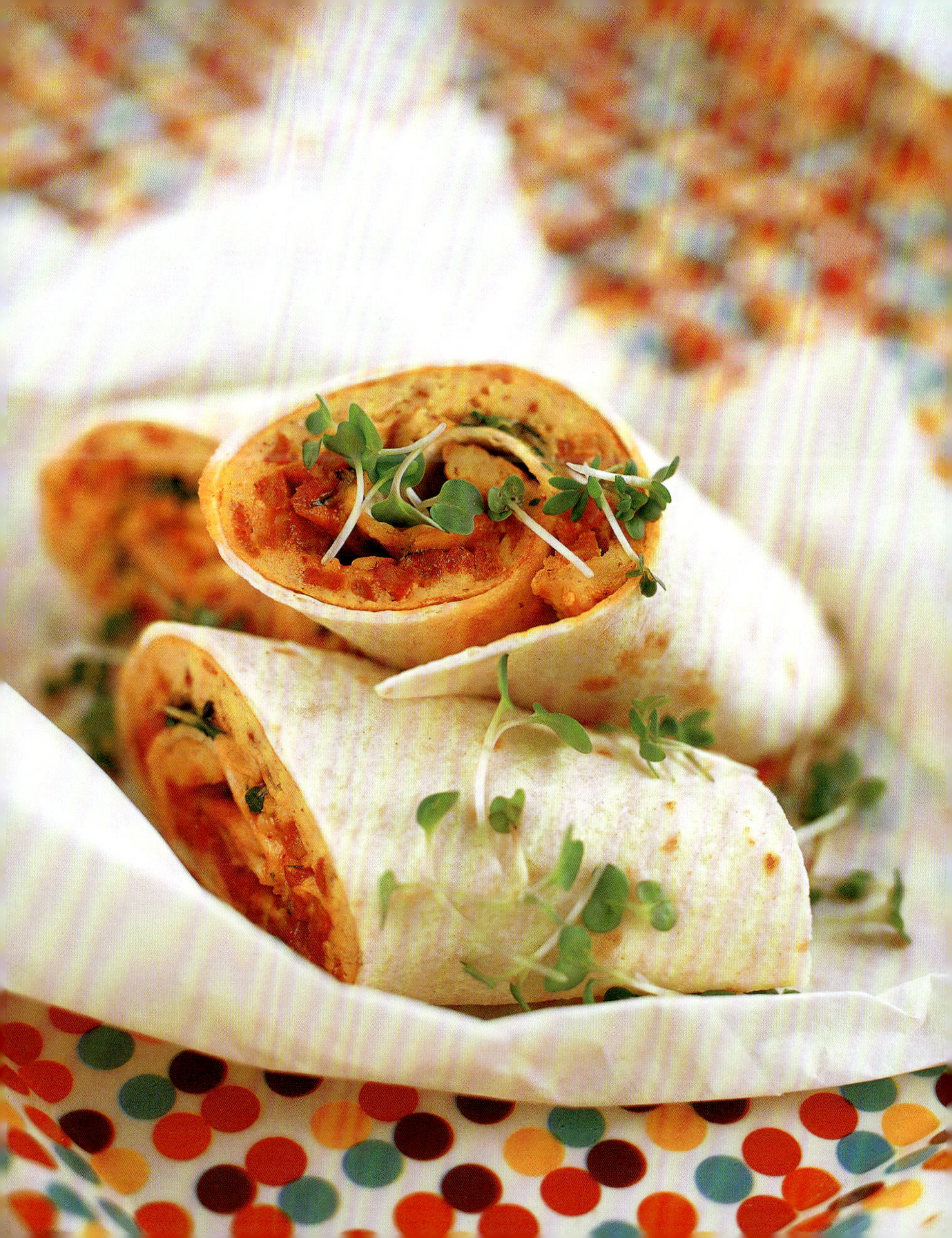

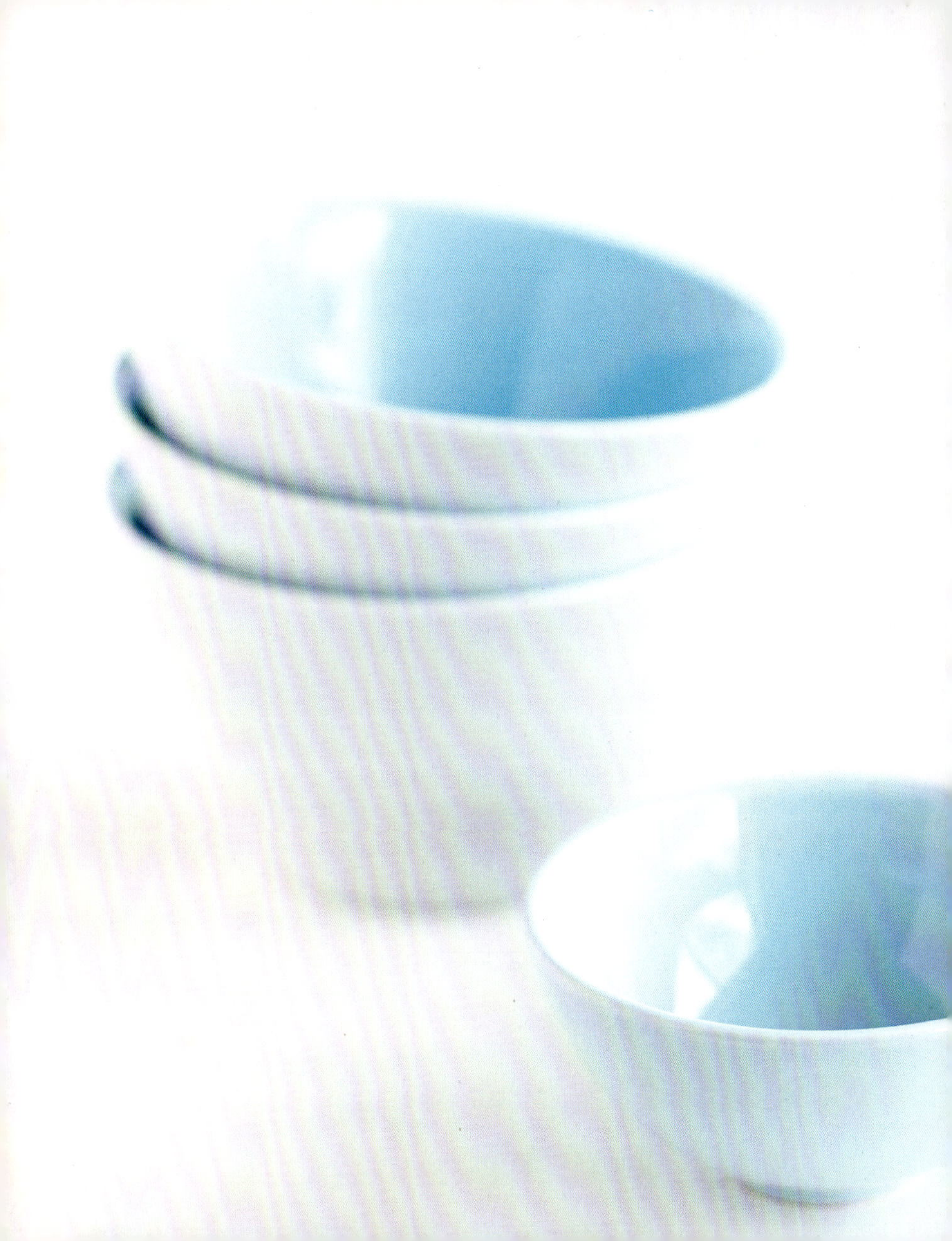

jantares saborosos

macarrão ao queijo e espinafre

4 porções
Preparo: **10 minutos**
Cozimento: **10 minutos**

250 g de **macarrão** (penne, tubete, fusilli)
300 g de **espinafre fresco**
1 colher (chá) de **noz-moscada** moída
50 g de **manteiga**
50 g de **farinha de trigo**
600 ml de **leite**
100 g de **mussarela** ralada

Cozinhe o macarrão por 8-10 minutos, segundo a instrução da embalagem. Escorra e reserve.

Enquanto isso, cozinhe o espinafre em água fervente por 2 minutos, até murchar. Retire do fogo, escorra, recoloque na panela e tempere com a noz-moscada. Reserve.

Derreta a manteiga numa panela antiaderente. Retire do fogo e junte a farinha, misturando bem até formar uma pasta. Recoloque no fogo e cozinhe por mais 1 minuto, mexendo vigorosamente. Retire do fogo e incorpore o leite aos poucos, sem parar de mexer. Retorne ao fogo, mexendo sempre até engrossar.

Retire do fogo, junte o espinafre e a mussarela e misture. Ponha no processador de alimentos e pulse até obter um creme espesso. Recoloque na panela e junte o macarrão cozido. Mexa para distribuir bem o molho. Divida em quatro porções e sirva.

Variação: macarrão ao alho com abobrinha.
Substitua o espinafre por 3 abobrinhas grandes aparadas e raladas. Refogue 1 dente de alho amassado em 1 colher (sopa) de azeite por 1 minuto. Junte a abobrinha e refogue por mais 4-5 minutos. Misture 3 colheres (sopa) de cebolinha picada e junte ao molho branco como indicado acima. Processe antes de misturar ao macarrão.

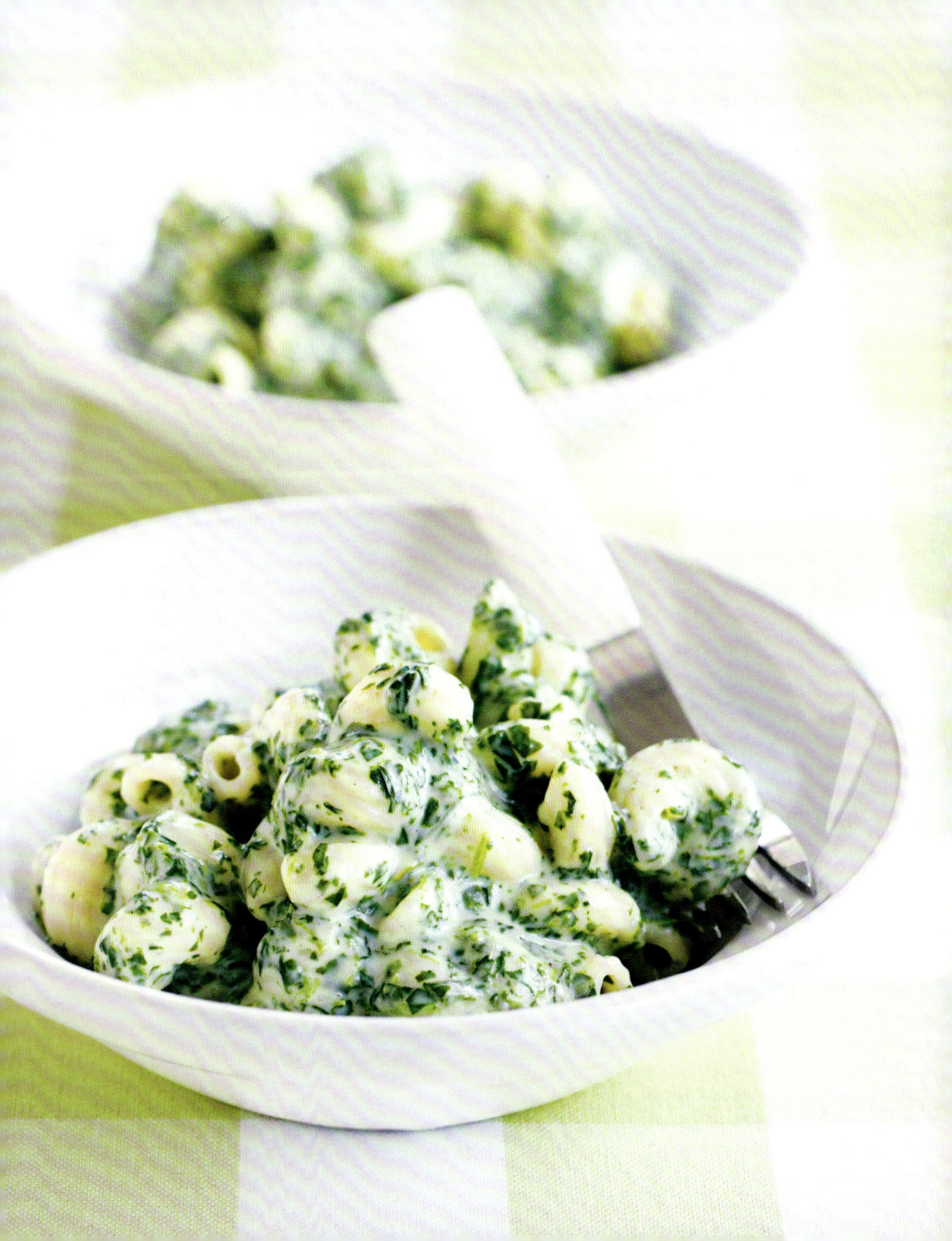

salada de frango e arroz

4 porções
Preparo: **10 minutos**, mais o tempo para resfriar
Cozimento: **15 minutos**

- 4 **coxas de frango** sem pele desossadas
- 2 colheres (chá) de **suco de limão**
- 2 colheres (sopa) de **pasta de amendoim** (opcional)
- 2 colheres (sopa) de **azeite**
- 175 g de **arroz tipo longo** cozido
- 2 fatias de **abacaxi** picado
- 1 **pimentão vermelho** sem sementes picado
- 75 g de **vagens** cortadas
- 4 colheres (sopa) de **amendoim** (opcional)

Cozinhe bem as coxas de frango no vapor por 10-12 minutos. Corte em cubos e reserve para esfriar.

Enquanto isso, prepare o molho: misture o suco de limão e a pasta de amendoim a gosto, se for usar, e adicione o azeite.

Coloque o arroz cozido numa saladeira e misture o frango. Junte o abacaxi, o pimentão, as vagens e os amendoins. Regue com o molho e revolva bem. Sirva a seguir.

Variação: salada de arroz e camarão. Prepare o molho de amendoim como indicado acima. Substitua o frango por 150 g de camarão misturado com 2 colheres (sopa) de sementes de gergelim. Corte ¼ de pepino em palitos e misture com o arroz, o camarão com gergelim e o molho de amendoim.

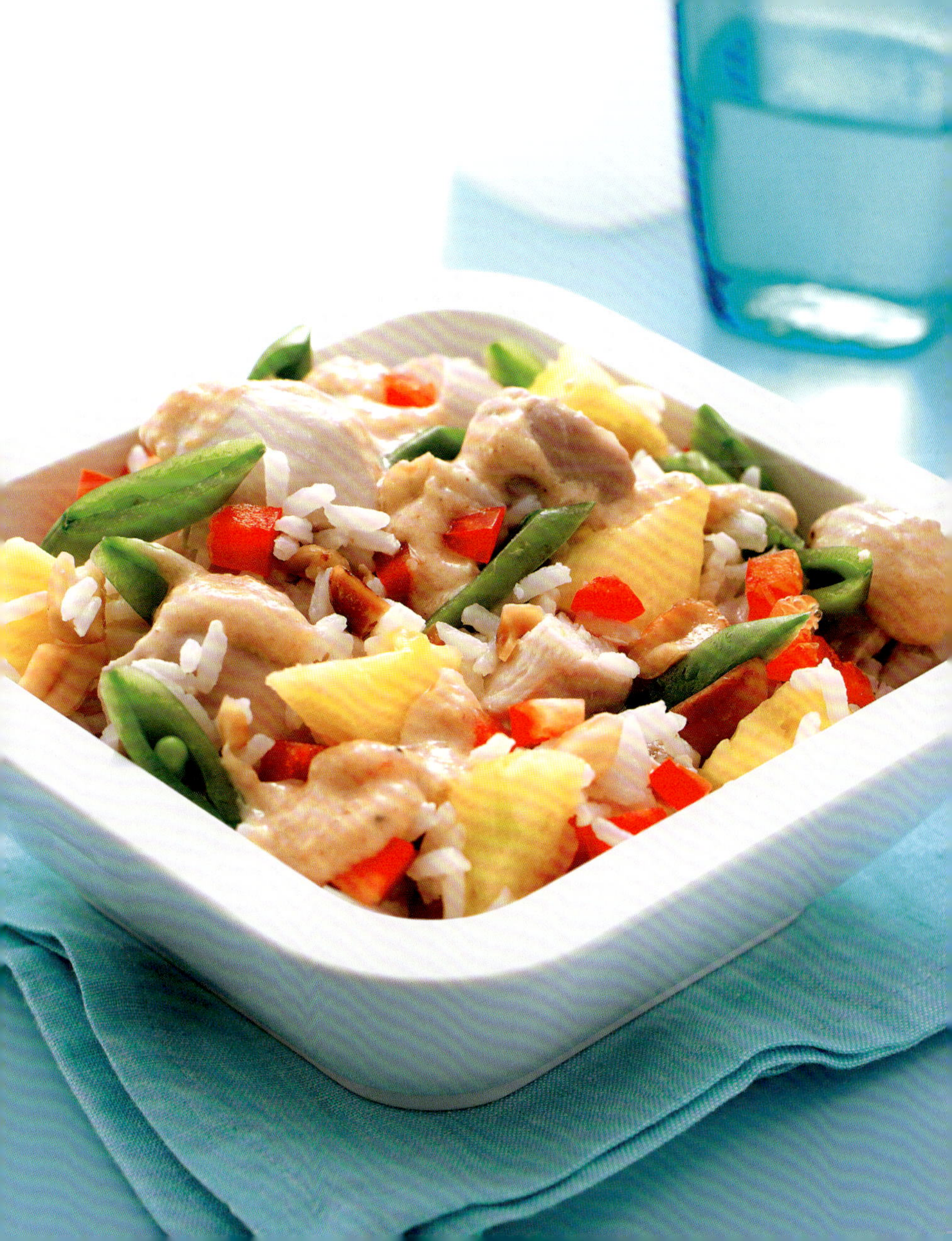

macarrão com salmão gratinado

6 porções
Preparo: **20 minutos**
Cozimento: **30 minutos**

250 g de **fusilli**
25 g de **manteiga**
25 g de **farinha de trigo**
300 ml de **leite**
200 ml de **creme de leite fresco**
100 g de **parmesão** ralado fresco
3 colheres (sopa) de **ervas** picadas (como **dill** e **cebolinha**)
400 g de **salmão** cozido em lascas
100 g de **ervilhas** congeladas

Cozinhe o macarrão por 8-10 minutos, segundo a instrução da embalagem. Escorra e reserve.

Derreta a manteiga numa panela antiaderente. Retire do fogo e junte a farinha, misturando bem até formar uma pasta. Recoloque no fogo e cozinhe por mais 1 minuto, mexendo vigorosamente. Retire do fogo e incorpore o leite aos poucos, sem parar de mexer.

Leve a panela de volta ao fogo, mexendo sempre, até engrossar. Acrescente o creme de leite e metade do parmesão e misture. Junte o macarrão, as ervas, o salmão e as ervilhas, e mexa delicadamente para preservar o salmão. Distribua em seis tigelas individuais e salpique com o restante do parmesão.

Asse no forno preaquecido a 180°C por 20 minutos, até gratinar. Sirva acompanhado de pão quentinho e uma salada.

Variação: macarrão com atum e milho. Substitua o salmão por 2 latas (200 g) de atum escorrido em lascas, e a ervilha por 100 g de milho cozido. Junte 1 colher (sopa) de mostarda em grãos e misture bem. Fatie uma baguete e espalhe sobre o macarrão. Salpique com o restante do parmesão e asse como indicado, até o pão dourar e o molho borbulhar.

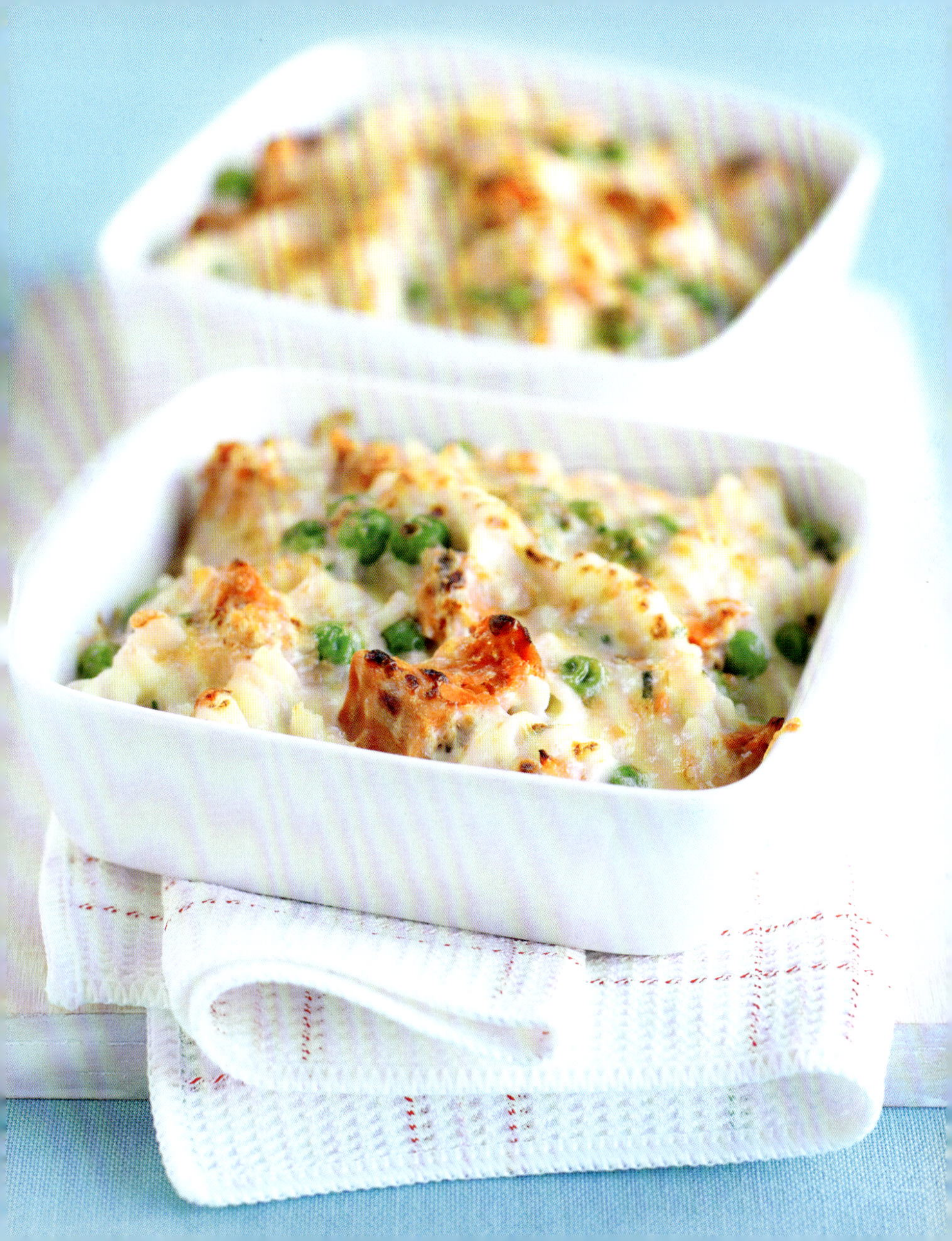

espaguete à bolonhesa

6 porções
Preparo: **30 minutos**
Cozimento: **35 minutos**

- 1 **cebola** picadinha
- 2 **cenouras** raladas
- 1 **abobrinha italiana** ralada
- 2 colheres (sopa) de **azeite**
- 500 g de **carne moída** magra
- 2 colheres (sopa) de **farinha de trigo**
- 600 ml de **caldo de carne**
- 2 colheres (sopa) de **purê de tomate**
- 1 lata (200 g) de **tomates** pelados picados
- 250 g de **espaguete** ou linguine
- **parmesão** ralado para guarnecer

Refogue a cebola, as cenouras e a abobrinha em 1 colher (sopa) de azeite por 5-6 minutos, até ficarem macias. Retire da panela e reserve.

Junte a carne à panela e cozinhe em fogo alto por 4-5 minutos, mexendo sempre, até dourar. Recoloque os legumes na panela, acrescente a farinha e mexa. Junte o caldo de carne, o purê de tomate e os tomates picados. Mexa bem e deixe ferver. Abaixe o fogo, tampe e cozinhe por uns 20 minutos.

Enquanto isso, cozinhe o macarrão por 8-10 minutos, ou conforme recomendado. Escorra e misture o restante do azeite. Sirva em porções individuais com o molho bolonhesa por cima polvilhado com parmesão.

Variação: macarrão à bolonhesa ao forno. Cozinhe 250 g de macarrão *al dente*. Escorra e misture com 1 colher (sopa) de azeite. Prepare o molho bolonhesa como indicado acima e misture ao macarrão. Disponha numa travessa refratária. Misture 200 ml de creme de leite fresco com 3 colheres (sopa) de parmesão ralado, 2 colheres (sopa) de salsinha picada e despeje sobre o macarrão. Asse em forno preaquecido a 200°C por 20-25 minutos, até gratinar.

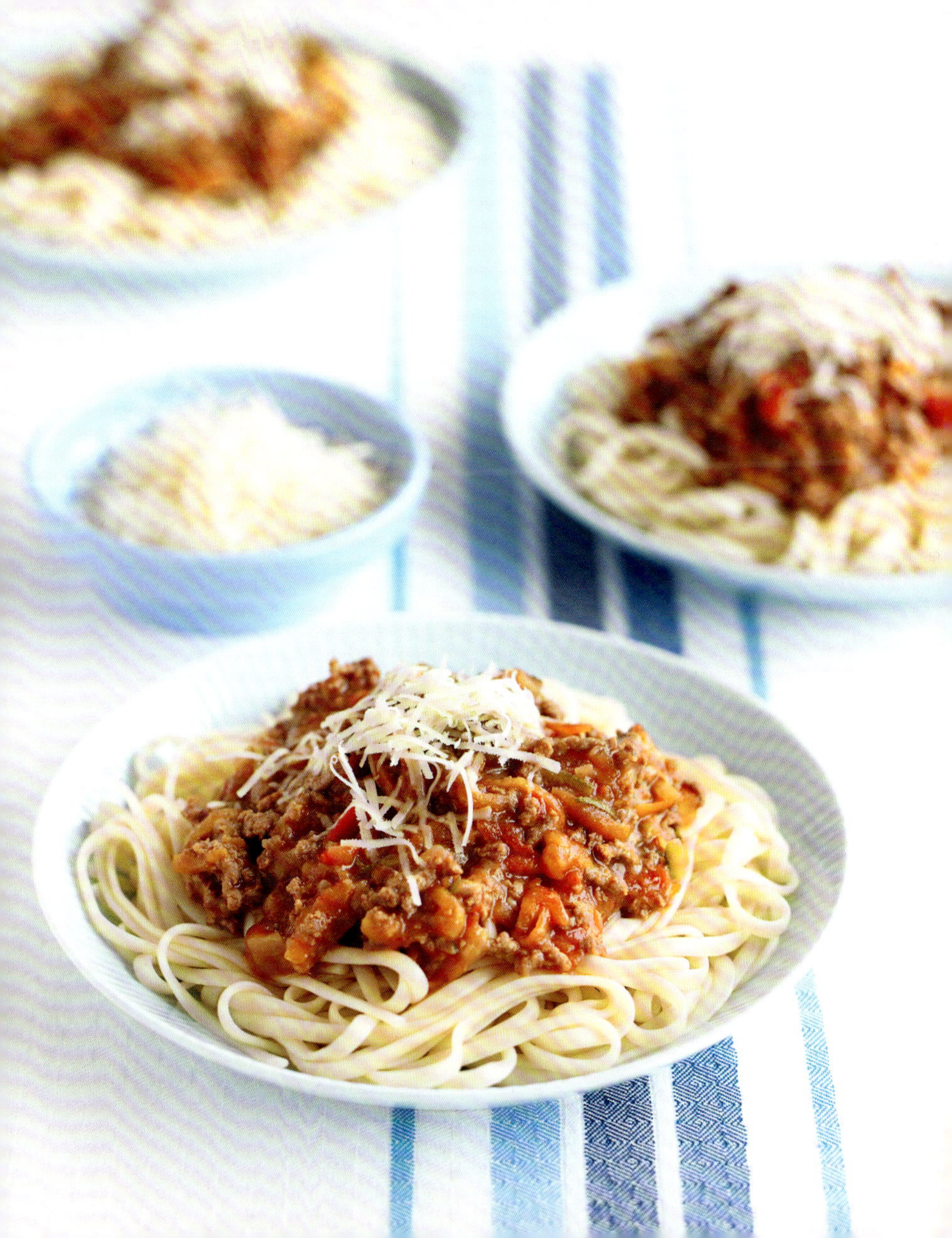

batata rösti

4 porções
Preparo: **10 minutos**
Cozimento: **25 minutos**

500 g de **batata** com casca
50 g de **mussarela** ralada
1 **cebola** roxa picadinha
3 colheres (sopa) de **óleo**
ketchup caseiro (pp. 26-27)

Cozinhe as batatas em água fervente por 20 minutos, até ficarem macias mas ainda firmes. Escorra e deixe esfriar.

Descasque e rale as batatas numa tigela. Junte a mussarela e a cebola e misture. Com as mãos molhadas, modele 4 bolas e achate um pouco. Arrume as bordas.

Unte levemente os bolinhos com o óleo e grelhe por 2 minutos de cada lado, até corarem.

Sirva as röstis quentes com ketchup. (As que não forem consumidas conservam-se bem em recipiente hermético na geladeira por até 3 dias.)

Variação: rösti de batata, bacon e tomate.
Prepare a batata como indicado, mas sem a cebola. Junte 1 tomate picado, 2 fatias de bacon picadas e 2 colheres (sopa) de ketchup caseiro (pp. 26-27). Modele 4 bolinhos e doure como mencionado acima. Sirva com pão sírio integral, agrião e ketchup à parte.

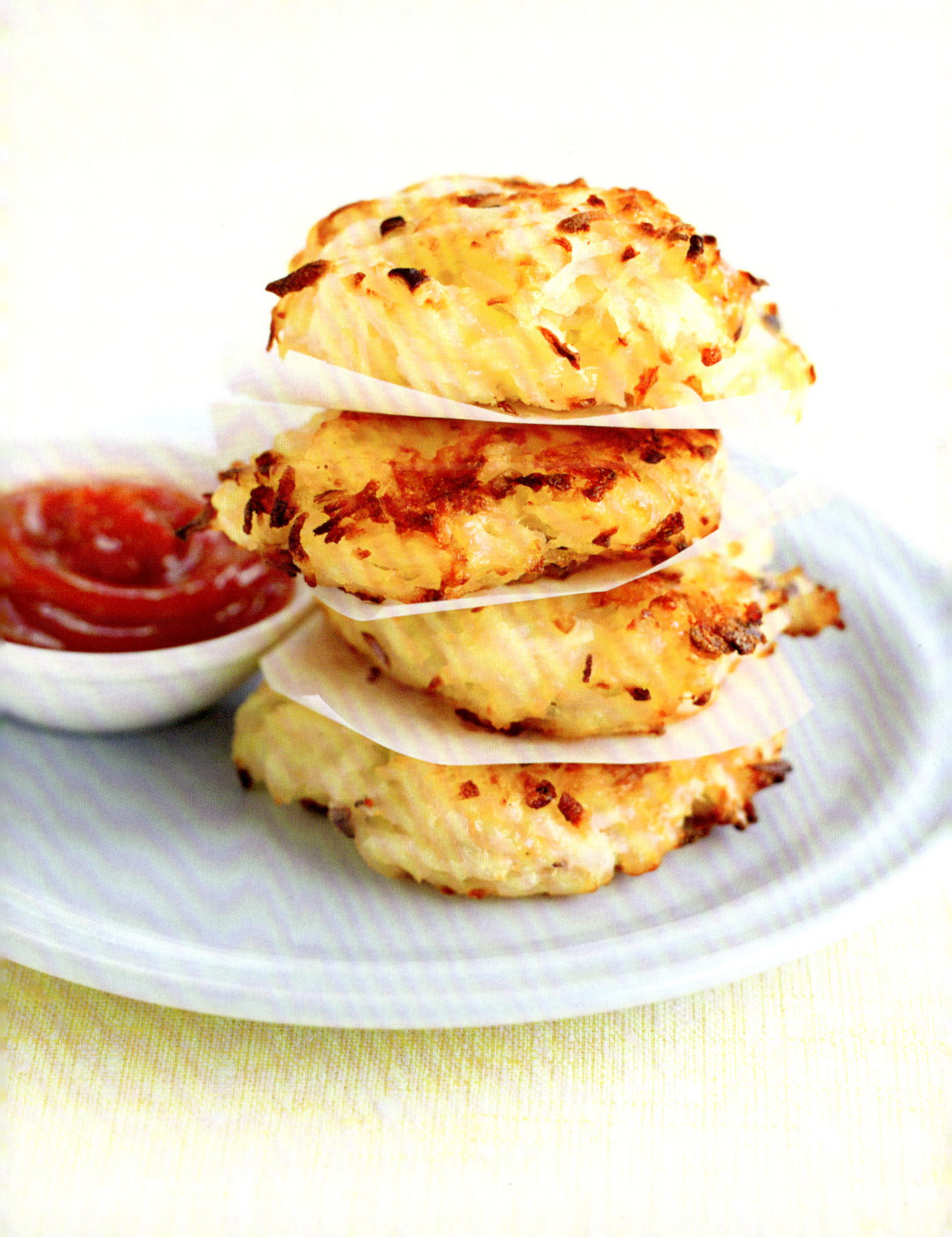

bacalhau gratinado com batata-doce

4 porções
Preparo: **45 minutos**
Cozimento: **45 minutos**

375 g de **bacalhau**
300 ml de **água**
250 g de **camarão** cozido
1 **cenoura** grande picada
250 g de floretes de **brócolis**
25 g de **manteiga**
25 g de **farinha de trigo**
300 ml de **leite**
50 g de **mussarela** ralada

Cobertura
625 g de **batata-doce** em cubos
50 g de **manteiga**
3 colheres (sopa) de **salsinha** picada
25 g de **parmesão** ralado

Ferva o bacalhau na água em fogo brando por 3-5 minutos, até ficar cozido e opaco. Escorra e reserve o caldo do cozimento. Desmanche-o em lascas e misture ao camarão.

Cozinhe a cenoura e o brócolis por 5 minutos, escorra e reserve. Derreta a manteiga numa panela. Retire do fogo, junte a farinha e misture bem, até formar uma pasta. Cozinhe por mais 1 minuto, mexendo vigorosamente. Retire do fogo e incorpore o leite aos poucos, sem parar de mexer.

Recoloque a panela no fogo, mexendo sempre, até engrossar. Retire do fogo e junte a mussarela. Despeje sobre o bacalhau, o camarão e os legumes e mexa bem. Coloque numa assadeira e reserve.

Enquanto isso, cozinhe as batatas-doces por 8-10 minutos, até ficarem macias. Escorra, junte a manteiga e amasse bem. Incorpore a salsinha e recubra o peixe e o molho. Salpique o queijo e leve para assar no forno preaquecido a 200ºC por 30 minutos, até formar uma crosta dourada.

Variação: torta de atum e camarão. Substitua o bacalhau por 2 latas (200 g cada) de atum escorrido. Amasse 750 g de batatas cozidas com manteiga, 50 g de mussarela a mais e 6 colheres (sopa) de leite. Junte a salsinha, coloque às colheradas sobre a torta e espalhe o queijo. Asse como indicado acima.

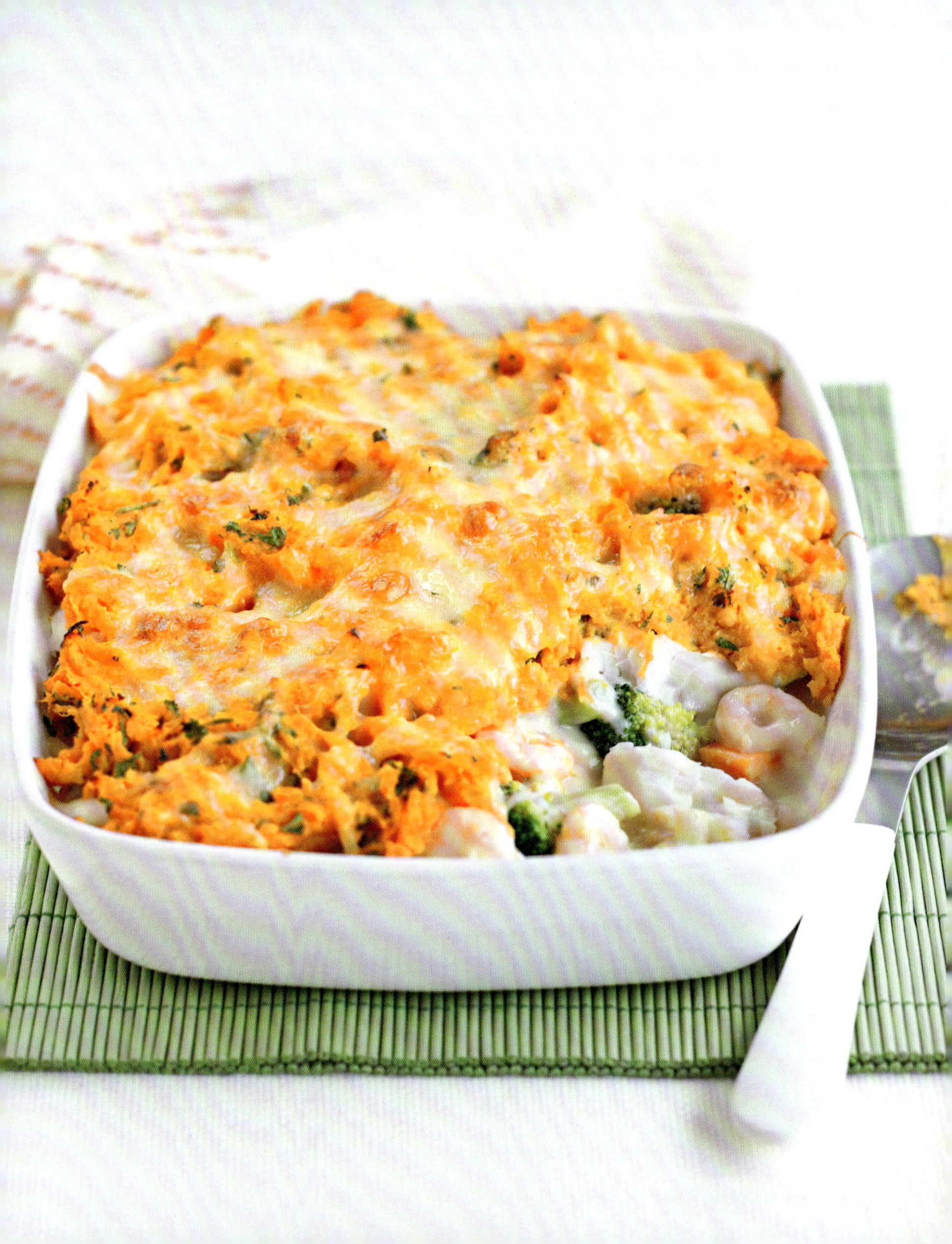

macarrão oriental

2 porções
Preparo: **20 minutos**
Cozimento: **10 minutos**

100 g de **macarrão de ovos instantâneo**
1 colher (sopa) de **óleo de girassol**
2 talos de **cebolinha** em pedaços largos
½ **pimenta vermelha** picada
150 g **repolho** ou **acelga** ralada
100 g de **minimilho** cortado ao meio
200 g de **camarão** médio sem casca
2 colheres (sopa) de **shoyu**
2 colheres (sopa) de **vinagre de arroz**

Cozinhe o macarrão em água fervente por 3 minutos. Escorra.

Aqueça o óleo numa frigideira grande ou wok por 1 minuto. Junte a cebolinha e a pimenta e refogue por 1 minuto, mexendo com a colher de pau. Acrescente o repolho ou a acelga e o minimilho e refogue por mais 2-3 minutos, até ficarem macios.

Incorpore o macarrão, o camarão, o shoyu e o vinagre de arroz e deixe cozinhar em fogo brando, mexendo delicadamente, até os ingredientes aquecerem e estarem bem distribuídos. Sirva a seguir.

Variação: macarrão oriental com carne e coco.
Substitua a acelga por 175 g de floretes de brócolis branqueados. Junte à frigideira com a cebolinha e refogue por 1 minuto. Adicione 175 g de contrafilé em tiras e cozinhe por mais 2-3 minutos, até corar. Misture 400 g de leite de coco com uma pitada de sal e incorpore ao macarrão. Deixe aquecer por 1 minuto.

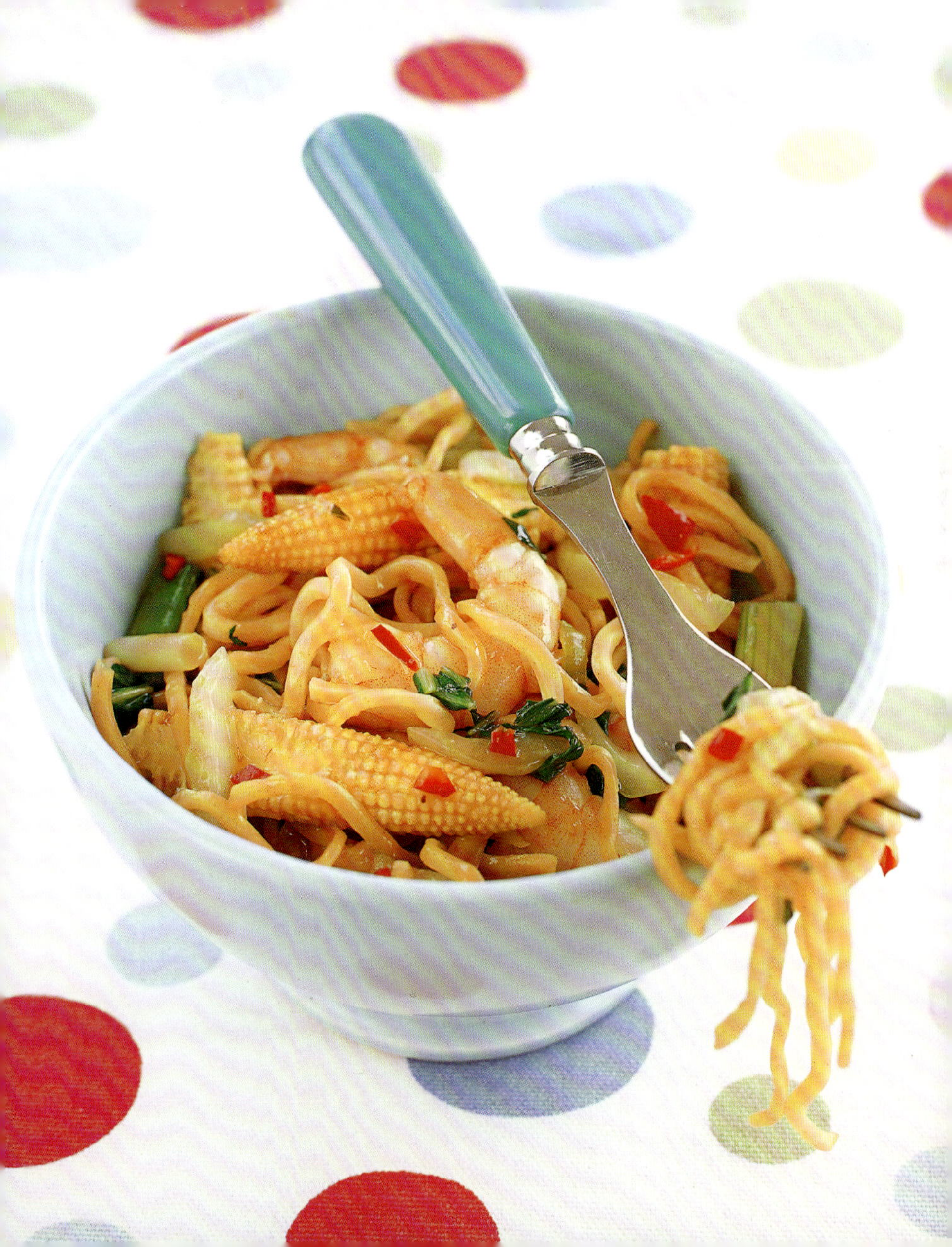

salmão rösti

6 porções
Preparo: **30 minutos**
Cozimento: **25-30 minutos**

500 g de **batatas** inteiras sem casca
25 g de **manteiga**
250 g de filé de **salmão**
2 colheres (sopa) de **óleo de girassol**
200 ml de **creme de leite fresco**
3 talos de **cebolinha** picada
2 colheres (sopa) de **cebola redondinha** picada
gomos de **limão-siciliano** para acompanhar

Cozinhe as batatas em água fervente por 10 minutos, até começarem a amolecer. Escorra e reserve.

Derreta a manteiga numa frigideira e junte o salmão. Tampe a panela e abaixe o fogo. Cozinhe por 8-10 minutos, até mudar de cor. Retire do fogo e deixe esfriar, até poder manuseá-lo. Desmanche o salmão em lascas e coloque numa tigela com o suco do cozimento.

Rale as batatas frias e junte ao salmão na tigela. Divida a mistura em seis e modele os röstis. Aqueça uma frigideira com o óleo e frite os bolinhos em fogo brando por 2-3 minutos de cada lado, até dourarem.

Enquanto isso, coloque o creme de leite numa tigela, junte a cebolinha e a cebola redondinha e misture bem. Escorra os röstis em papel-toalha, cubra com o molho e sirva com um gomo de limão.

Variação: rösti com ovos e bacon. Siga a receita acima, substituindo o salmão por 1 colher (sopa) de salsinha picada. Sirva o rösti acompanhado de duas fatias de bacon frito com um ovo poché e ketchup caseiro (pp. 26-27).

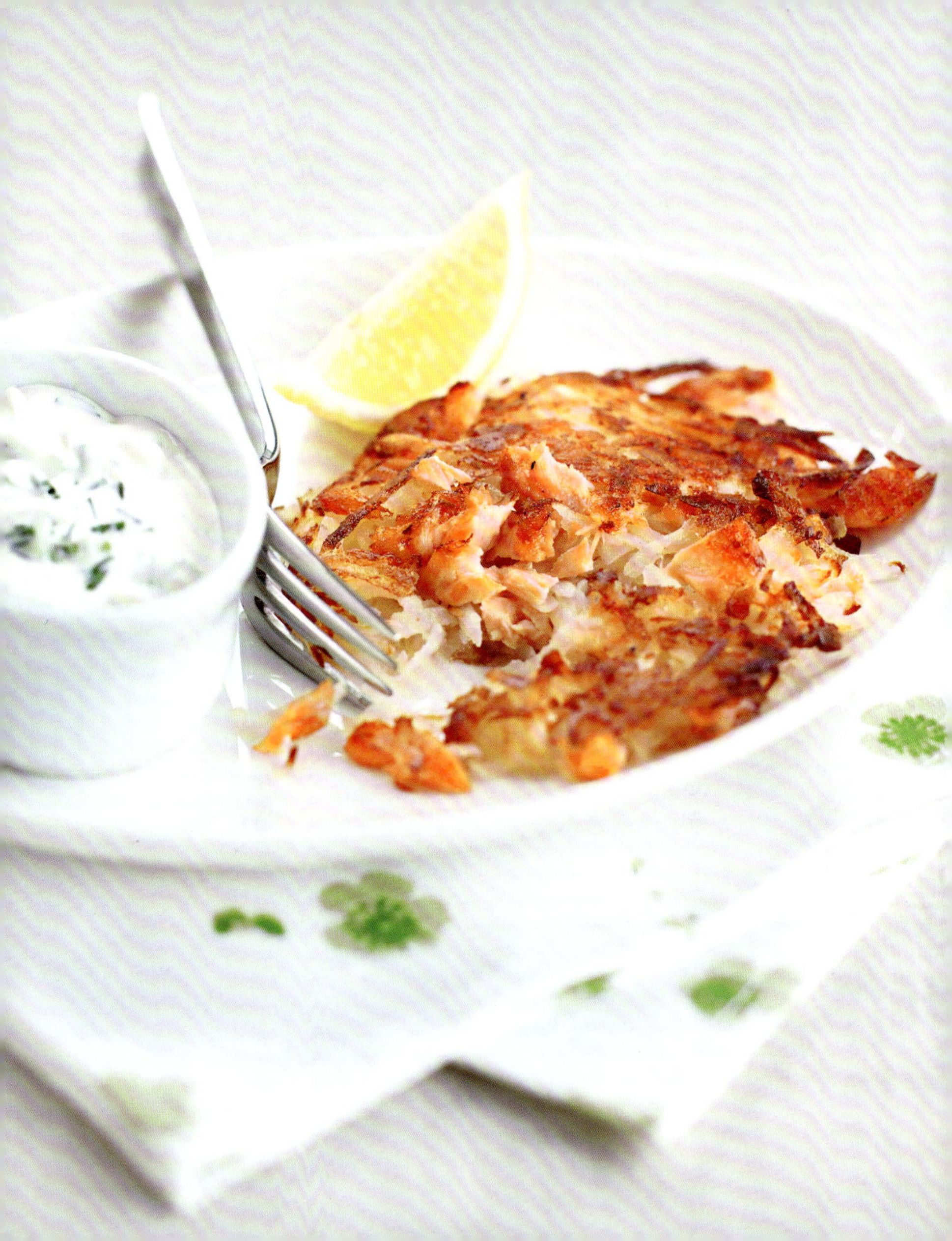

macarrão gratinado

4 porções
Preparo: **15 minutos**
Cozimento: **25 minutos**

200 g de **fusilli**
100 g de **ervilhas** frescas cozidas ou congeladas
65 g de **manteiga**
40 g de **farinha de trigo**
500 ml de **leite**
1 colher (chá) de **mostarda de Dijon**
150 g de **mussarela** ralada
100 g de **presunto** picado
65 g de **farinha de rosca**

Cozinhe o macarrão por cerca de 10 minutos ou siga as instruções da embalagem. Junte as ervilhas à panela e cozinhe por mais 2 minutos. Escorra e reserve.

Derreta a manteiga numa panela limpa e seca. Retire do fogo, junte a farinha e misture bem, até formar uma pasta. Cozinhe por mais 1 minuto, mexendo vigorosamente. Retire do fogo e incorpore o leite aos poucos, sem parar de mexer. Recoloque a panela no fogo e mexa até o molho engrossar.

Junte a mostarda, o queijo e o presunto e mexa até a mussarela derreter. Misture o macarrão e as ervilhas até distribuir o molho por igual. Coloque numa travessa refratária.

Derreta o restante da manteiga numa panela pequena e junte a farinha de rosca. Salpique sobre o macarrão e leve ao forno preaquecido por 5 minutos para dourar, com atenção para não queimar. Use luvas para retirar do forno e sirva.

Variação: macarrão gratinado com abobrinha.
Substitua o presunto e as ervilhas por ½ abobrinha picada, refogada em 1 colher (sopa) de azeite, e 3 tomates picados. Finalize como indicado acima.

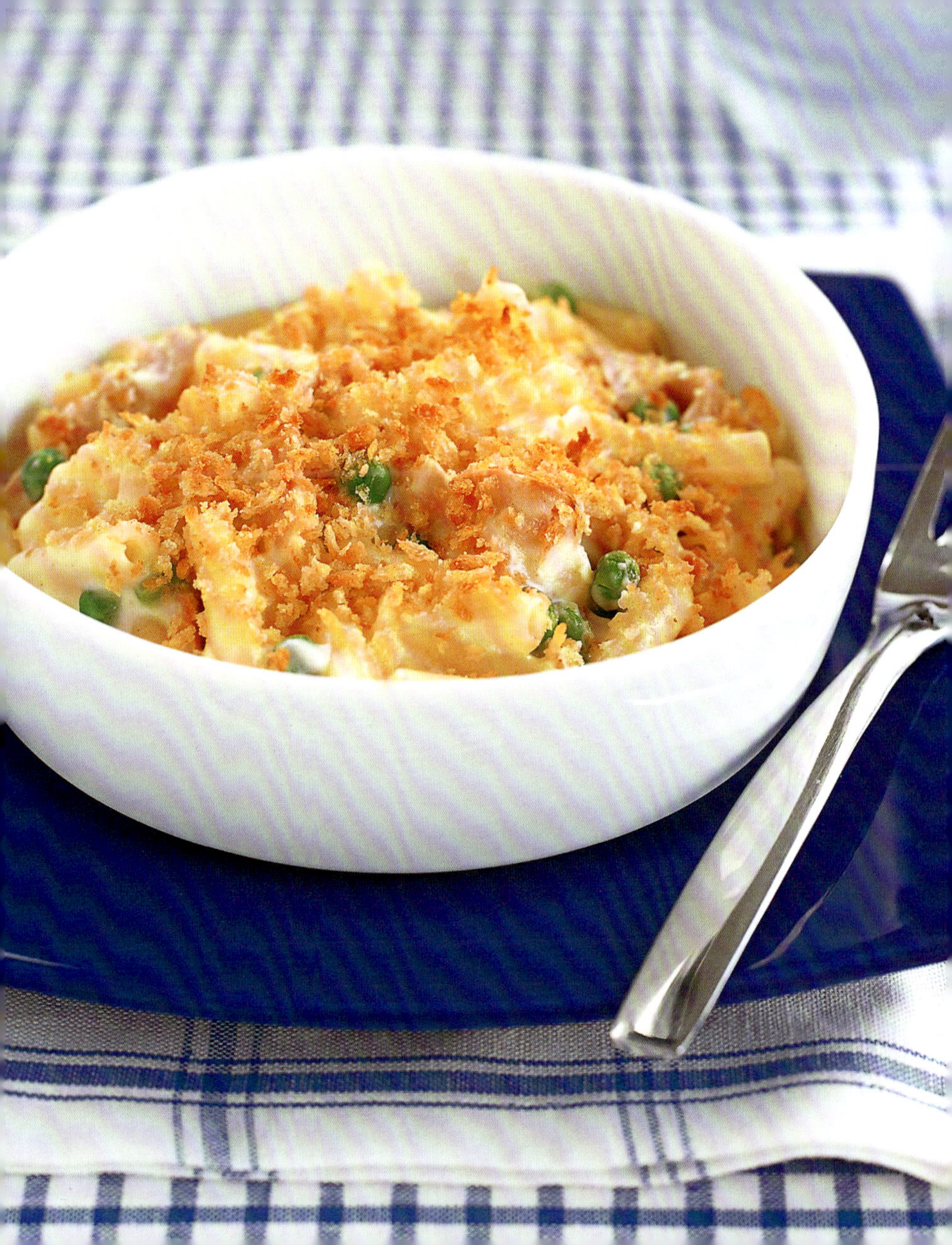

camarão indiano

4 porções
Preparo: **5 minutos**
Cozimento: **cerca de 25 minutos**

1 colher (sopa) de **azeite**
1 **cebola** picada
1 cm de **gengibre** ralado
400 g de **tomate** picado
1 colher (sopa) de **açúcar mascavo**
400 ml de **leite de coco**
250 g de **camarão** limpo
125 g de **ervilhas** congeladas
3 colheres (sopa) de **salsinha** picada
arroz ou **pão sírio** para acompanhar

Esquente o azeite numa frigideira antiaderente e refogue a cebola e o gengibre em fogo brando por 3-4 minutos, até dourar. Junte os tomates picados e o açúcar, aumente o fogo e cozinhe por mais 5 minutos, mexendo de vez em quando, até encorpar.

Despeje o leite de coco e deixe ferver. Diminua o fogo e cozinhe por mais 10 minutos, sem tampa, até o molho espessar. Escorra bem os camarões e junte ao molho com as ervilhas e a salsinha. Deixe no fogo por mais 2-3 minutos.

Sirva o ensopado em tigelas aquecidas, com arroz ou pão sírio para absorver o caldo.

Variação: ensopado de frango e abóbora. Dispense o gengibre e substitua o camarão por 250 g de peito de frango picado, e as ervilhas por 250 g de abóbora-menina em cubos, que devem ser refogados junto com a cebola. Prossiga a receita como indicado acima.

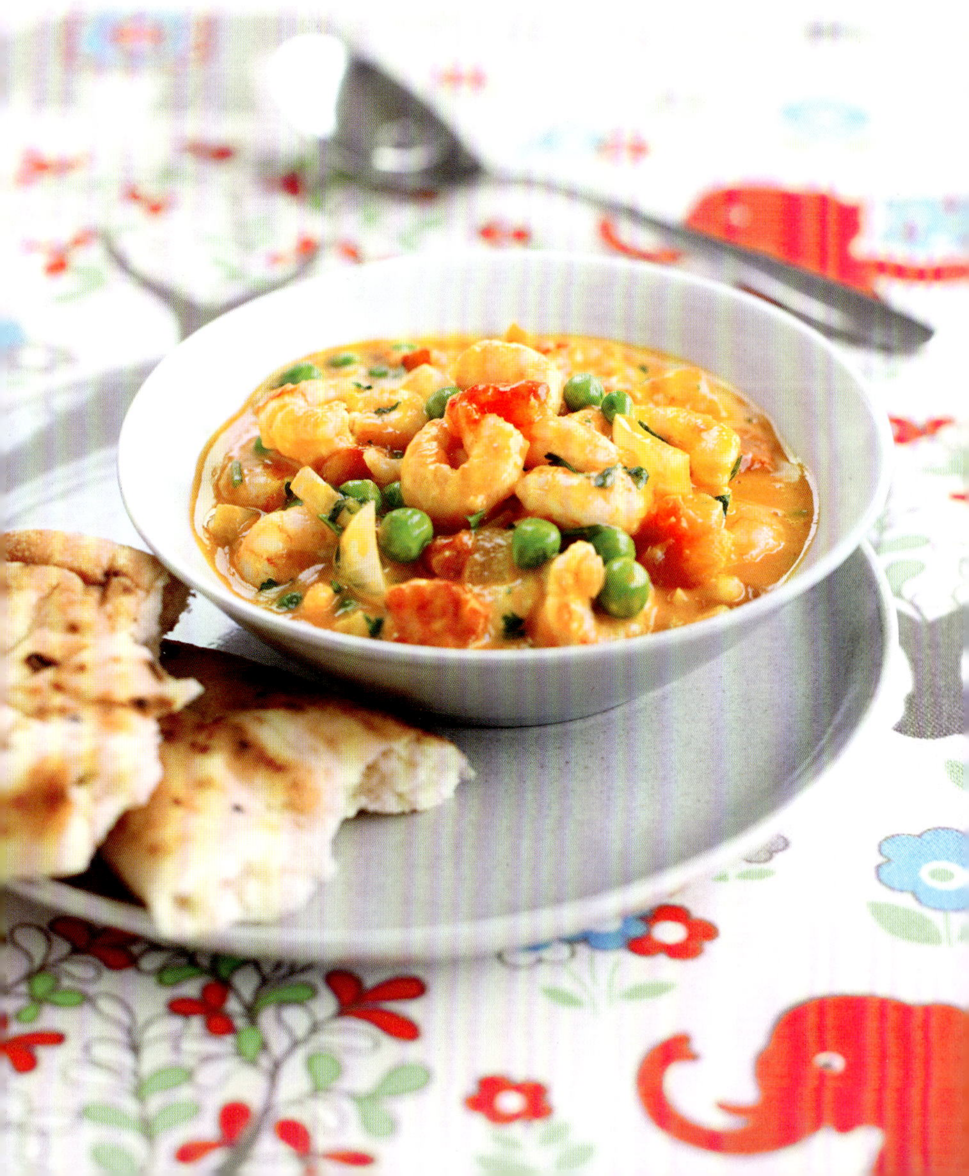

cozido de cordeiro oriental

4 porções
Preparo: **30 minutos**
Cozimento: cerca de **1h**

1 colher (sopa) de **óleo de girassol**
1 **cebola** pequena picada
375 g de **carne de cordeiro** em cubos
1 talo de **alho-poró** fatiado
75 g de **damasco seco** picado
375 g de **batata-bolinha** em metades
1 colher (sopa) de **tomilho** fresco
2 colheres (sopa) de **farinha de trigo**
600 ml de **caldo de cordeiro**

Dumplings
125 g de **farinha de trigo**
½ colher (chá) de **sal**
1 colher (chá) de **tomilho** fresco
50 g de **margarina**
cerca de 4 colheres (sopa) de **água fria**

Esquente o óleo numa frigideira de fundo grosso e refogue a cebola e o cordeiro em fogo médio por 3-4 minutos, até dourarem. Junte o alho-poró, os damascos e as batatinhas e refogue por mais 2 minutos. Adicione o tomilho e a farinha e misture bem para recobrir. Acrescente o caldo e cozinhe por 35 minutos em fogo brando, mexendo de vez em quando.

Enquanto isso, prepare os dumplings: misture bem numa tigela a farinha, o sal, o tomilho e a margarina. Acrescente água suficiente para obter uma massa elástica. Com a mão enfarinhada, modele a massa em 12 bolinhas do tamanho de uma noz. Mexa o cozido e acrescente mais água, se necessário. Cozinhe as bolinhas por 15 minutos, com a panela tampada, até dobrarem de volume.

Sirva o cozido em tigelas individuais aquecidas, com os dumplings.

Variação: cozido de legumes com dumplings de queijo. Substitua o cordeiro por 2 cenouras em rodelas, 1 pimentão vermelho em cubos e 1 abobrinha picada. Troque o caldo de cordeiro por caldo de legumes e acrescente 25 g de passas além do damasco. Ao preparar os dumplings, junte 25 g de mussarela ralada à farinha.

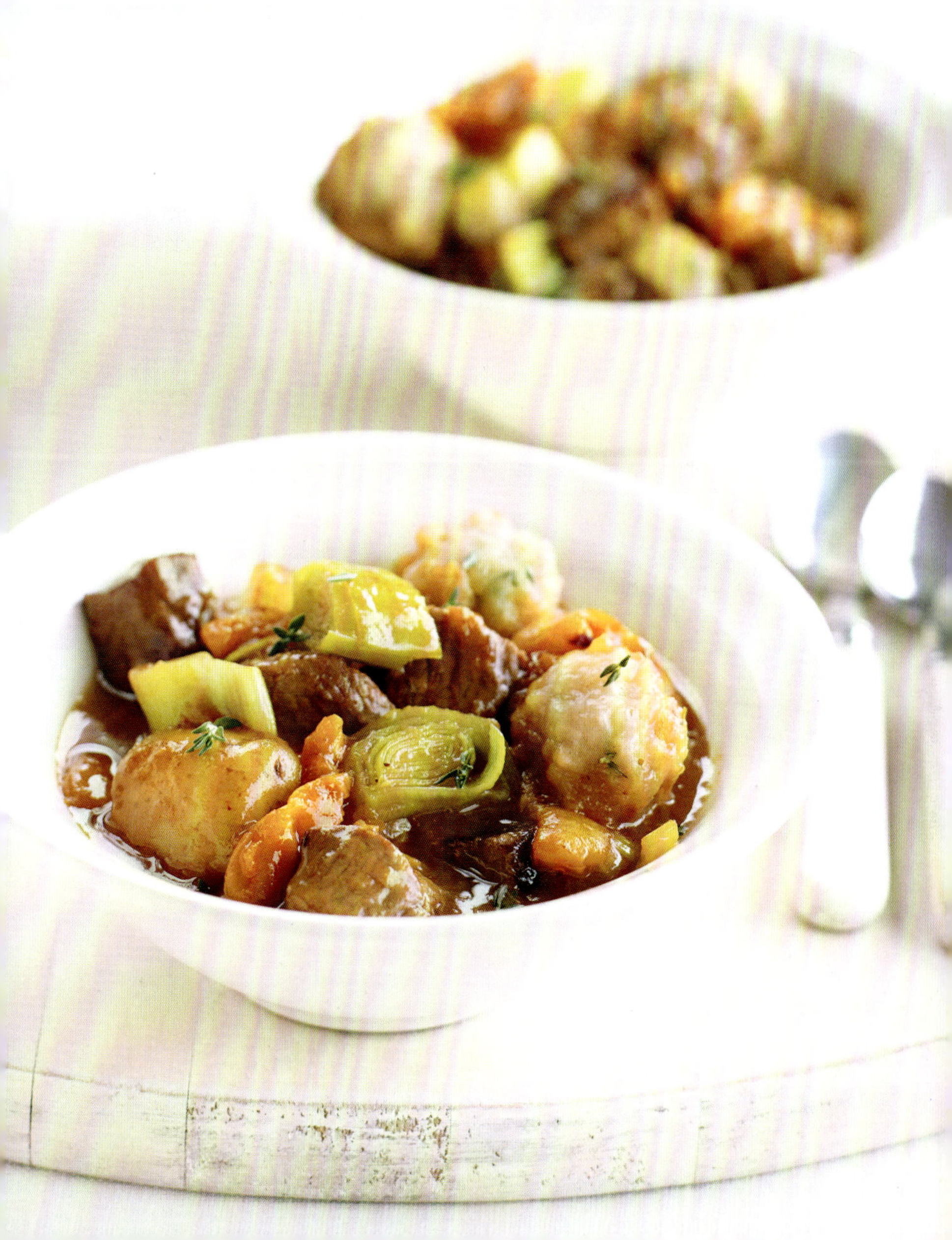

torta de frango especial

4 porções
Preparo: **20 minutos**
Cozimento: **45-50 minutos**

250 g de floretes de **brócolis**
375 g de **peito de frango** em cubos
6 fatias de **bacon**
1 colher (sopa) de **azeite**
2 **cenouras** pequenas picadas
25 g de **manteiga**
25 g de **farinha de trigo**
300 ml de **leite**
1 colher (sopa) de **vinagre de vinho branco**
1 colher (chá) de **mostarda de Dijon**
200 ml de **creme de leite fresco**
2 colheres (sopa) de **estragão** ou **salsinha** picados
500 g de **massa folhada pronta**
1 **ovo batido** para pincelar

Cozinhe o brócolis por 5 minutos. Escorra, passe em água fria e reserve. Frite o frango e o bacon no azeite numa frigideira antiaderente por 7-8 minutos em fogo médio. Junte as cenouras e refogue por mais 3-4 minutos, até dourarem. Retire do fogo.

Derreta a manteiga numa panela antiaderente. Junte a farinha e cozinhe em fogo brando por alguns segundos. Retire do fogo e incorpore o leite aos poucos, sem parar de mexer. Junte o vinagre e a mostarda e misture. Recoloque a panela no fogo, mexendo sempre, até engrossar. Incorpore o creme de leite e as ervas. Junte o frango e os legumes e misture por igual. Coloque num refratário redondo.

Abra a massa com o rolo em uma superfície enfarinhada, até ficar um pouco maior que o refratário. Umedeça levemente a borda com água e cubra com a massa. Apare as bordas e use as sobras para decorar. Pincele com ovo batido e asse em forno preaquecido a 180°C por 25-30 minutos, até corar.

Variação: torta cremosa de presunto. Substitua o frango e o bacon por 500 g de presunto curado. Ferva meia panela com água e 1 folha de louro. Coloque o presunto inteiro e cozinhe por 1h30. Escorra e deixe esfriar. Cozinhe o brócolis com a cenoura, pique o presunto e junte tudo ao recheio. Prossiga como indicado acima.

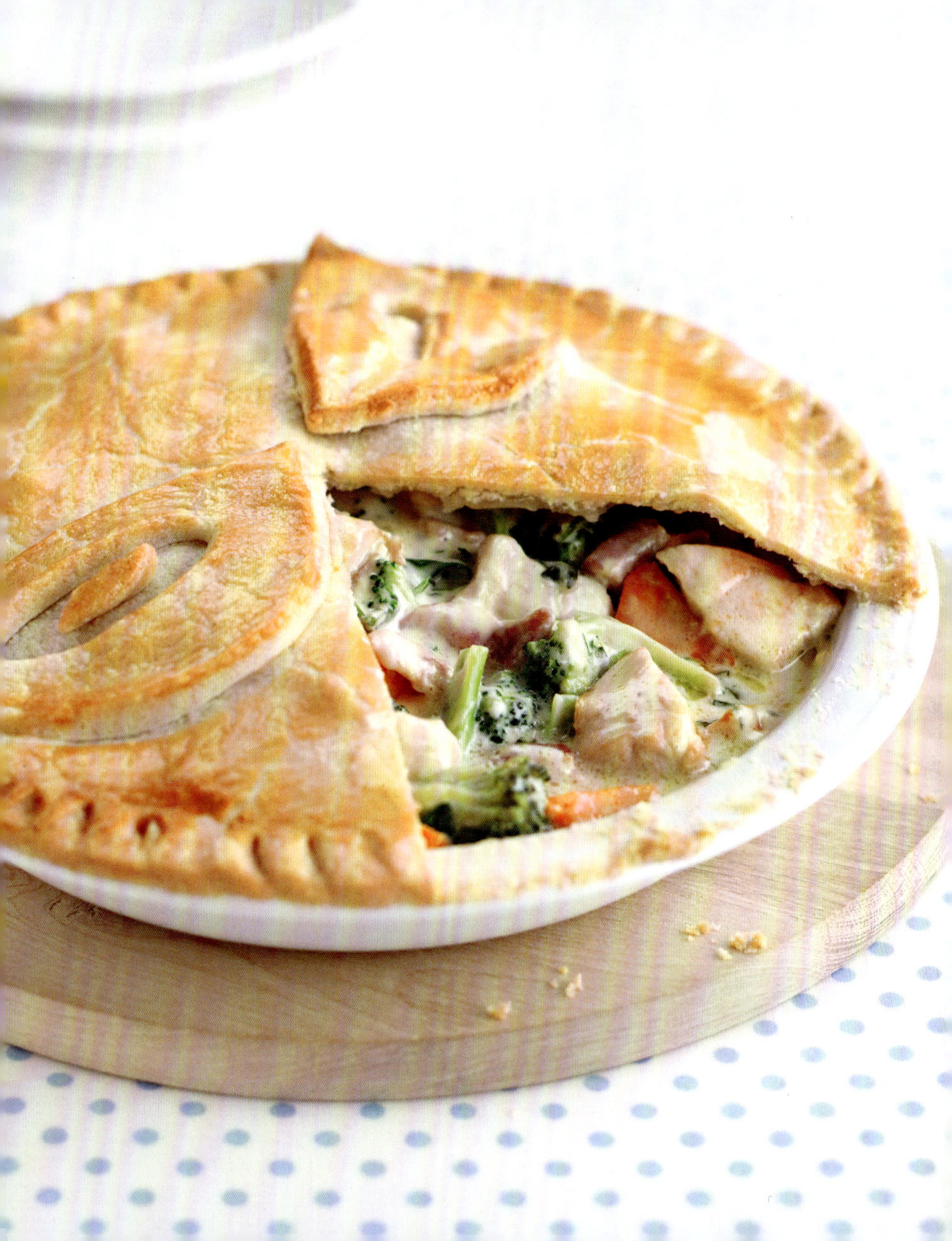

acelga gratinada

4 porções
Preparo: **15 minutos**
Cozimento: **30 minutos**

375 g de **acelga**
125 g de **repolho**
125 g de **amendoim** torrado
1 colher (chá) de **noz--moscada** moída
25 g de **manteiga**
25 g de **farinha de trigo**
450 ml de **leite**
125 g de **queijo prato** ralado
1 colher (chá) de **mostarda de Dijon**
2 colheres (sopa) de **salsinha** picada
25 g de **farinha de rosca integral**

Ferva a acelga e o repolho por 5 minutos. Escorra, coloque em uma saladeira grande e misture com o amendoim e a noz-moscada.

Derreta a manteiga numa panela antiaderente. Retire do fogo e junte a farinha, misturando bem, até formar uma pasta. Cozinhe por 1 minuto, mexendo vigorosamente. Retire do fogo e incorpore o leite aos poucos, mexendo a cada adição. Recoloque a panela no fogo e mexa até engrossar.

Retire a panela do fogo e incorpore 75 g de queijo prato ralado e a mostarda. Despeje sobre o repolho e misture bem.

Coloque a mistura numa travessa ou em 4 forminhas refratárias. Misture o restante do queijo com a salsinha e a farinha de rosca e salpique sobre o repolho. Asse em forno preaquecido a 200°C por 20 minutos, até corar.

Variação: legumes assados com queijo e amendoim.
Substitua a acelga por 375 g de abóbora-menina e 250 g de mandioquinha fatiadas e cozinhe em água fervente por 5 minutos. Proceda como indicado acima.

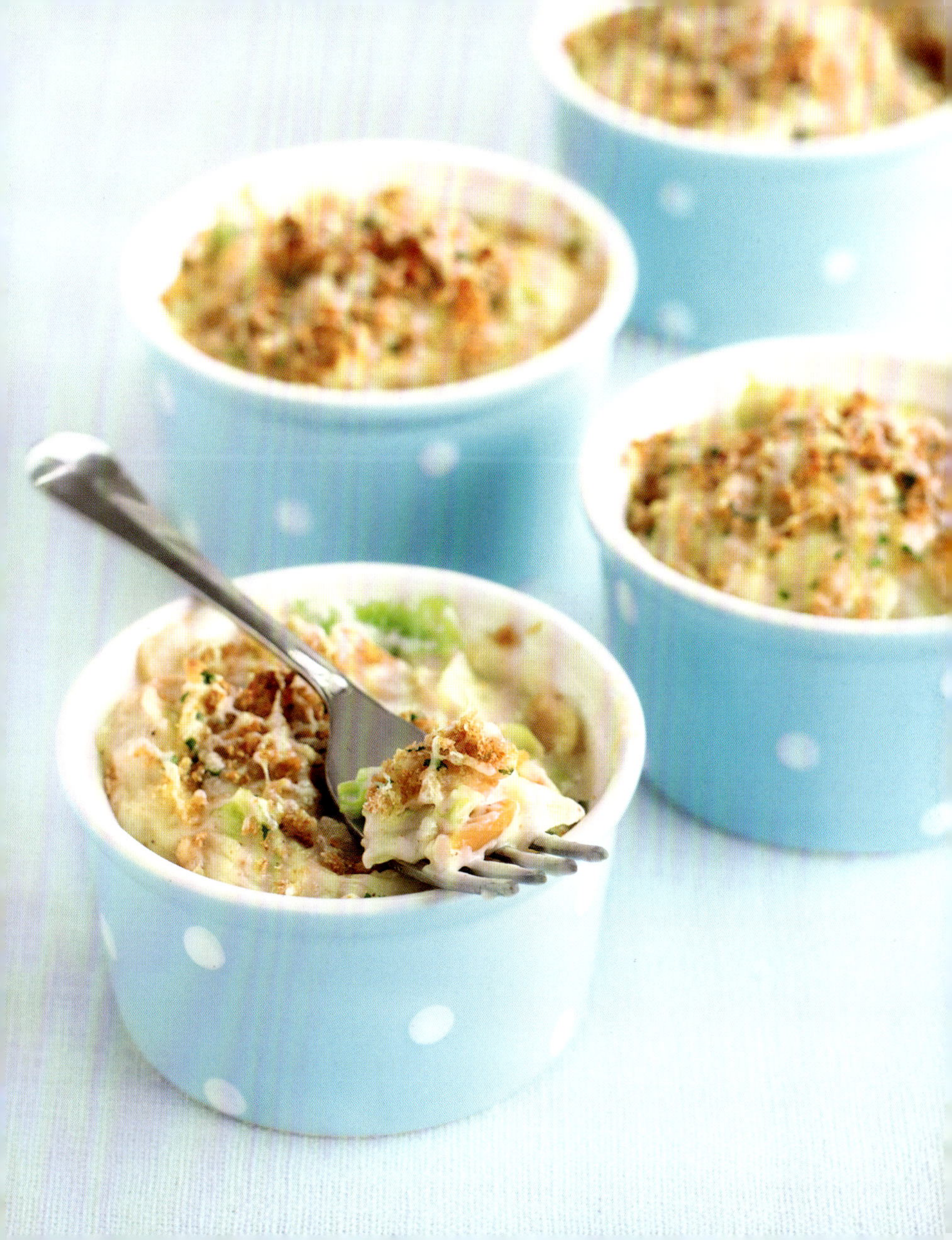

frango ligeiro

4 porções
Preparo: **25 minutos**
Cozimento: **20 minutos**

1 **ciabatta**
um punhado de **cebolinha verde**
125 g de **manteiga** em temperatura ambiente
½ colher (chá) de **pasta de alho**
4 filés de **frango** sem pele
5 colheres (sopa) de **azeite**
4 **tomates** fatiados
150 g de **mussarela de búfala** em pedaços
1 colher (sopa) de **vinagre de vinho branco**
1 colher (sopa) de **mostarda em grãos**
1 colher (chá) de **açúcar**

Corte o pão em fatias de 1,5 cm de espessura, deixando-o preso pela base.

Pique a cebolinha com uma tesoura e misture um pouco à manteiga e à pasta de alho. Espalhe a mistura nas fatias de pão. Ponha as fatias sobre papel-alumínio, junte as pontas e torça no alto. Asse em forno preaquecido a 220°C por 10 minutos.

Enquanto isso, refogue o frango em um pouco de azeite por 5 minutos de cada lado, até dourar. Use um pegador para não se queimar.

Abra o cartucho de papel-alumínio, cuidadosamente, com luvas térmicas. Leve ao forno por mais 10 minutos.

Espalhe fatias de tomate e de mussarela nos pratos.

Prepare o molho batendo o restante do azeite com o vinagre, a mostarda e o açúcar. Adicione o restante da cebolinha e regue sobre os tomates e o queijo. Usando luvas, retire o pão de alho do forno e sirva acompanhando a salada e o frango.

Variação: escalopinhos de porco. Empane 4 escalopes de lombo de porco na farinha de trigo, passe no ovo batido e depois na farinha de rosca temperada com 2 pitadas de páprica. Frite os escalopes em 3 colheres (sopa) de óleo por 2-3 minutos de cada lado. Sirva com a salada de tomate e mussarela, como indicado acima.

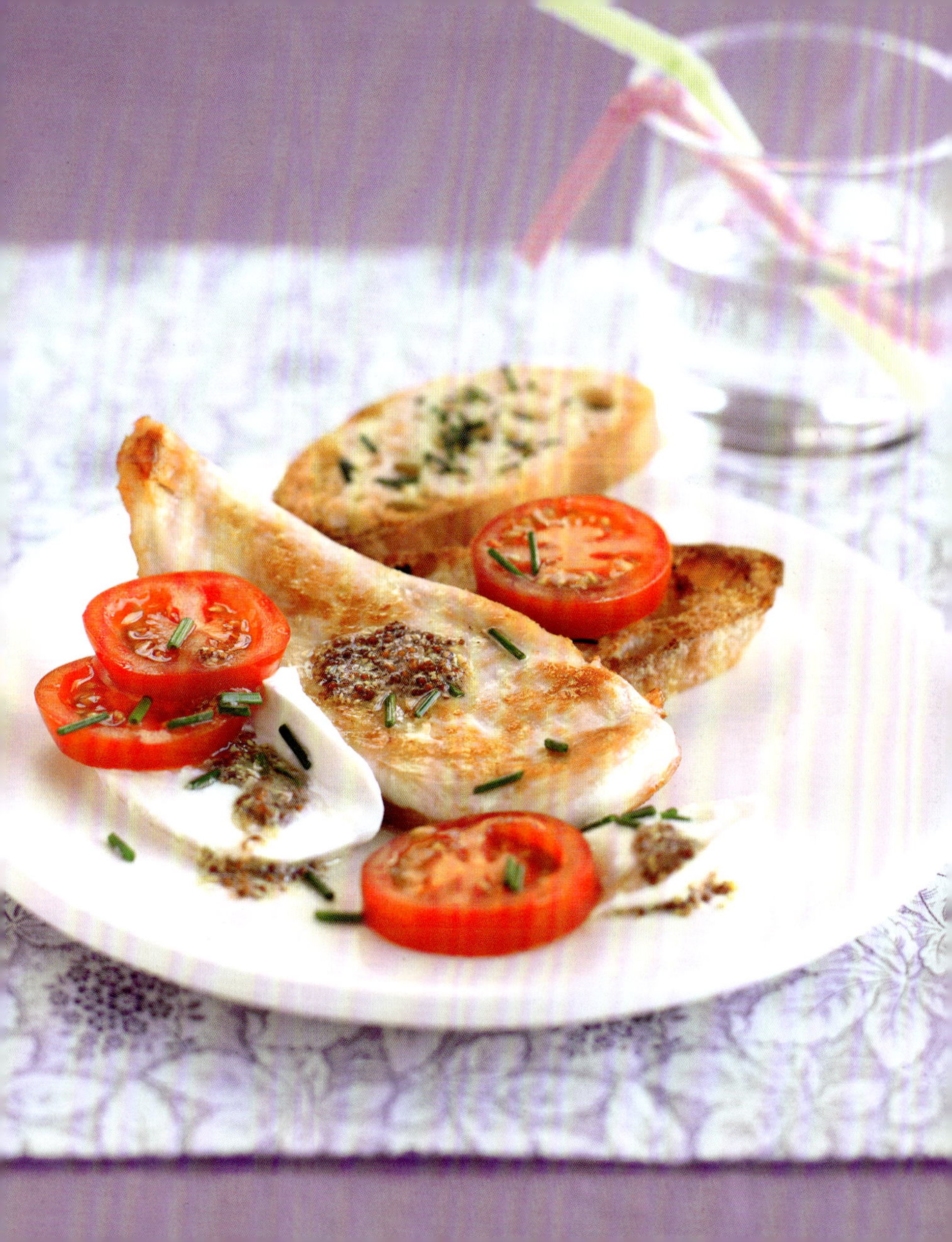

risoto de abóbora

4 porções
Preparo: **15 minutos**
Cozimento: cerca de
  25 minutos

1 **cebola** picadinha
500 g de **abóbora-menina**
  picada
2 colheres (sopa) de **azeite**
250 g de **arroz arbóreo**
900 ml de **caldo de galinha**
75 g de **parmesão** ralado
  fresco, mais um pouco
  para servir
4 colheres (sopa) de **pinholes**
  torrados
250 g de folhas de **espinafre**

Refogue a abóbora e a cebola no azeite em fogo médio por 10 minutos, até amolecerem. Junte o arroz e refogue por mais 1 minuto, antes de acrescentar metade do caldo. Quando ferver, abaixe o fogo e cozinhe por 5 minutos, mexendo de vez em quando, até quase todo o caldo ser absorvido.

Continue adicionando 150 ml do caldo de cada vez, e mantenha em fogo brando até o líquido quase secar antes de acrescentar mais. Quando o arroz ficar macio, tire do fogo, junte o parmesão, os pinholes e o espinafre e mexa bem. Se necessário, leve ao fogo por mais 1 minuto.

Sirva em tigelas individuais aquecidas com queijo ralado fresco.

Variação: risoto de frango e ervilhas. Substitua a abóbora-menina por 450 g de filé de frango em cubos refogado com a cebola. Cozinhe conforme indicado acima e acrescente 125 g de ervilhas congeladas além do espinafre. Sirva polvilhado com bastante parmesão.

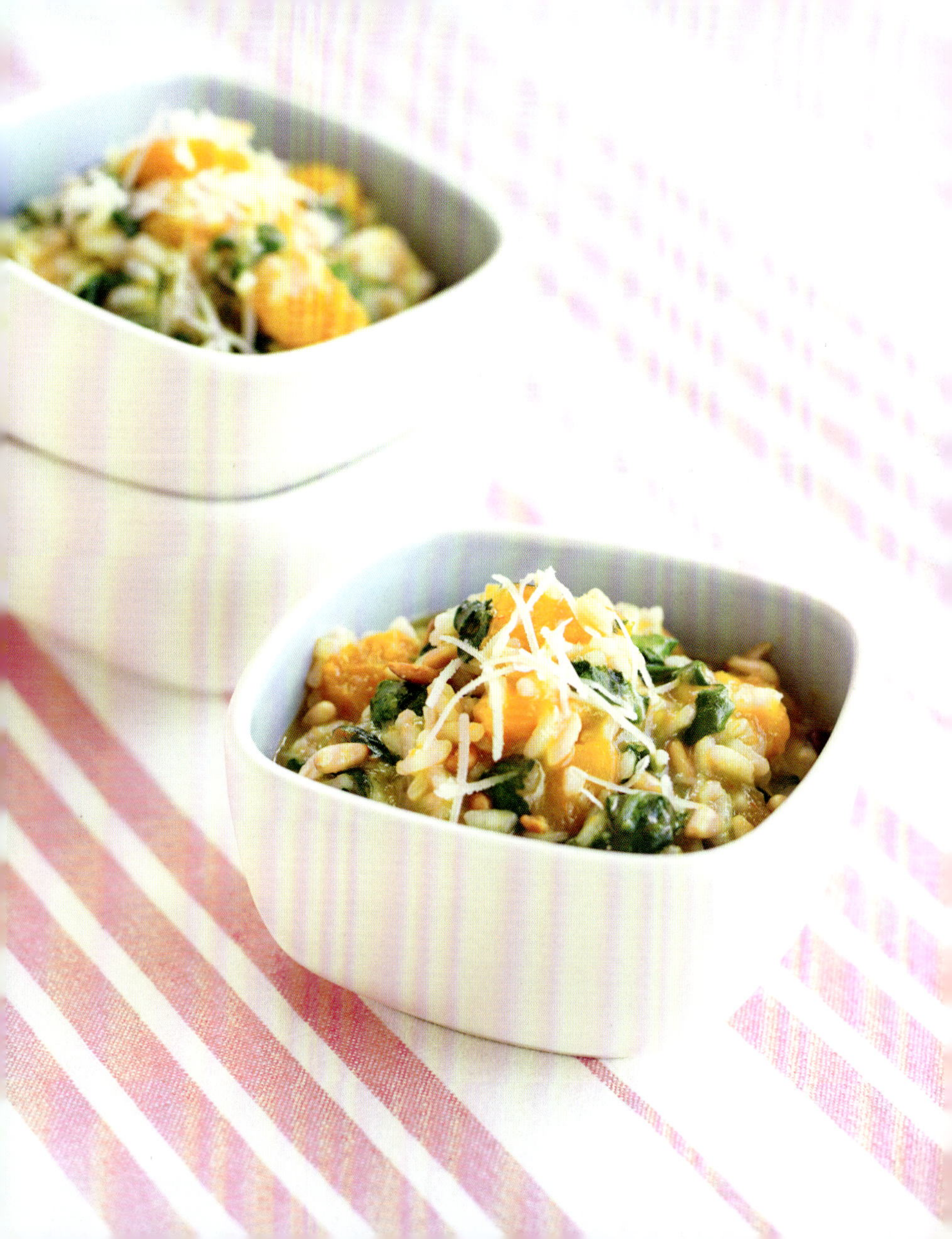

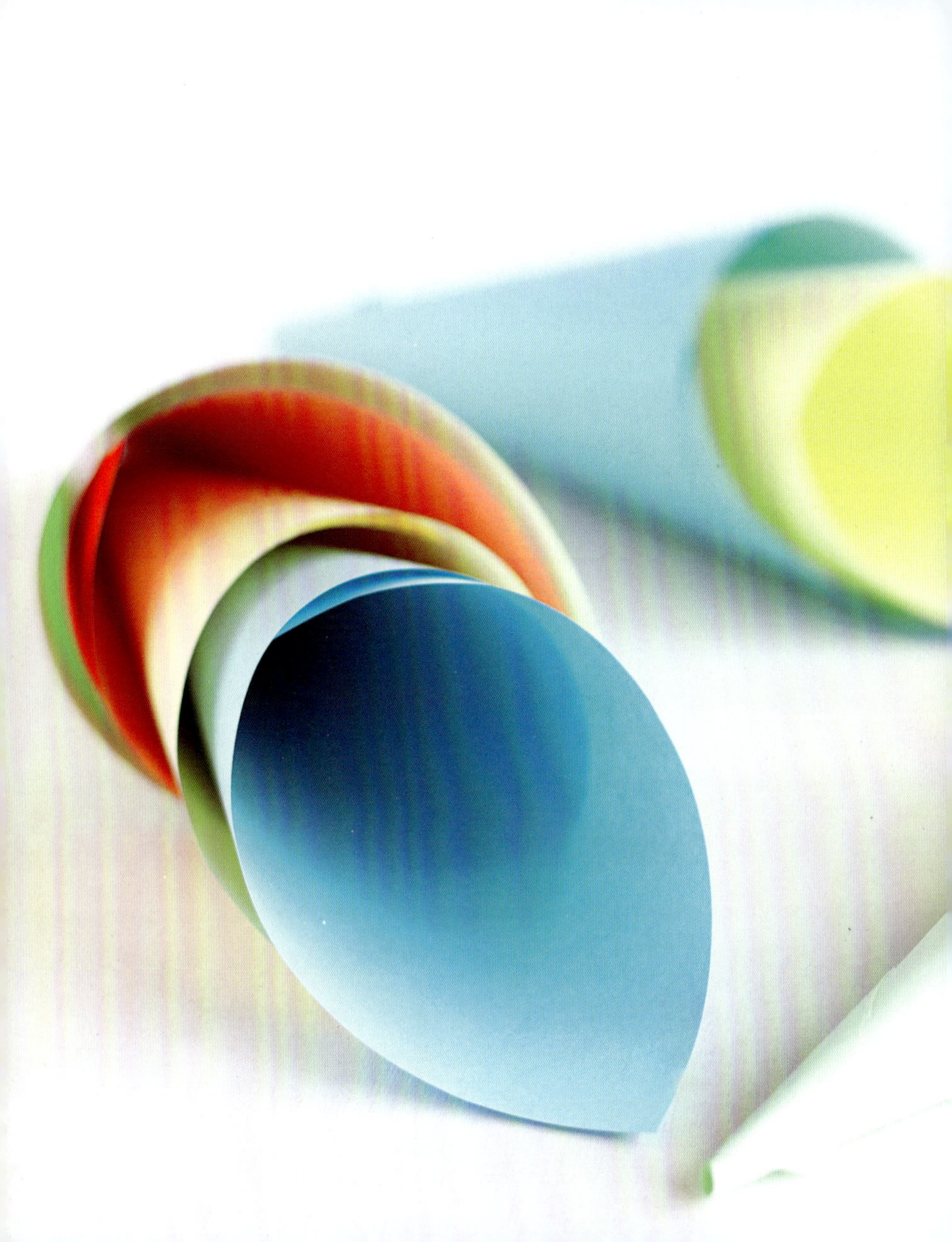

lanches rápidos

saltenha de carne

6 porções
Preparo: **25 minutos**,
 mais o tempo para resfriar
Cozimento: **25 minutos**

375 g de **farinha de trigo**
½ colher (chá) de **sal**
175 g de **manteiga** em cubos
2-3 colheres (sopa) de **água fria**
1 colher (sopa) de **óleo de girassol**
175 g de **carne de cordeiro** desfiada
½ **cebola** pequena picada
1 **batata** grande ou 2 pequenas em cubos
1 colher (chá) de **mostarda de Dijon** (opcional)
300 ml de **caldo de cordeiro**
2 colheres (sopa) de **hortelã** picada
ovo batido para pincelar

Peneire a farinha e o sal numa tigela grande. Junte a manteiga e misture, até ficar com consistência de farofa grossa. Junte a água aos poucos até obter uma massa homogênea. Coloque sobre uma superfície enfarinhada e sove até ficar macia. Guarde num saquinho com fecho hermético e leve à geladeira por 30 minutos.

Enquanto isso, refogue o cordeiro e a cebola no óleo em fogo médio por 5 minutos, até dourar. Junte a batata, abaixe o fogo e cozinhe por mais 2 minutos, para tomar cor.

Dilua a mostarda no caldo de cordeiro e despeje na panela. Tampe e cozinhe por 15 minutos, mexendo de vez em quando, até a batata e a carne ficarem macias. Misture a hortelã e reserve.

Abra a massa até ficar com 5 mm de espessura e recorte, usando um pires, 6 discos de 15 cm. Umedeça as bordas com água e coloque duas colheradas do recheio no centro da massa. Una e torça as bordas para fechar. Coloque numa assadeira e pincele com ovo batido. Asse em forno preaquecido a 200°C por 20-25 minutos, até a massa ficar crocante e corada. Envolva em papel-alumínio para conservar quente.

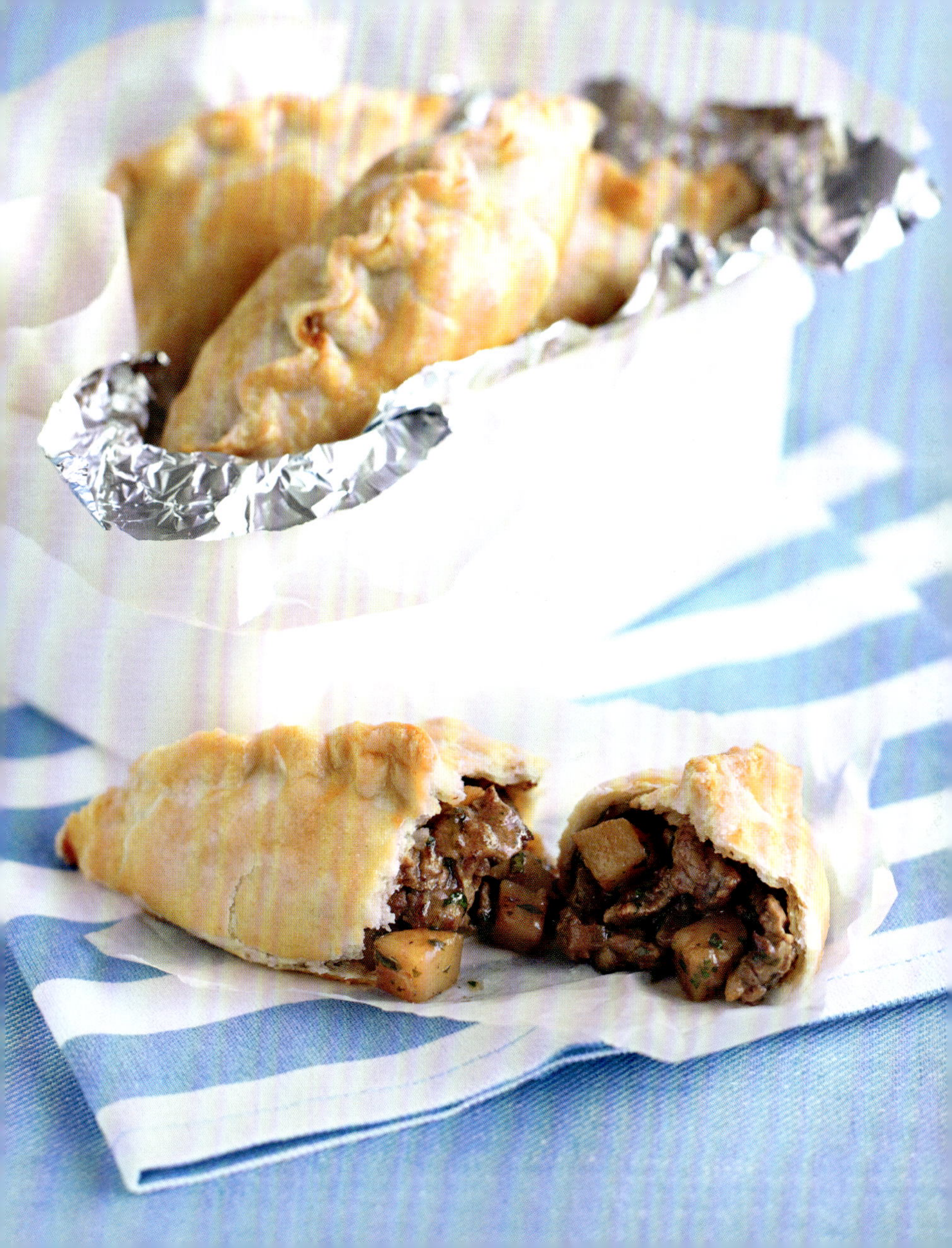

tortilha espanhola

8 porções
Preparo: **10 minutos**
Cozimento: **20-25 minutos**

2 colheres (sopa) de **azeite**
2 **cebolas** fatiadas
1 **dente de alho** amassado
500 g de **batata** cozida em fatias
6 **ovos**
50 ml de **leite**

Aqueça 1 colher (sopa) de azeite numa frigideira média que possa ir ao forno e refogue a cebola e o alho por 5 minutos em fogo baixo, até dourar. Junte a batata cozida e mantenha no fogo até aquecer.

Enquanto isso, bata os ovos e o leite numa tigela grande. Junte a fritada de batata e misture bem.

Recoloque a frigideira no fogo com o restante do azeite. Despeje a mistura e cozinhe em fogo baixo por 7-8 minutos, até começar a firmar. Preaqueça o forno em temperatura média e coloque a tortilha na própria frigideira por 3-5 minutos para terminar o cozimento e dourar.

Vire a tortilha numa travessa e deixe esfriar. Corte em fatias e sirva quente ou fria. (Embrulhada em papel-manteiga, a tortilha se conserva bem por 3 dias na geladeira.)

Variação: tortilha espanhola com linguiça.
Intercale as fatias de batatas com rodelas de linguiça defumada e salsinha picada. Prossiga como indicado acima. Sirva quente ou fria com tomates-cereja.

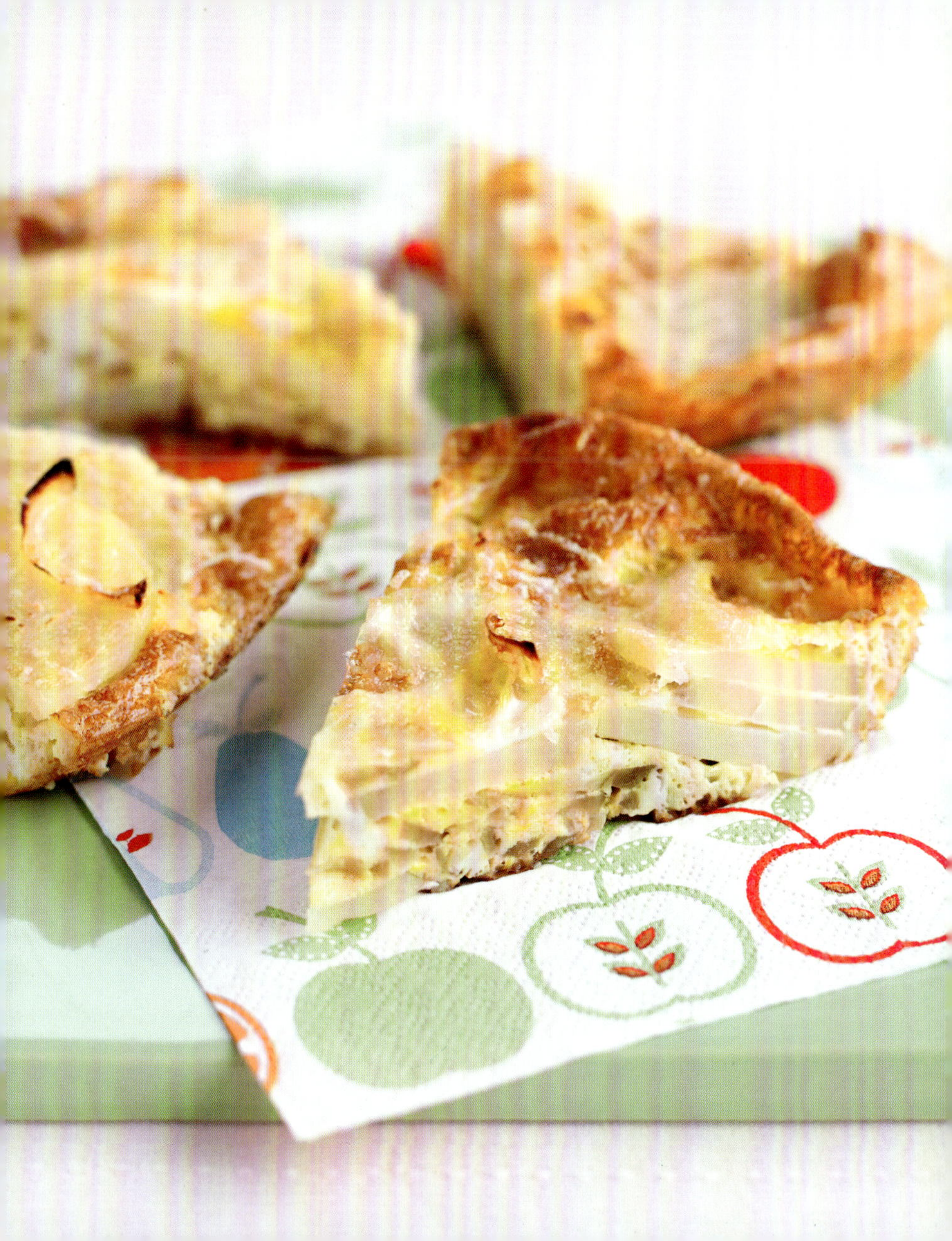

miniquiches

18 porções
Preparo: **45 minutos**
Cozimento: **20 minutos**

óleo para untar
375 g de **massa folhada pronta** descongelada e há 15 minutos fora da geladeira
farinha de trigo para polvilhar
2 **ovos**
200 ml de **leite**
4 fatias de **presunto** picadas
2 talos de **cebolinha** picados
5 **tomates-cereja** picados
50 g de **mussarela** ralada

Unte forminhas pequenas com óleo. Abra a massa sobre uma superfície enfarinhada. Estique com a palma das mãos. Recorte a massa com um cortador circular e pressione os discos com as pontas dos dedos para amoldarem-se às forminhas.

Bata os ovos e o leite com o garfo numa vasilha e reserve.

Misture o presunto, a cebolinha e os tomates numa tigela. Coloque 1 colher (sobremesa) da mistura em cada forminha.

Despeje os ovos batidos em cada forminha e salpique com mussarela. Asse as quiches em forno preaquecido a 200°C por 20 minutos, até estarem firmes e coradas. Sirva quentes ou frias.

Variação: quiche de pimentão, alho e parmesão.
Substitua o presunto, a cebolinha e os tomates por 1 pimentão vermelho picado e 1 dente de alho refogados em 1 colher (sopa) de azeite. Recheie a massa, polvilhe com parmesão e complete com a mistura de ovos e leite. Dispense a mussarela ralada. Asse como indicado acima.

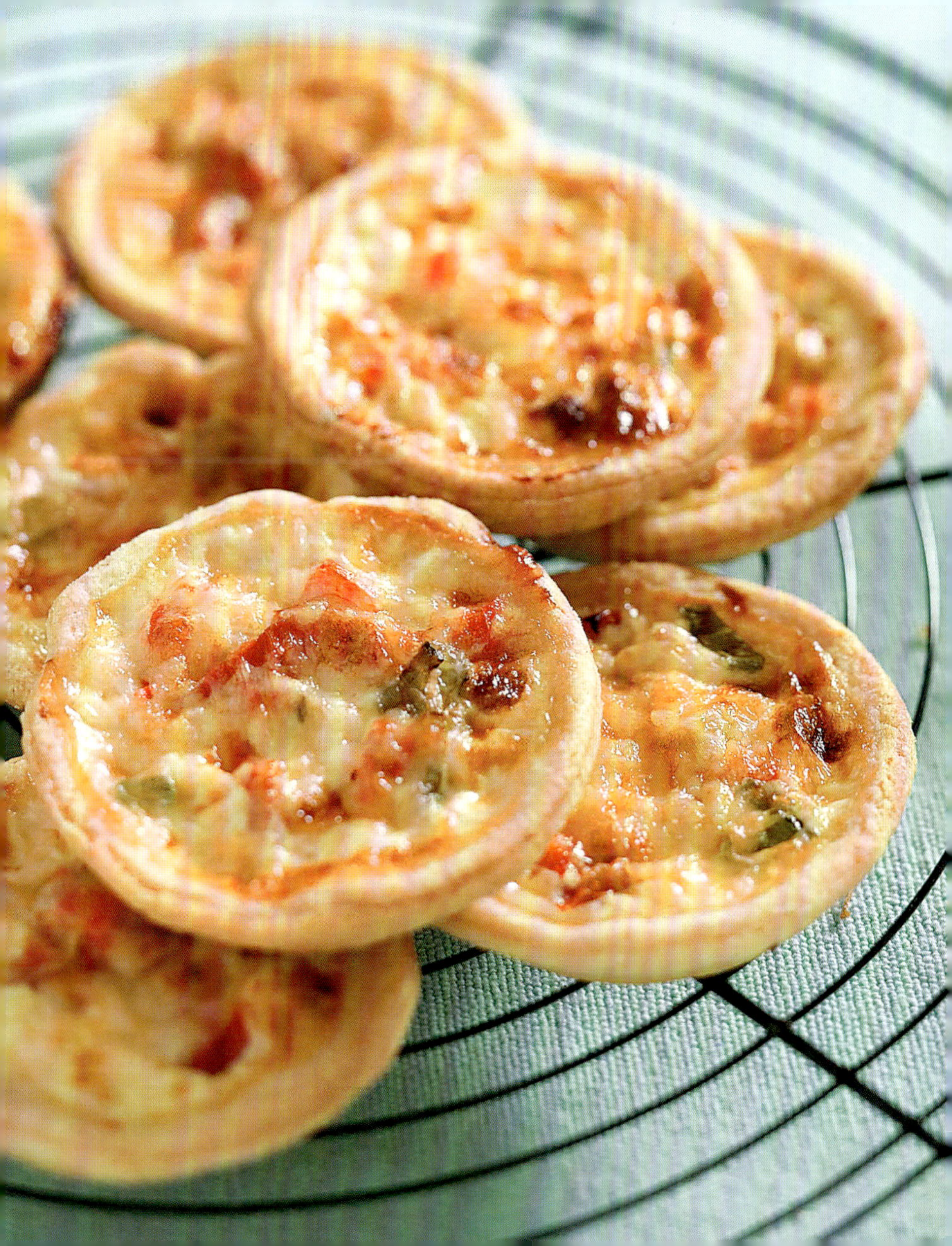

calzones de calabresa e queijo

8 porções
Preparo: **30-40 minutos**
Cozimento: **25-30 minutos**

300 g de **mistura para pizza**
farinha de trigo para polvilhar
1 **pimentão vermelho** pequeno sem sementes picado
1 **pimentão amarelo** pequeno sem sementes picado
1 colher (sopa) de **azeite**
175 g de **linguiça calabresa** em rodelas
1 **tomate** grande picado
½ colher (chá) de **ervas desidratadas**
150 g de **mussarela fresca** em cubos

Prepare a massa da pizza segundo as instruções da embalagem. Coloque sobre uma superfície enfarinhada e amasse. Divida em 8 partes e sove, até formar uma bola. Abra discos de 20 cm. Cubra com filme de PVC.

Refogue os pimentões no azeite por 5 minutos, em fogo médio. Junte a linguiça e refogue por mais 2 minutos antes de acrescentar o tomate. Deixe mais 3-4 minutos, até amolecer. Retire do fogo e misture as ervas e a mussarela.

Deixe esfriar um pouco antes de dividir o recheio entre os 8 discos de massa. Pincele as bordas com água, dobre os círculos ao meio e pressione para vedar bem. Coloque numa assadeira e asse em forno preaquecido a 220°C por 15-20 minutos. Sirva quente.

Variação: calzones de abóbora e queijo.
Refogue 250 g de abóbora-menina em 1 colher (sopa) de azeite em fogo médio por 5-6 minutos. Junte 5 colheres (sopa) de água, tampe e cozinhe por mais 3 minutos. Fora do fogo, misture 2 colheres (sopa) de salsinha picada e 100 g de queijo de minas picado. Use o recheio como indicado acima.

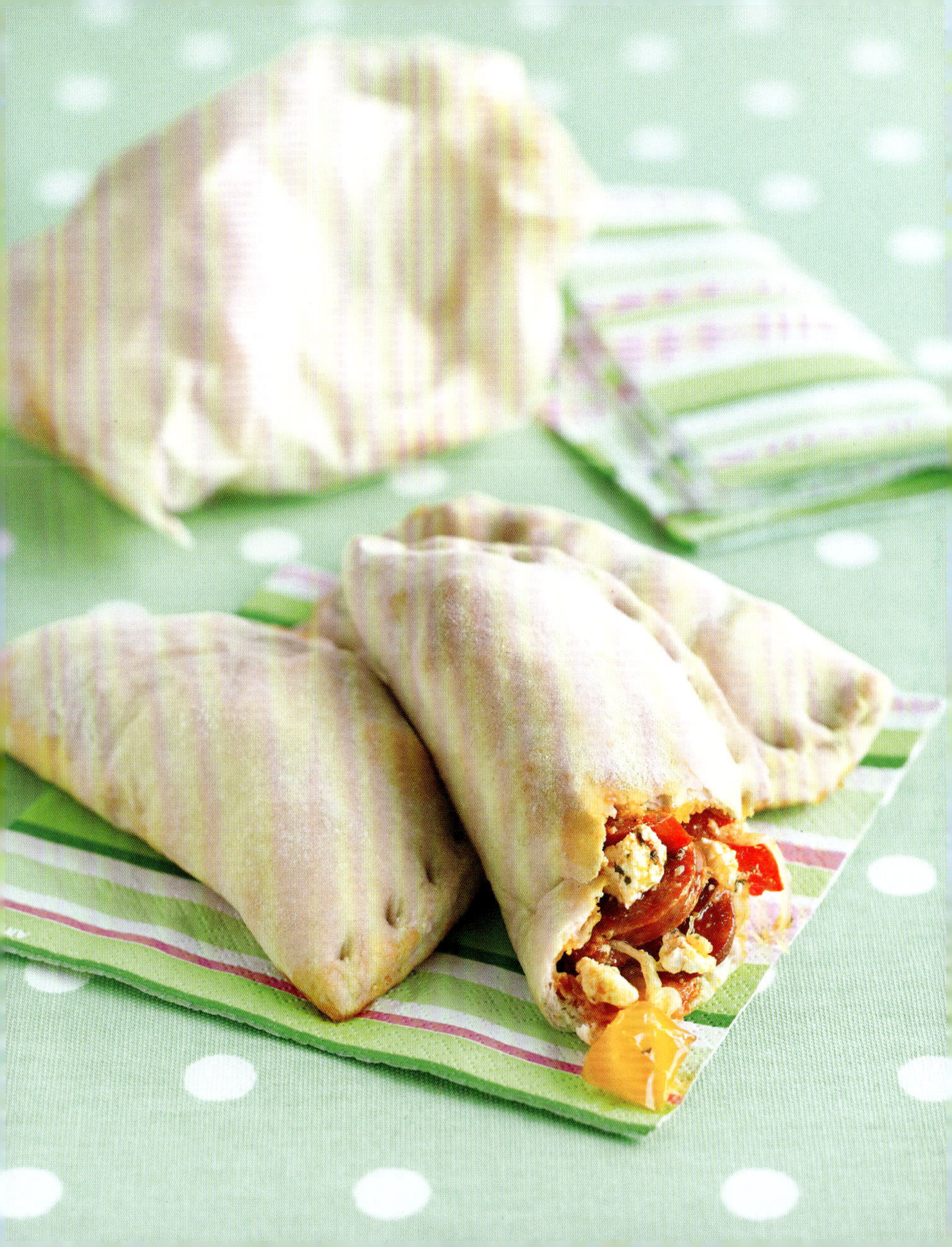

minipizzas

4 porções
Preparo: **25 minutos**
Cozimento: **15-20 minutos**

250 g de **farinha de trigo com fermento**
50 g de **manteiga** em cubos
150 ml de **leite**
3 colheres (sopa) de **molho de tomate**
150 g de **polpa de tomate**
2 colheres (sopa) de **manjericão**
4 fatias grossas de **presunto** picadas
125 g de **azeitonas pretas** picadas
150 g de **mussarela** ralada

Peneire a farinha numa tigela funda e misture com a manteiga. Abra uma cova no centro e junte leite suficiente para formar uma massa homogênea e macia. Sove a massa sobre uma superfície enfarinhada. Faça quatro bolas e abra em discos de 15 cm de diâmetro. Disponha numa assadeira.

Misture o molho e a polpa de tomate com o manjericão. Espalhe igualmente sobre os discos, deixando 1 cm de borda livre. Espalhe o presunto, as azeitonas e a mussarela.

Regue com um filete de azeite e asse em forno preaquecido a 200°C por 15-20 minutos, até a massa crescer e a mussarela gratinar. Embrulhe em papel-alumínio e sirva quentes ou frias.

Variação: pizza de ovos e bacon. Modele os discos de pizza deixando as bordas ligeiramente mais altas. Doure 6 tiras de bacon picado no azeite quente por cerca de 2 minutos. Escorra sobre papel-toalha. Espalhe o bacon frito sobre a massa e quebre um ovo sobre cada pizza. Asse como indicado, mas sem o queijo. Ao retirar do forno, polvilhe com mussarela ralada e salsinha picada.

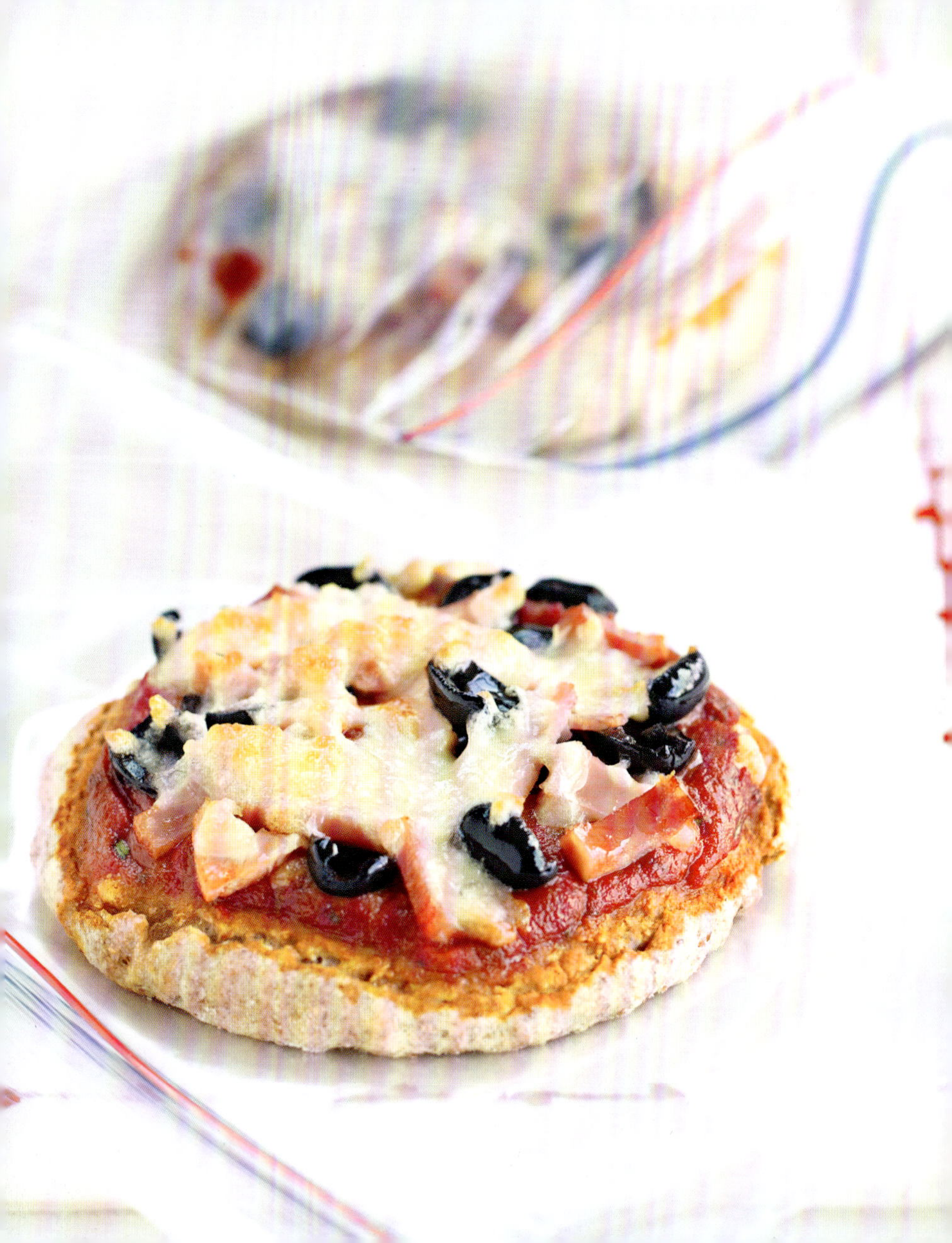

hambúrguer vegetariano

8 porções
Preparo: **20 minutos**
Cozimento: **12-15 minutos**

250 g de **espinafre** lavado e seco
1 **pimentão vermelho** sem sementes picadinho
4 talos de **cebolinha** picados
1 colher (sopa) de **azeite**
350 g de **grão-de-bico** cozido e escorrido
125 g de **ricota**
1 **gema**
50 g de **farinha de trigo**
1 **ovo** batido
175 g de **farinha de rosca**
4 colheres (sopa) de **óleo**

Para servir
8 **minipães de hambúrguer**
ketchup (opcional, ver pp. 26-27)
tomates-cereja (opcional)

Ferva o espinafre em fogo médio por 2-3 minutos, até murchar. Retire do fogo, escorra e reserve.

Refogue o pimentão e a cebolinha no azeite em fogo médio por 4-5 minutos, até ficarem macios. Reserve.

Processe o grão-de-bico e a ricota até obter uma pasta. Junte o espinafre e a gema e pulse para misturar bem. Coloque a mistura numa tigela e agregue o refogado de pimentão e cebolinha. Modele 8 hambúrgueres, empane na farinha e passe no ovo batido e na farinha de rosca. Refrigere por 30 minutos.

Aqueça o óleo numa frigideira antiaderente e frite os hambúrgueres em fogo médio por 3-4 minutos de cada lado, até corarem. Sirva no pão de hambúrguer com ketchup e tomate-cereja a gosto.

Variação: hambúrguer de calabresa e pimentão.
Faça o espinafre, o pimentão e a cebolinha como mencionado acima. Pique o espinafre. Coloque 375 g de linguiça numa tigela e junte 1 colher (sopa) de chutney de tomate e 1 colher (chá) de mostarda de Dijon. Misture bem e agregue o espinafre, o pimentão e a cebolinha. Não empane. Frite no óleo por 2-3 minutos de cada lado.

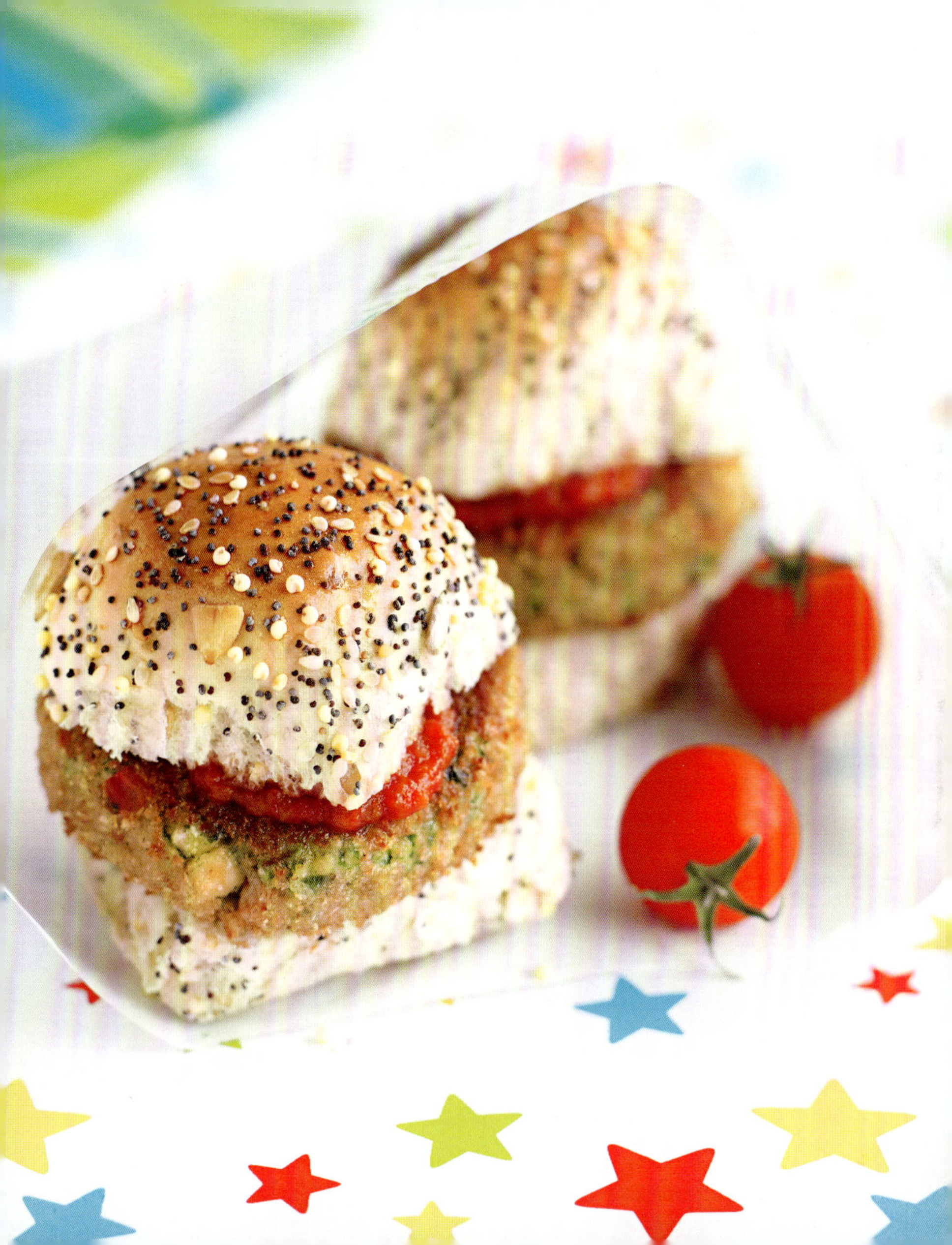

batata frita multicolor

4 porções
Preparo: **15 minutos**
Cozimento: **25-30 minutos**

2 **batatas-doces** cortadas em gomos
1 **batata** grande cortada em gomos
2 **inhames** cortados em tiras largas
3 colheres (sopa) de **azeite**
sal a gosto
3 colheres (sopa) de **salsinha** picada para salpicar

Maionese
1 **ovo**
150 ml de **azeite**
½ colher (chá) de **mostarda em pó**
1 colher (sopa) de **vinagre de vinho branco**
1 colher (sopa) de **salsinha** picada

Coloque a batata-doce, a batata comum e o inhame numa tigela. Regue com o azeite e misture para distribuir por igual. Espalhe as batatas no fundo de uma assadeira grande. Tempere com sal. Asse em forno preaquecido a 200°C por 25-30 minutos, até corarem e ficarem macias.

Enquanto isso, prepare a maionese: bata todos os ingredientes no liquidificador, exceto a salsinha, até a maionese encorpar. Adicione a salsinha.

Sirva salpicado com salsinha e acompanhado de uma porção de maionese.

Variação: maionese de queijo e cebolinha.
Para variar o acompanhamento, prepare a maionese como explicado acima, mas com 2 colheres (sopa) de iogurte natural, 1 colher (sopa) de parmesão ralado fresco e 2 colheres (sopa) de cebolinha verde picada.

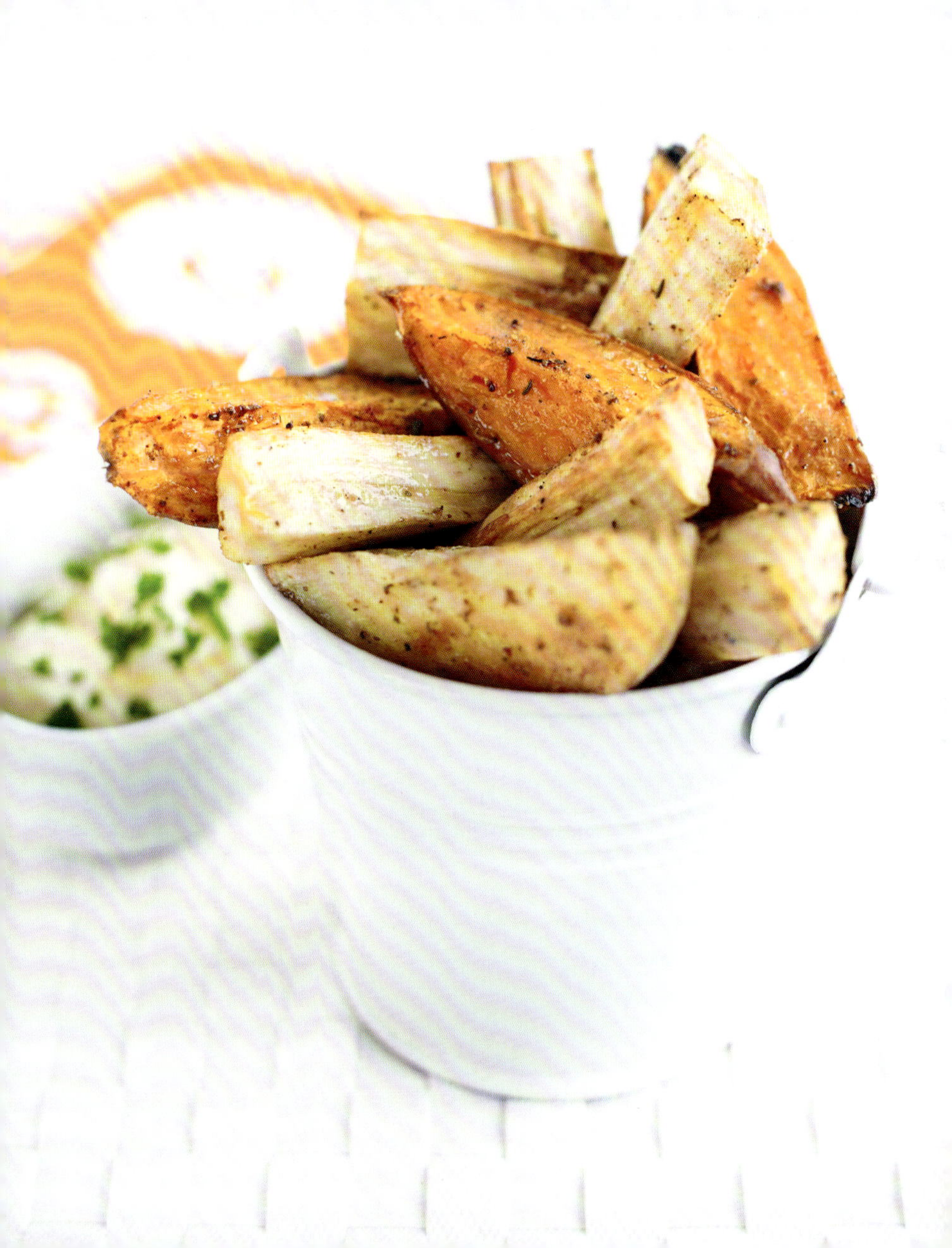

rolinhos marroquinos

2 porções
Preparo: **15 minutos**
Cozimento: **10 minutos**

250 g de **carne de cordeiro** moída
óleo para fritar
1 colher (chá) de **canela em pó**
3 colheres (sopa) de **pinholes**
2 **pães sírios** aquecidos
200 g de **homus**
2 colheres (sopa) de **hortelã**
1 **alface-romana** picada (opcional)

Doure a carne moída numa frigideira antiaderente por 8-10 minutos em um pouco de óleo. Junte a canela e os pinholes, refogue por mais 1 minuto, retire do fogo e reserve.

Coloque os pães sírios sobre a tábua e achate com o rolo.

Misture o homus com metade das folhas de hortelã e espalhe uma camada generosa sobre os pães. Coloque colheradas da carne por cima com a hortelã e a alface picada, a gosto. Enrole firmemente os pães e prenda com um palito. Sirva imediatamente ou enrole em papel-alumínio para viagem.

Variação: kafta de cordeiro. Misture a carne moída com 4 talos de cebolinha picados, 1 colher (chá) de canela em pó, 1 tomate picadinho e 1 gema de ovo. Modele em formato cilíndrico e frite numa frigideira de fundo grosso por 3 minutos, vire e frite por 2 minutos, até corar. Passe 2 colheres (sopa) de iogurte natural num pão sírio, salpique com hortelã e alface picadas e coloque o kafta por cima. Enrole para fechar e prenda com um palito. Corte ao meio e sirva.

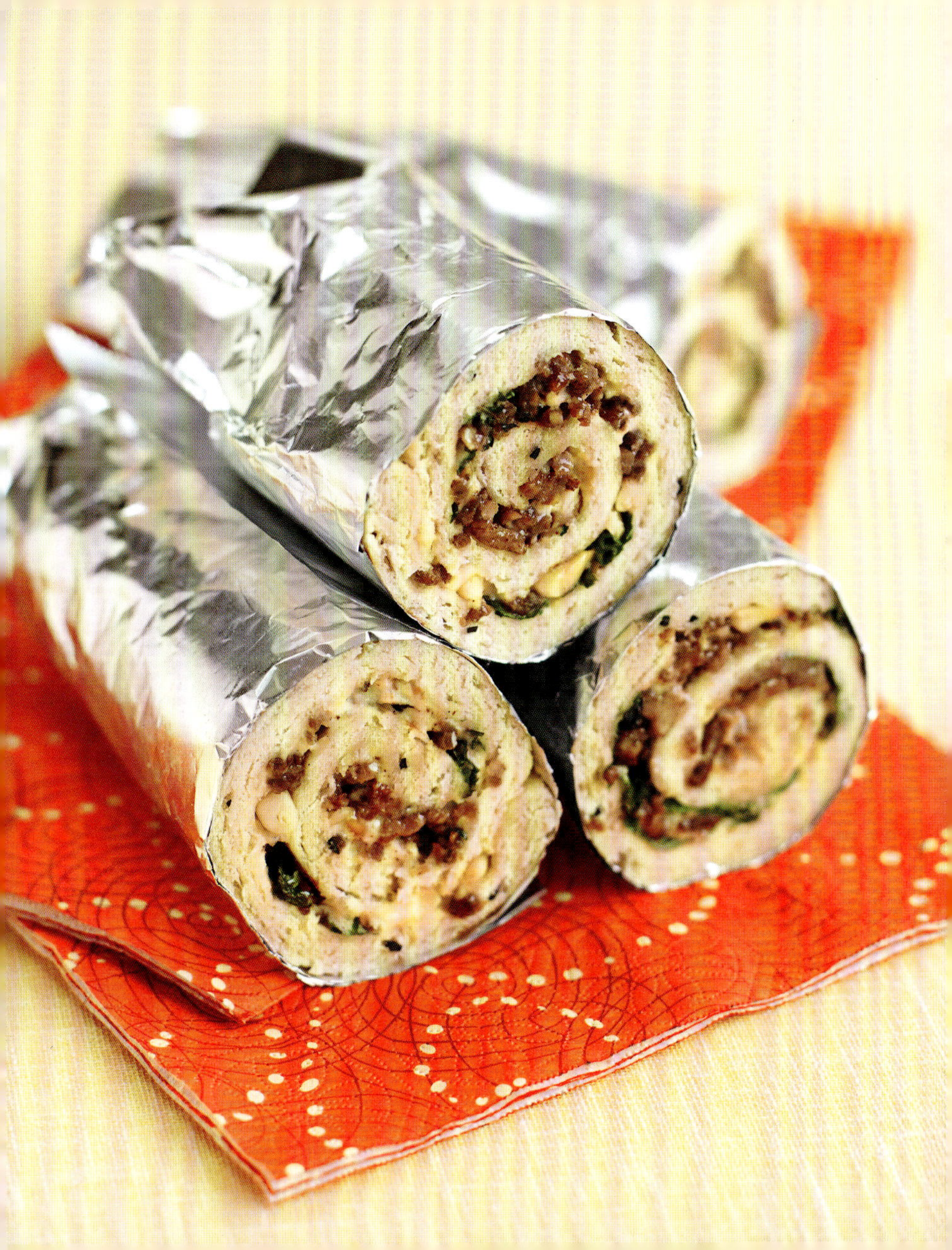

salada de ervas e grão-de-bico

4 porções
Preparo: **10 minutos**
Cozimento: **5 minutos**
(opcional)

100 g de **trigo-sarraceno**
4 colheres (sopa) de **azeite**
1 colher (sopa) de **suco de limão**
2 colheres (sopa) de **salsinha** picada
1 colher (sopa) de **hortelã** picada
400 g de **grão-de-bico** cozido e escorrido
125 g de **tomates-cereja** cortados ao meio
1 colher (sopa) de **cebola** picada
100 g de **pepino** em cubos
150 g de **queijo de minas** em cubos

Coloque o trigo numa tigela refratária e cubra com água fervente. Reserve até que toda a água tenha sido absorvida. (Se desejar um resultado mais leve, cozinhe o trigo por 5 minutos no vapor, depois espalhe numa travessa para esfriar.)

Misture o azeite, o suco de limão, a salsinha e a hortelã numa saladeira grande. Junte o grão-de-bico, os tomates, a cebola, o pepino e o trigo hidratado. Misture bem e acrescente o queijo com cuidado, para não despedaçar.

Sirva a seguir ou guarde num recipiente hermético para viagem.

Variação: salada de atum, feijão e azeitona preta.
Substitua o grão-de-bico, o tomate, a cebolinha e o pepino por 200 g de atum em lata escorrido e em lascas, 400 g de feijão-branco cozido, 100 g de azeitonas pretas picadas e 4 colheres (sopa) de suco de limão. Misture tudo muito bem antes de servir.

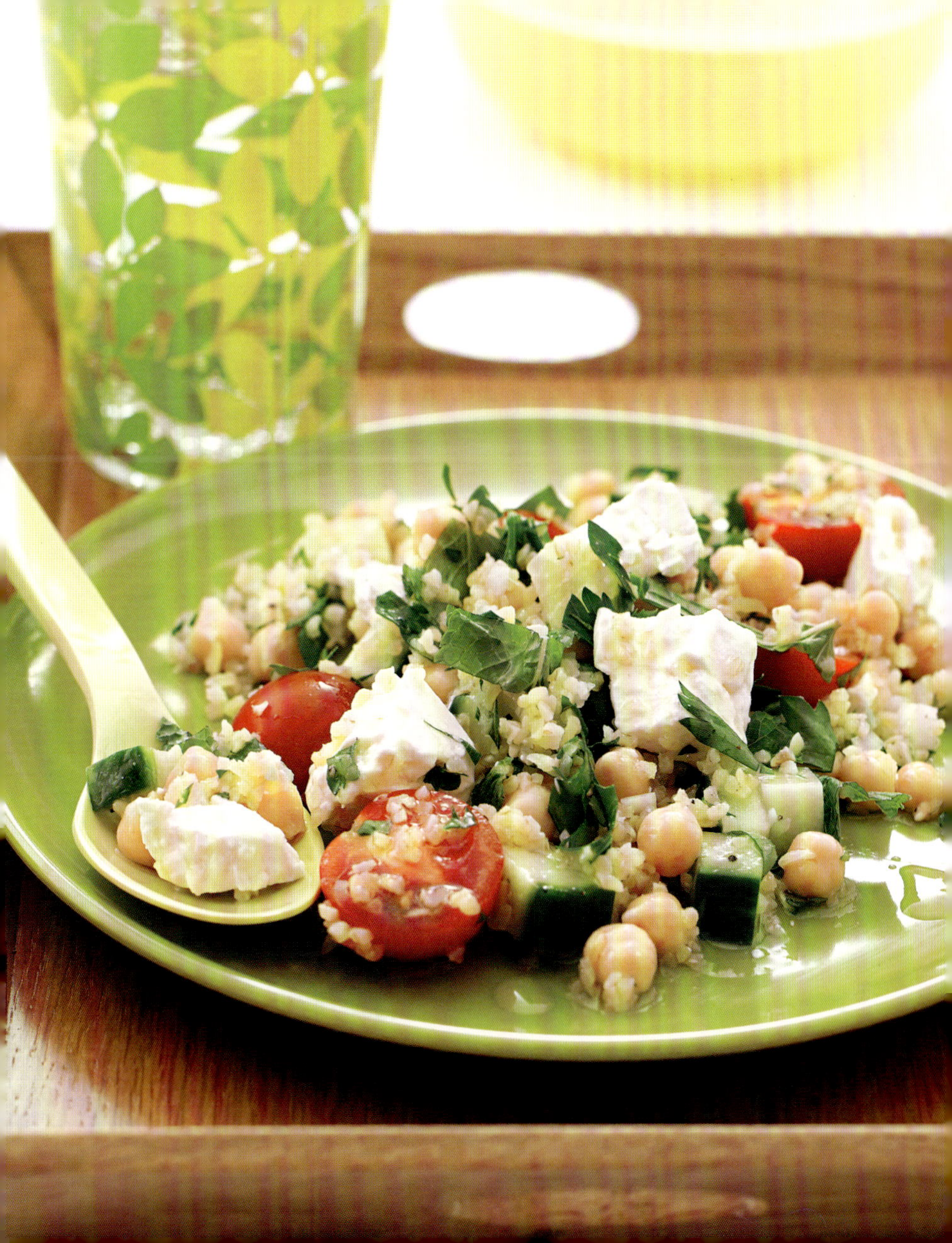

bolinhos de milho e dip de tomate

20 porções
Preparo: **15 minutos**
Cozimento: **20-30 minutos**

75 g de **farinha de trigo**
½ colher (chá) de **páprica**
150 ml de **leite**
1 **ovo batido**
275 g de **milho em lata** escorrido
3 colheres (sopa) de **salsinha** picada
2 talos de **cebolinha** picadinhos
½ **pimentão vermelho** picadinho
4 colheres (sopa) de **óleo de girassol**

Dip de tomate
6 **tomates** maduros picados
1 colher (sopa) de **azeite**
1 colher (sopa) de **açúcar mascavo**
½ colher (chá) de **páprica**
1 colher (sopa) de **vinagre de vinho tinto**

Peneire a farinha e a páprica numa tigela, junte o leite e o ovo e bata até obter uma massa encorpada. Acrescente o milho, a salsinha, a cebolinha e o pimentão vermelho e misture bem. Se a massa estiver muito espessa, junte 1 colher (sopa) de água. Reserve enquanto prepara o dip de tomate.

Refogue os tomates no azeite por uns 5 minutos em fogo médio. Junte o açúcar, a páprica e o vinagre, tampe, abaixe o fogo e cozinhe por 10-15 minutos. Mexa de vez em quando, até o molho engrossar. Retire do fogo e deixe esfriar numa tigela.

Esquente o óleo numa frigideira antiaderente. Coloque a massa em colheradas espaçadas. Frite por 2-3 minutos de cada lado, até corar e ficar firme. Retire com uma escumadeira e escorra em papel-toalha.

Sirva os bolinhos com um potinho de dip, ou embrulhe em papel-alumínio para manter aquecido no transporte.

Variação: bolinhos de abobrinha e hortelã. Substitua o milho por 1 abobrinha grande picadinha. Refogue-a em 1 colher (chá) de azeite por 3-4 minutos em fogo médio, até corar. Junte à massa com 2 colheres (sopa) de hortelã picadinha.

130

rolinhos de frango e bacon

2 porções
Preparo: **15 minutos**
Cozimento: **5 minutos**

1 colher (sopa) de **azeite**
2 filés de **frango**
   (150 g cada um)
2 fatias de **bacon**
4 colheres (sopa) de
   maionese
2 **pães-folha**
2 punhados de **espinafre** ou
   alface

Unte dois retângulos de filme de PVC com azeite. Coloque os dois filés de frango bem separados e use um rolo de macarrão para deixá-los com 5 mm de espessura.

Aqueça uma frigideira antiaderente e grelhe os filés por 2-3 minutos de cada lado, até ficarem bem cozidos. Junte o bacon à frigideira nos 2 minutos finais.

Espalhe 2 colheres (sopa) de maionese em cada pão-folha. Coloque um filé de frango e uma fatia de bacon em cada uma. Termine com o espinafre e enrole firmemente, prendendo com palitos. Corte ao meio e sirva, ou envolva em papel-manteiga e prenda com um barbante para o transporte.

Variação: rolinhos de atum e repolho. Misture 200 g de atum em lata escorrido com 2 tomates e 1 colher (sopa) de cebolinha picados. Misture 1 xícara de repolho ralado com 1 cenoura grande ralada e 1 colher (chá) de sementes de papoula e reserve. Misture 4 colheres (sopa) de maionese com 2 colheres (sopa) de água e despeje sobre o repolho e a cenoura. Mexa bem. Espalhe o atum temperado e a salada de repolho nos pães-folha. Enrole e prenda com palitos, como indicado acima.

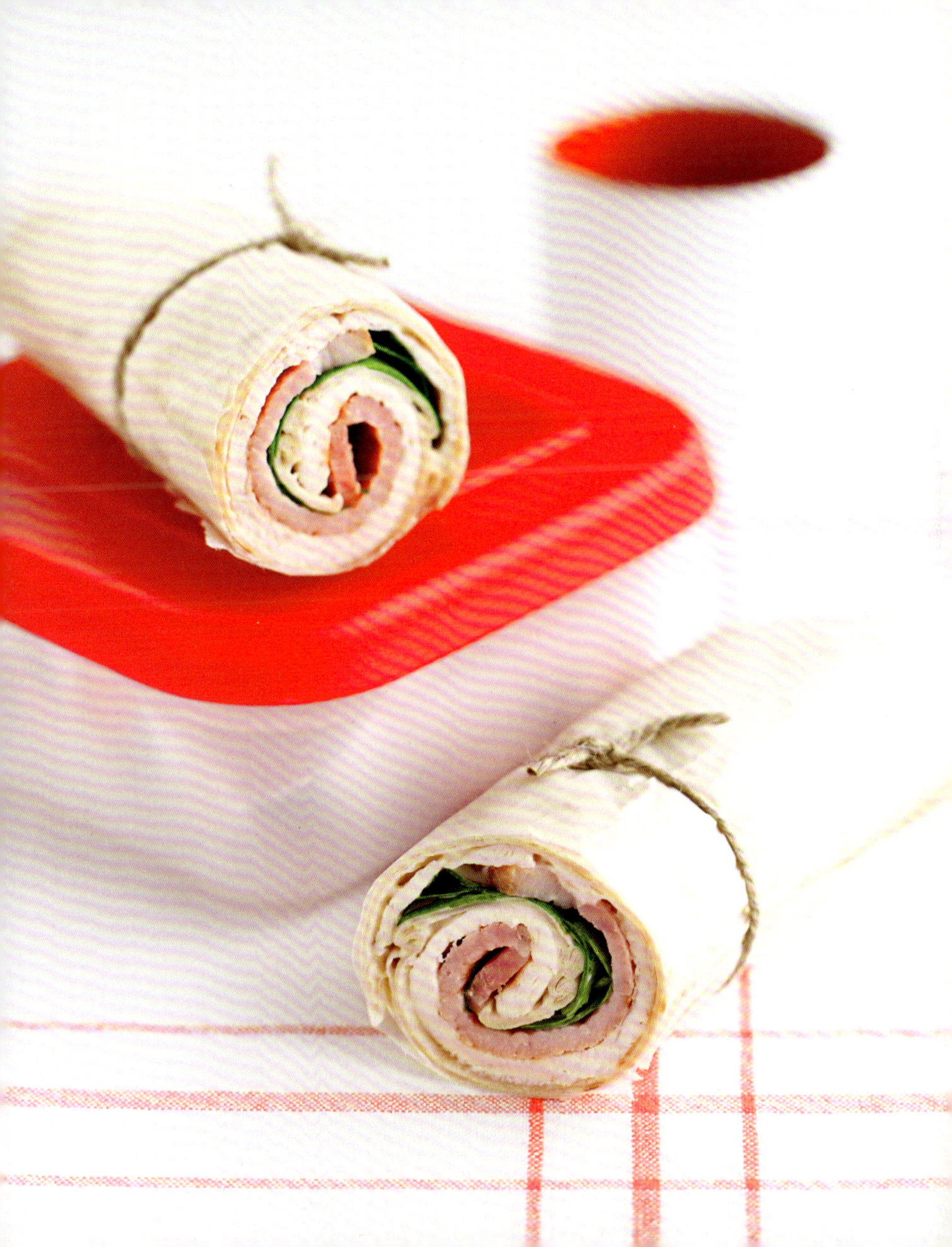

fritada de vagem e bacon

4 porções
Preparo: **10 minutos**
Cozimento: **10 minutos**

175 g de **vagem**
6 tiras de **bacon**
100 g de **ervilhas** cozidas
6 **ovos**
1 colher (chá) de **mostarda em grãos**
½ colher (chá) de **páprica em pó**
2 colheres (sopa) de **óleo de girassol**
4 colheres (sopa) de **parmesão** ralado fresco

Ferva a vagem por 5 minutos, escorra e passe em água fria. Pique e reserve. Enquanto isso, leve o bacon ao forno preaquecido por 3-4 minutos, até corar. Deixe esfriar um pouco e pique com uma tesoura. Adicione a vagem e as ervilhas.

Bata os ovos com a mostarda e a páprica. Aqueça o óleo numa frigideira antiaderente que possa ir ao forno. Despeje os ovos e espalhe a mistura de legumes com bacon. Cozinhe em fogo médio até começar a endurecer.

Polvilhe o parmesão por cima e leve ao forno por 2-3 minutos para terminar o cozimento.

Corte a fritada em fatias. Caso não sirva na hora, proteja com papel-alumínio para não esfriar.

Variação: fritada de cogumelos e bacon.
Substitua a vagem e as ervilhas por 250 g de cogumelos refogados em 1 colher (sopa) de azeite e frite por 4-5 minutos. Prossiga com a receita como indicado acima.

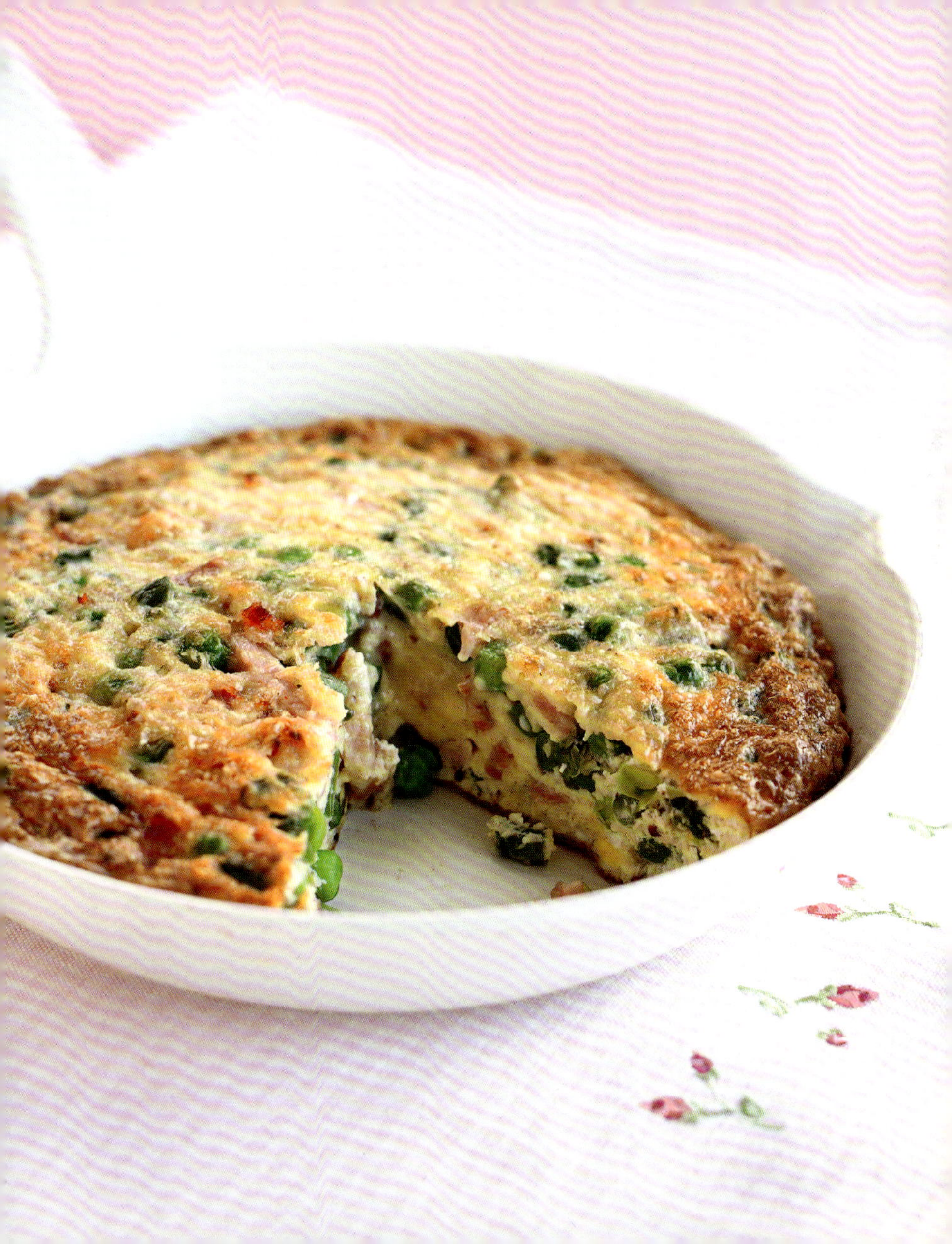

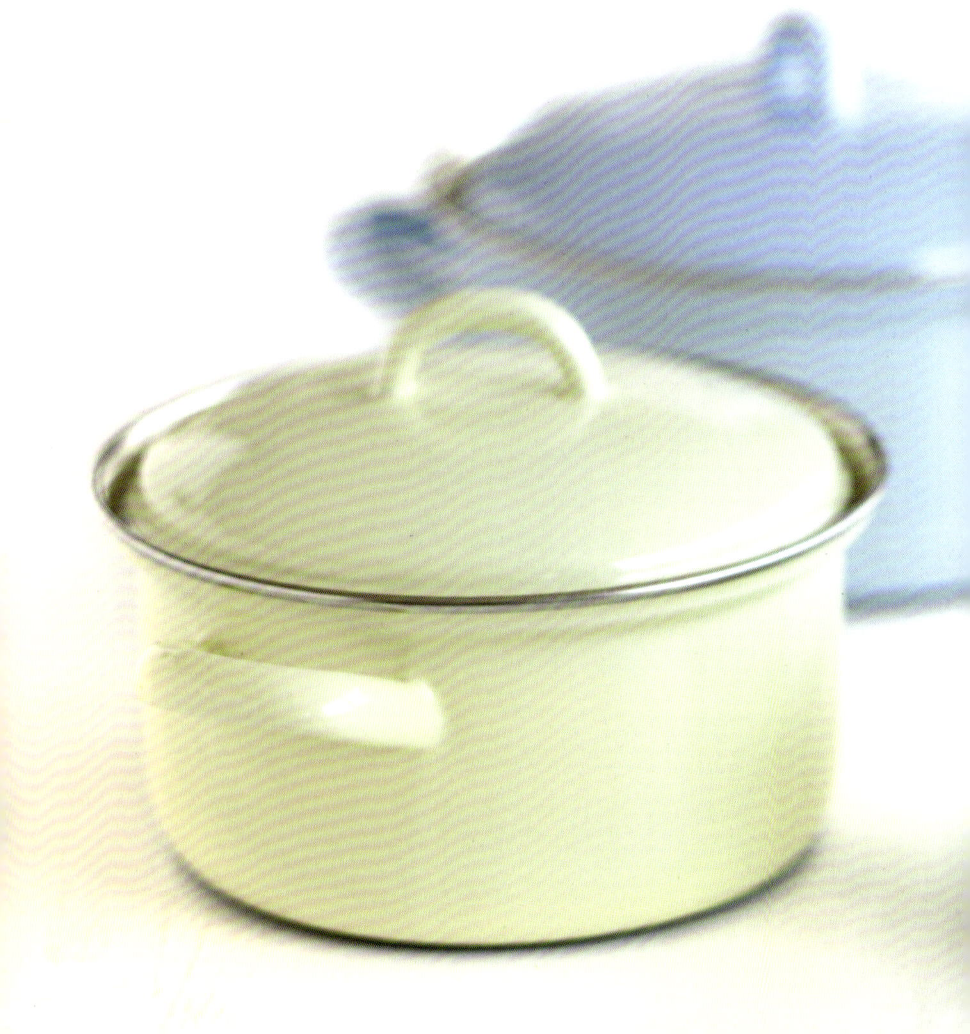

restaurante em casa

nuggets de frango picantes

4 porções
Preparo: **15 minutos**
Cozimento: **15-20 minutos**

4 (150 g) filés de **frango**
 em cubos
50 g de **farinha de trigo**
1 **ovo** batido
150 g de **farinha de rosca**
2 colheres (sopa) de **salsinha**
 picada
ketchup caseiro (pp. 26-27)

Passe os filés na farinha de trigo. Coloque o ovo batido num prato.

Misture a farinha de rosca e a salsinha num prato separado. Empane os filés de frango primeiro no ovo e depois na farinha de rosca. Coloque espalhados numa assadeira grande.

Coloque os nuggets em forno preaquecido a 200°C por 15-20 minutos, até assarem totalmente.

Sirva quentes, acompanhados de ketchup caseiro a gosto.

Variação: nuggets de salmão. Prepare a receita acima substituindo o frango por filés de salmão, e a salsinha por raspas de 1 limão. Asse por 10-15 minutos e sirva com maionese temperada com o suco do limão.

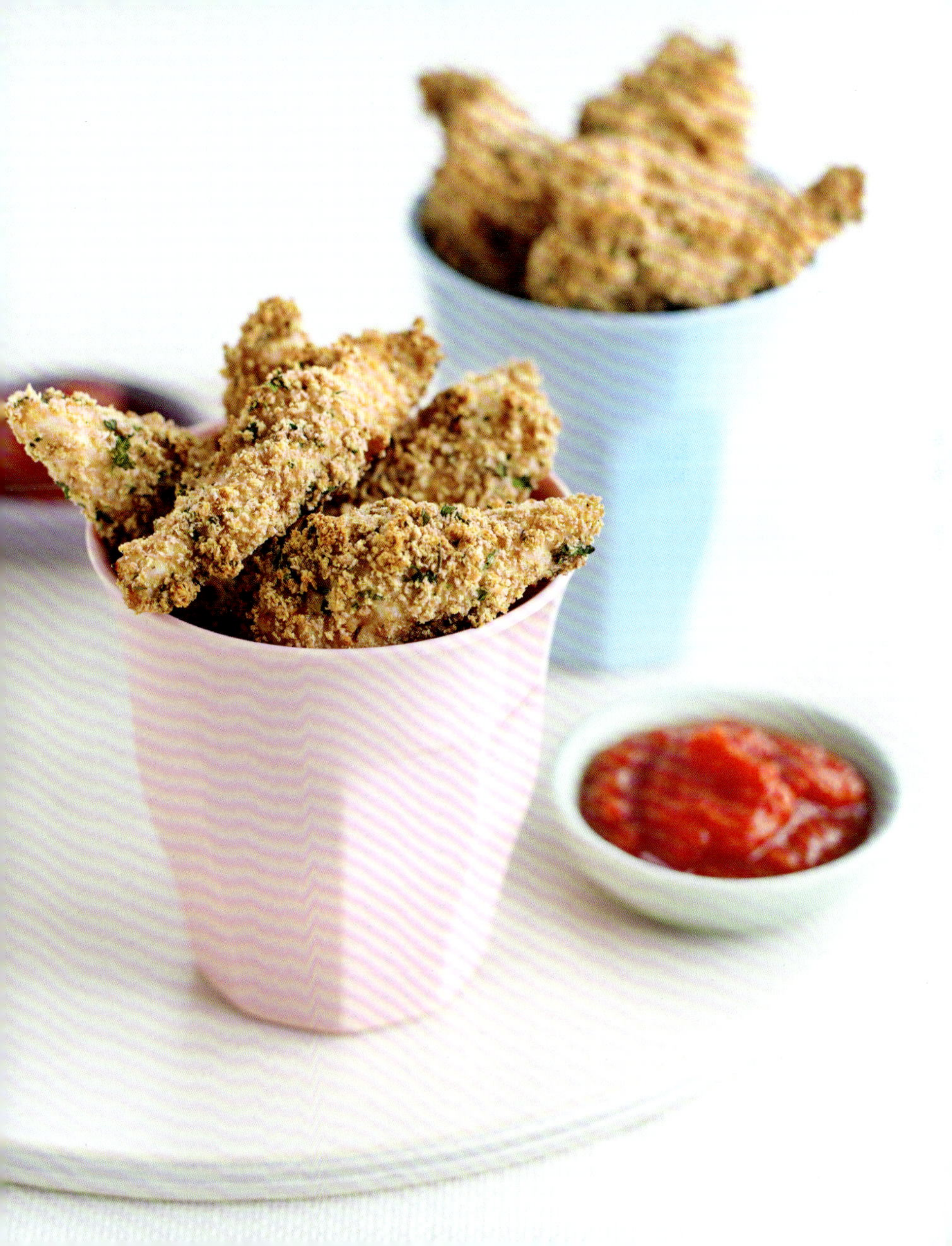

pizza de presunto e abacaxi

4 porções
Preparo: **25 minutos**, mais o tempo de descanso
Cozimento: **20 minutos**

250 g de **farinha de trigo integral**
½ colher (chá) de **sal**
1 colher (chá) de **fermento biológico seco**
150 ml de **água morna**
1 colher (sopa) de **azeite**, mais um pouco para untar

Cobertura
2 colheres (sopa) de **azeite**
1 **cebola** pequena picadinha
150 ml de **molho de tomate**
3 colheres (sopa) de **purê de tomate**
3 fatias de **presunto** em tirinhas
2 rodelas grossas de **abacaxi** picadas
150 g de **mussarela** fatiada
tomilho fresco para guarnecer (opcional)

Peneire a farinha e o sal numa tigela, junte o fermento e misture bem. Abra uma cova no centro e despeje a água morna e o azeite. Amasse por cerca de 2 minutos, até formar uma massa homogênea. Coloque sobre uma superfície enfarinhada e sove por mais 2 minutos, até a massa ficar elástica. Abra com o rolo um disco de 30 cm de diâmetro e coloque na fôrma untada com azeite. Cubra com filme de PVC e deixe descansar em local quente enquanto prepara a cobertura.

Aqueça 1 colher (sopa) de azeite e refogue a cebola por 2-3 minutos em fogo médio. Retire do fogo e junte o molho e o purê de tomate. Espalhe sobre a massa, deixando 2,5 cm de borda livre. Espalhe o presunto.

Tempere o abacaxi com o restante do azeite e espalhe sobre o presunto. Cubra com a mussarela. Asse em forno preaquecido a 220°C por 15-18 minutos. Salpique com folhinhas de tomilho a gosto.

Variação: pizza de frango e calabresa. Substitua o presunto e o abacaxi por 300 g de filé de frango e 100 g de linguiça calabresa, ambos fatiadinhos. Refogue o frango em 1 colher (sopa) de azeite por 3-4 minutos, junte a linguiça e refogue por mais 1 minuto. Tempere com 3 colheres (sopa) de manjericão fresco picado, espalhe sobre a massa e cubra com mussarela. Dispense o tomilho.

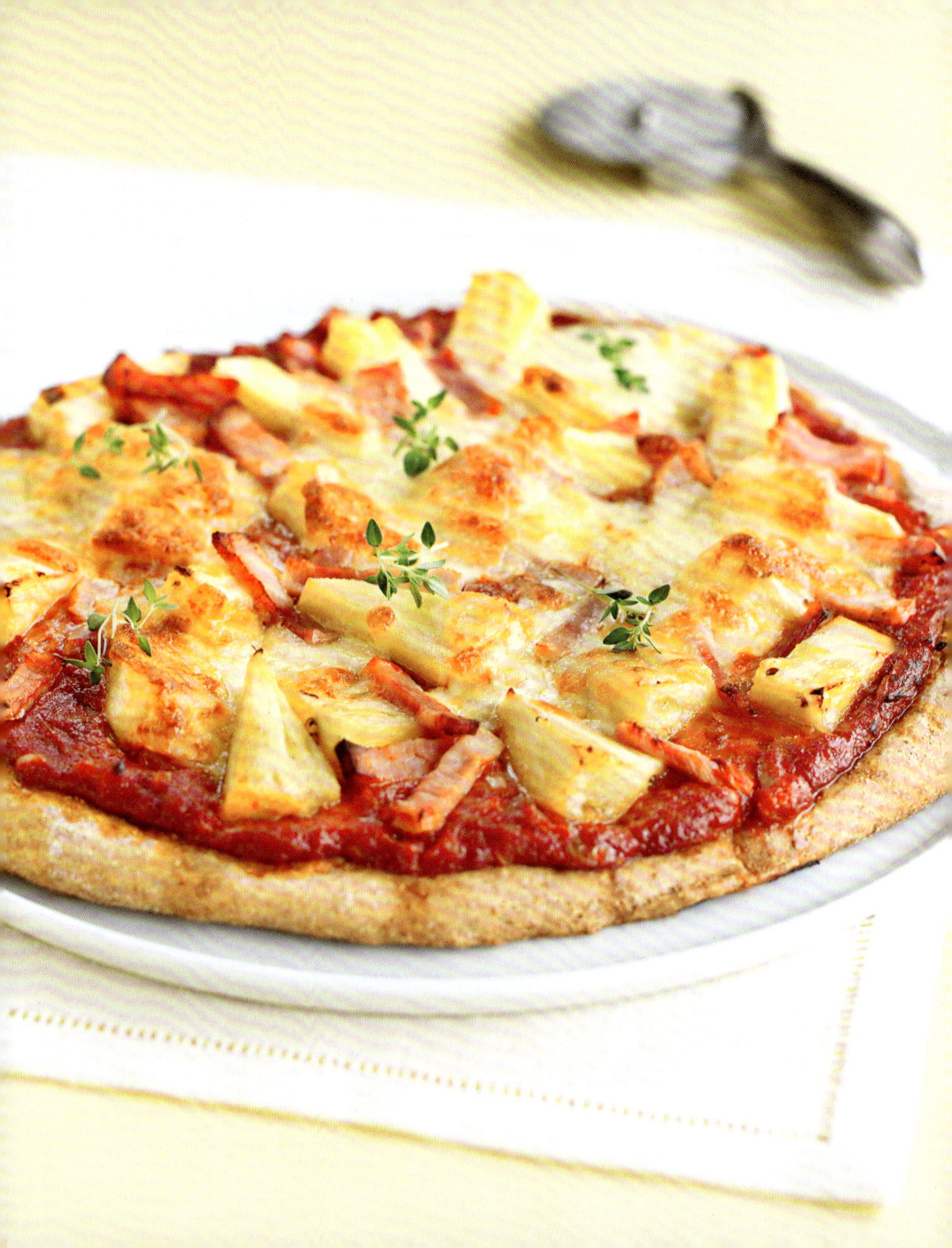

espetinhos de frango à chinesa

4 porções
Preparo: **20 minutos**, mais o tempo da marinada
Cozimento: **8-10 minutos**

6 colheres (sopa) de **shoyu**
2 colheres (sopa) de **óleo de gergelim**
1 colher (chá) de **5 especiarias chinesas** (anis-estrelado, canela, cravo, dill e pimenta em pó)
375 g de filé de **frango** cortado em tiras longas

Molho
4 colheres (sopa) de **pasta de amendoim**
1 colher (sopa) de **shoyu**
½ colher (chá) de **cominho em pó**
uma pitada de **páprica**
8 colheres (sopa) de **água**
pepino em palitos para acompanhar

Misture o shoyu, o óleo de gergelim e as 5 especiarias numa tigela. Junte o frango em tiras, mexa e deixe marinar coberto por 1 hora. Mexa de vez em quando.

Coloque o frango em ziquezague em 10 palitos de bambu umedecidos em água (deixe de molho por 30 minutos, para evitar que se queimem). Grelhe o frango por 4-5 minutos de cada lado, até ficarem corados e bem cozidos.

Enquanto isso, leve os ingredientes do molho ao fogo, mexendo bem até aquecer.

Sirva o molho num potinho colocado no prato entre os espetinhos e os palitos de pepino.

Variação: espetinhos de porco. Prepare como indicado acima, substituindo o frango por lombo de porco.

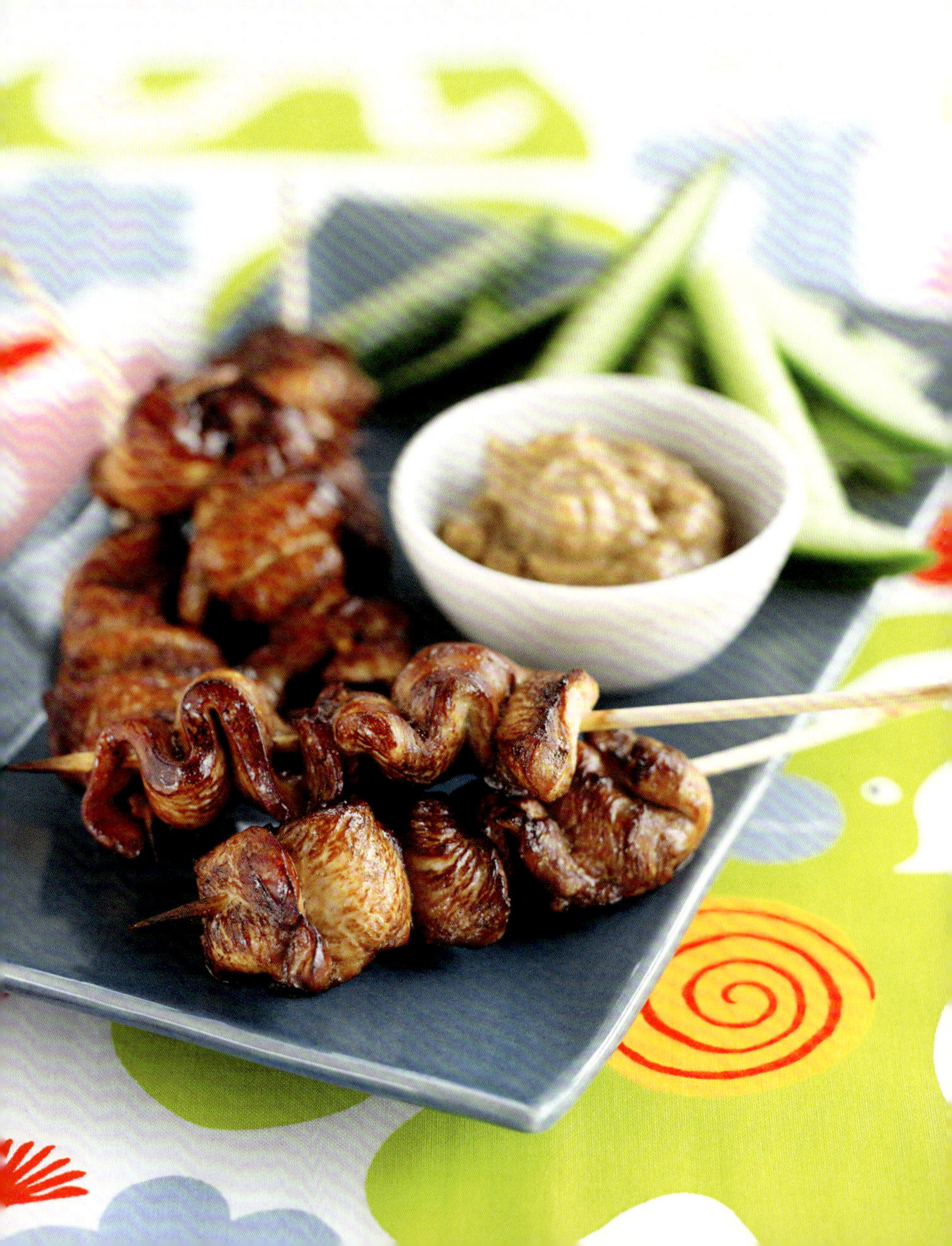

mini-hambúrgueres

8 porções
Preparo: **10 minutos**, mais o tempo para resfriar
Cozimento: **12-15 minutos**

375 g de **carne moída**
2 colheres (sopa) de **ketchup**
1 colher (sopa) de **mostarda em grãos**
3 colheres (sopa) de **cebolinha** picada
100 g de **cogumelos frescos** fatiados
1 colher (sopa) de **azeite**
8 fatias finas de **queijo prato**

Para servir
4 **minipães de hambúrguer**
ketchup

Coloque a carne moída numa tigela e misture com o ketchup, a mostarda e a cebolinha. Mexa bem com um garfo para temperar toda a carne. Modele 8 hambúrgueres e coloque numa travessa. Cubra com filme de PVC e leve ao refrigerador por 30 minutos, para firmar.

Doure os cogumelos no azeite por 3-4 minutos em fogo alto, até ficarem macios. Retire da frigideira com a escumadeira e reserve. Junte os hambúrgueres e frite por 4-5 minutos de cada lado, até ficarem corados e bem cozidos. Coloque uma fatia de queijo sobre cada um e tampe por 1 minuto, para derreter.

Monte os sanduíches colocando o hambúrguer, os cogumelos e o ketchup, ou um molho da preferência da criança. Sirva a seguir.

Variação: hambúrguer de porco com maçã.
Substitua a carne de boi moída por 375 g de carne de porco moída. Rale 1 maçã com a casca. Junte à carne com a mostarda e a cebolinha, misture e modele os hambúrgueres. Proceda como indicado acima.

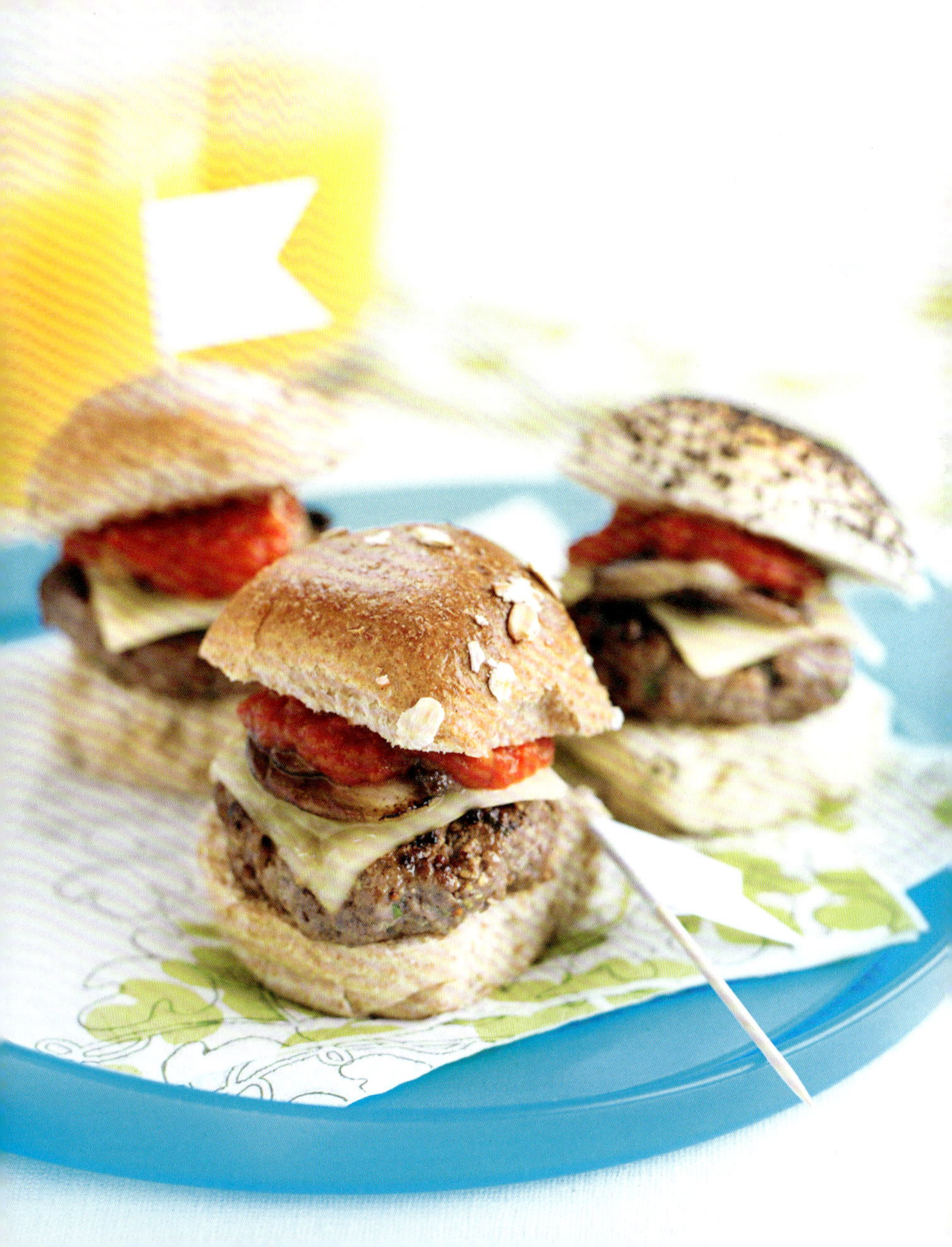

macarrão oriental agridoce

4 porções
Preparo: **15 minutos**
Cozimento: **12-16 minutos**

8 colheres (sopa) de **ketchup**
3 colheres (sopa) de **açúcar mascavo**
2 colheres (sopa) de **vinagre de vinho branco**
175 g de **macarrão de ovos instantâneo**
2 colheres (sopa) de **óleo de gergelim**
375 g de **lombo de porco** em tirinhas
2,5 cm de **gengibre** picado
1 **dente de alho** amassado
125 g de **ervilha-torta** cortada no sentido do comprimento
1 **cenoura** grande em palitos
175 g de **brotos de feijão**
200 g de **brotos de bambu**

Coloque o ketchup, o açúcar e o vinagre por 2-3 minutos em fogo brando, até o açúcar dissolver por completo. Reserve.

Cozinhe o macarrão por 3-5 minutos, ou como indicado na embalagem. Escorra e reserve.

Doure a carne no óleo, numa panela de fundo grosso, por 2-3 minutos. A seguir, junte o gengibre, o alho, a ervilha-torta e a cenoura. Frite por mais 2 minutos, adicione os brotos de feijão e de bambu, e frite por mais 1 minuto, até ficar bem quente.

Junte à panela o macarrão e o molho com o auxílio de duas colheres e misture bem, ainda sobre a chama, até ficar bem quente. Sirva em potinhos aquecidos.

Variação: macarrão com camarão. Prepare a receita acima com 250 g de camarões no lugar do lombo de porco. Refogue-os com todos os legumes e o molho ligeiramente aquecido. Junte 1 colher (sopa) de maisena diluída em 2 colheres (sopa) de água e leve ao fogo, mexendo sempre, até engrossar. Junte aos demais ingredientes e sirva a seguir.

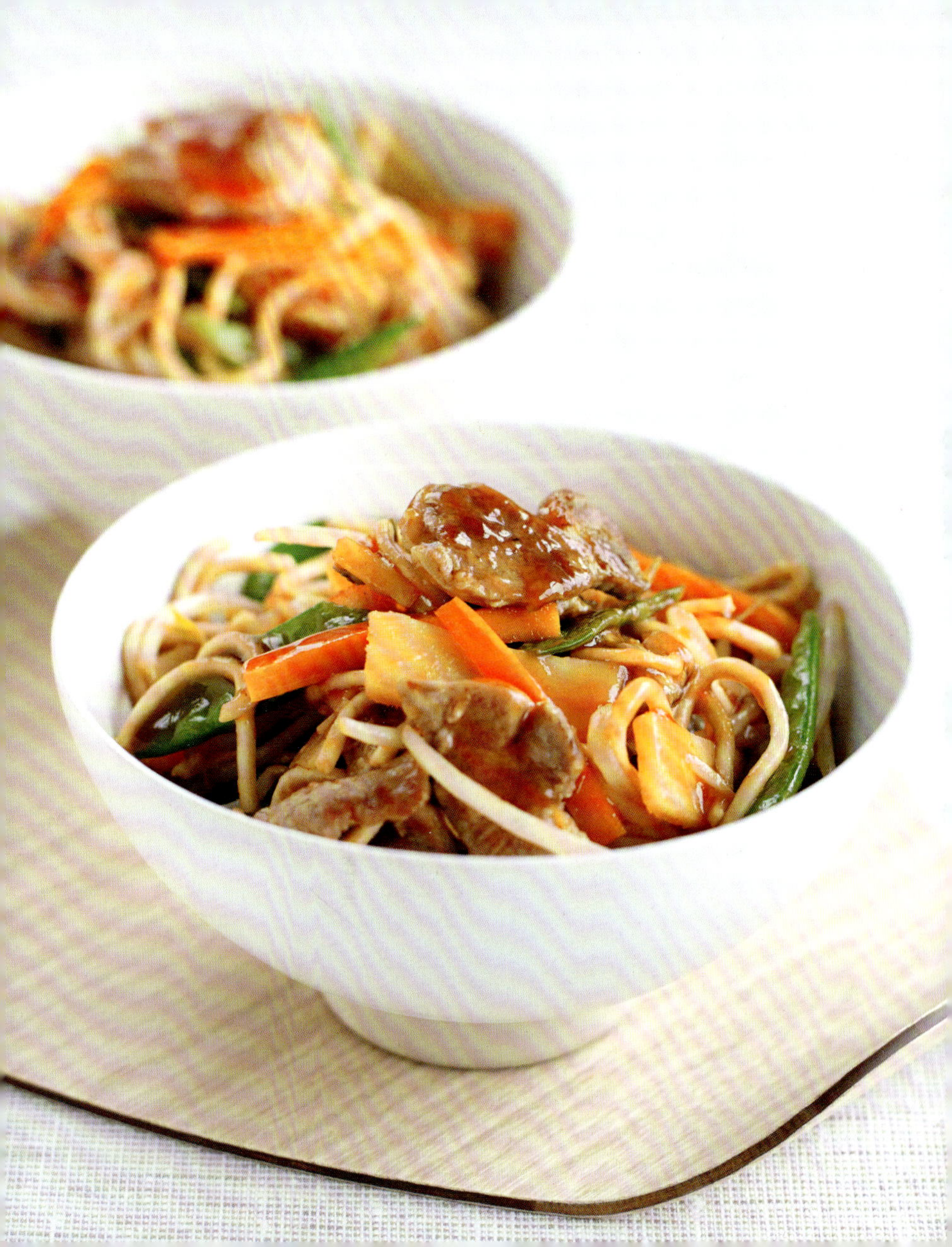

torradas de camarão

4 porções
Preparo: **15 minutos**
Cozimento: cerca de
 5 minutos

175 g de **camarão**
2,5 cm de **gengibre fresco** ralado
1 talo de **cebolinha** picadinha
1 **clara batida**
1 colher (sopa) de **maisena**
1 colher (chá) de **óleo de gergelim**
4 fatias de **pão de fôrma light**
4 colheres (sopa) de **gergelim**
6 colheres (sopa) de **óleo de girassol**

Processe os camarões com o gengibre, a cebolinha, a clara, a maisena e o óleo de gergelim até obter uma pasta.

Espalhe nos dois lados das fatias de pão. Coloque o gergelim num prato e empane as fatias de pão.

Aqueça o óleo numa frigideira de fundo grosso. Frite as fatias de pão, duas a duas, por 1-2 minutos de cada lado, até ficarem coradas. Escorra em papel-toalha e corte em triângulos.

Sirva as torradas com uma vinagrete de milho e pepino (ver abaixo).

Acompanhamento: vinagrete de milho e pepino.
Misture numa tigela ¼ de pepino picadinho, 4 colheres (sopa) de hortelã picada, 200 g de milho em lata escorrido e ½ pimentão vermelho picadinho. Tempere com 1 colher (chá) de vinagre e sirva acompanhando as torradas de camarão.

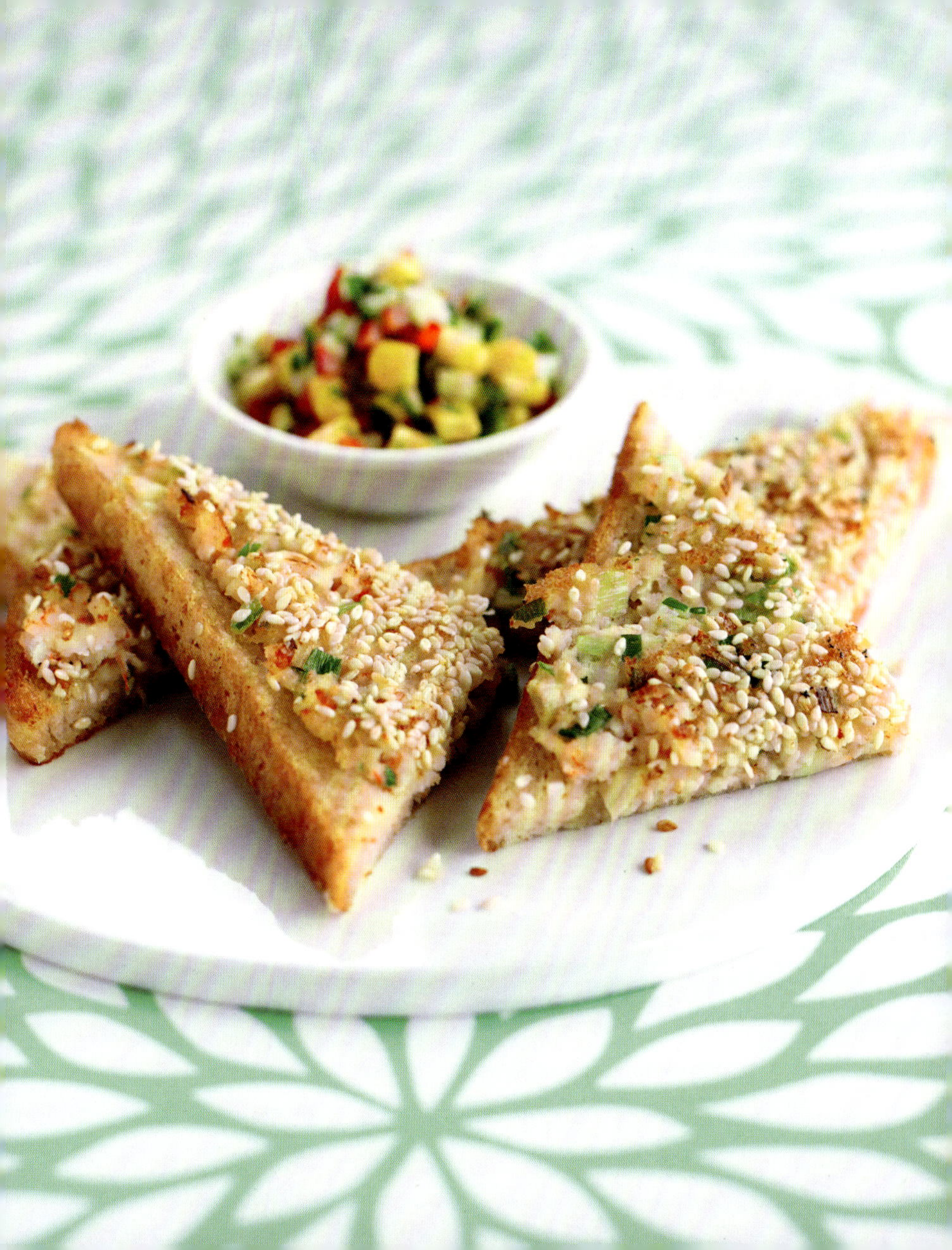

peixe com fritas

4 porções
Preparo: **20 minutos**
Cozimento: **30-40 minutos**

750 g de **batatas** cortadas em tiras largas
2 colheres (sopa) de **azeite**
125 g de **farinha de rosca**
raspas de 1 **limão**
3 colheres (sopa) de **salsinha** picada
4 filés de **peixe** (de 150 g cada um) cortados em tiras largas
50 g de **farinha de trigo**
1 **ovo batido**
ketchup caseiro (pp. 26-27)

Tempere as batatas com azeite e asse no forno preaquecido a 200ºC por 30-40 minutos, revolvendo vez ou outra, até corarem e ficarem crocantes.

Enquanto isso, misture a farinha de rosca com as raspas de limão e a salsinha num prato. Empane os pedaços de peixe na farinha de trigo, depois no ovo batido e por último na farinha de rosca temperada. Disponha na fôrma e leve para assar em forno preaquecido a 200ºC nos 20 minutos finais do tempo de assar da batata, até que o peixe esteja opaco e bem cozido.

Enrole 4 folhas de papel tamanho A5 em formato de cone e feche com fita adesiva. Coloque-os de pé num suporte improvisado, para facilitar enchê-los com batatas fritas e 4 pedaços de peixe. Estimule as crianças a comer esse peixe delicioso e frituras saborosas com as mãos, mergulhando-as no delicioso ketchup caseiro.

Acompanhamento: maionese com limão. Para variar o acompanhamento, bata no liquidificador 1 ovo, 150 ml de azeite e 1 colher (sopa) de vinagre de vinho branco, até ficar com consistência de maionese. Misture as raspas de 1 limão pequeno, 2 colheres (sopa) de suco de limão e 2 colheres (sopa) de salsinha picada.

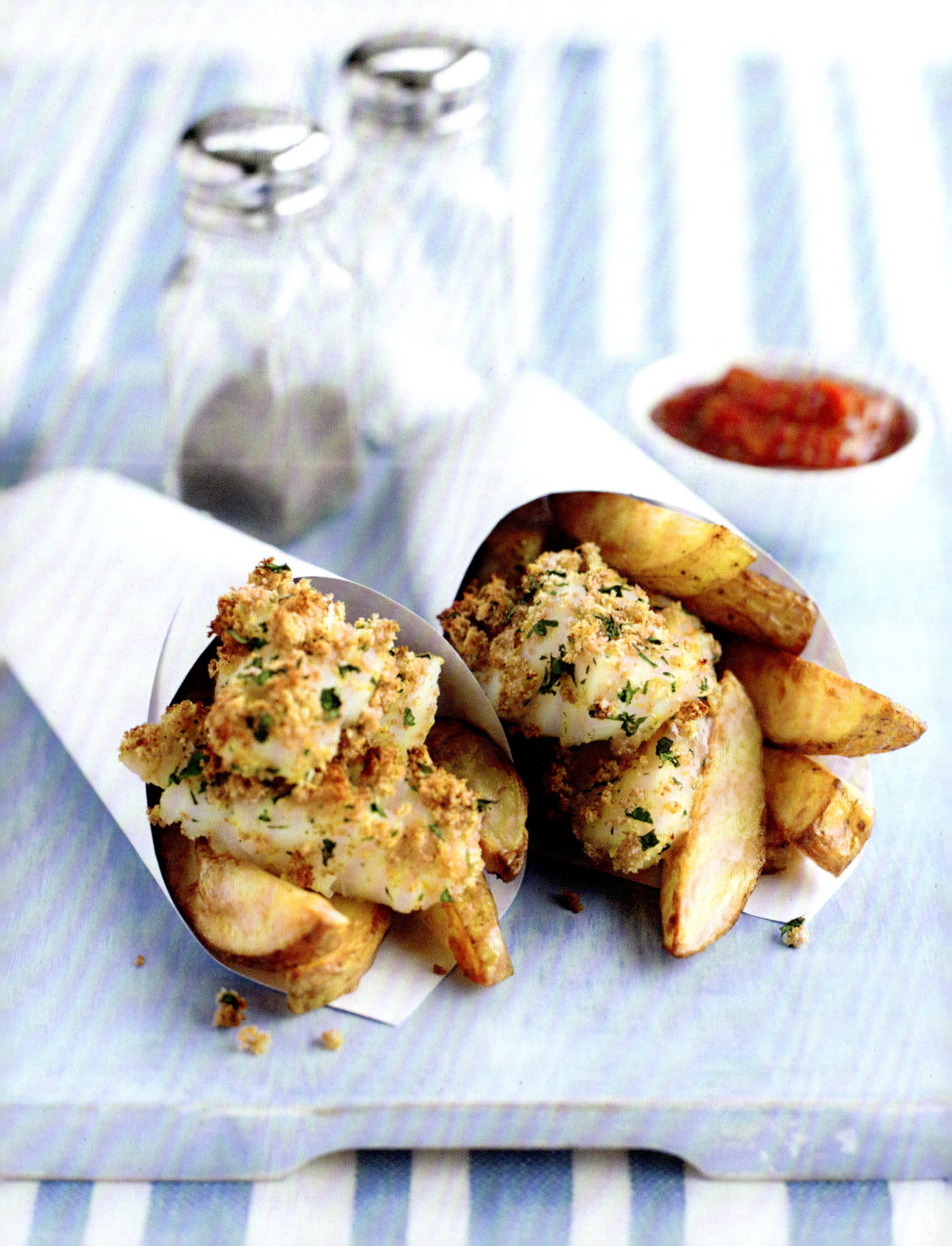

fajitas de frango com molho

4 porções
Preparo: **20 minutos**
Cozimento: **4-5 minutos**

½ colher (chá) de **cominho em pó**
½ colher (chá) de **páprica em pó**
1 **dente de alho** amassado
375 g de filé de **frango** em cubos
1 colher (sopa) de **azeite**
4 **pães-folha**
creme azedo (iogurte natural com gotas de limão) para servir (opcional)

Molho
3 **tomates** grandes picadinhos
⅛ de **pepino** picadinho
1 colher (sopa) de **azeite**

Guacamole
1 **abacate** grande picado
raspas e suco de ½ **limão**
2 colheres (chá) de **molho de pimenta** (opcional)

Misture as especiarias e o alho numa tigela. Besunte o frango no azeite e depois passe nos temperos para pegar bem o gosto.

Prepare o molho misturando os tomates e o pepino numa saladeira. Regue com azeite e reserve.

Faça o guacamole amassando o abacate com as raspas e o suco de limão até ficar macio e encorpado. Se desejar, adicione a pimenta. Coloque numa molheira.

Aqueça uma grelha ou frigideira de fundo grosso e frite o frango por 3-4 minutos, mexendo até ficar corado e bem cozido. Coloque o frango com o guacamole e o molho no meio do pão-folha e dobre-o em quatro. Sirva com iogurte, se desejar.

Variação: fajitas de carne. Substitua o frango por contrafilé ou alcatra em cubos e proceda como acima.

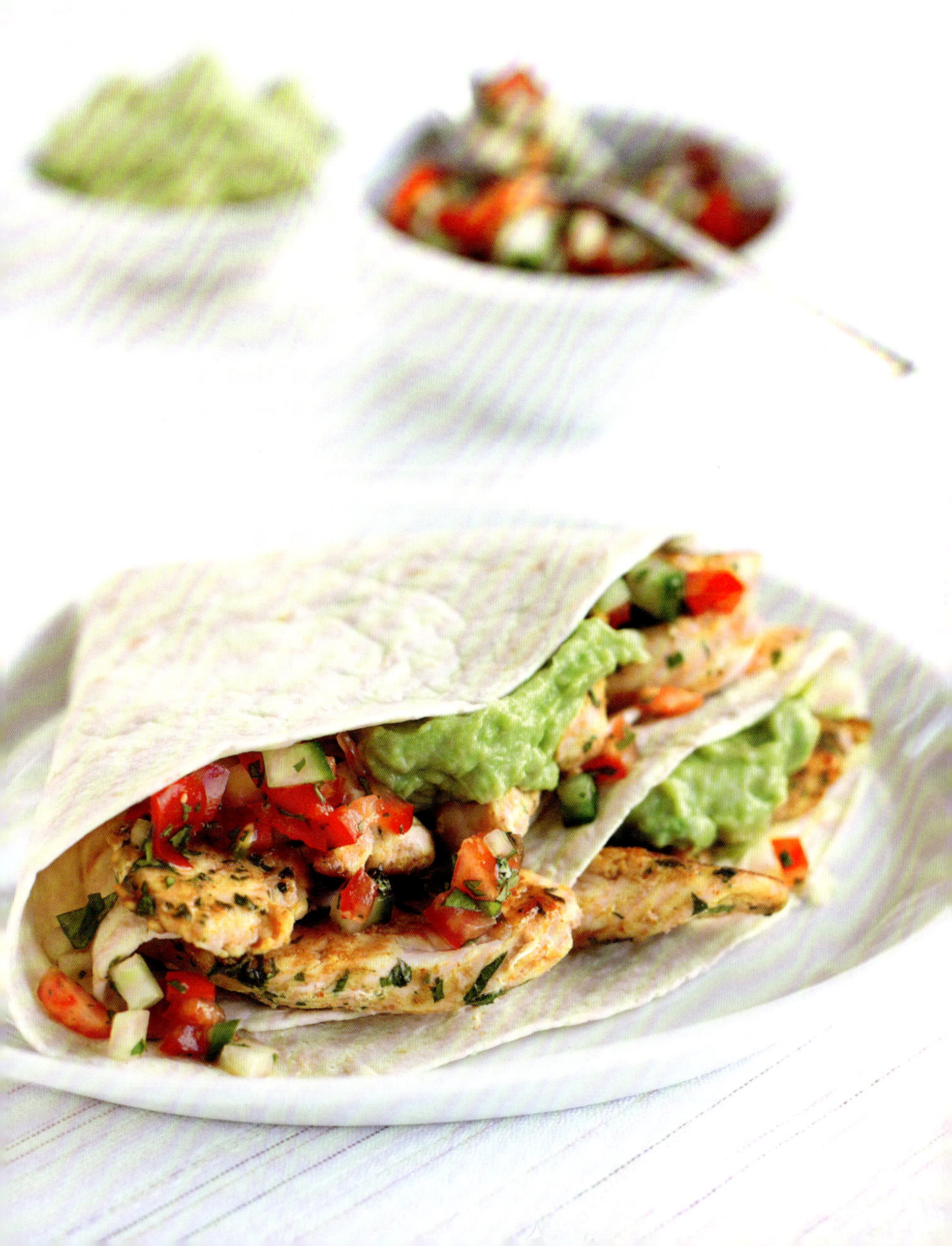

pastéis de queijo e bacon

6 porções
Preparo: **15 minutos**
Cozimento: **20-25 minutos**

500 g de **massa folhada pronta**
farinha de trigo para polvilhar
2 colheres (chá) de **mostarda de Dijon**
50 g de **queijo gruyère** em fatias finas
30 g de **queijo prato** em fatias finas
3 colheres (sopa) de **salsinha** picadinha
6 tiras de **bacon** fatiadas
ovo batido

Abra a massa sobre uma superfície enfarinhada, na medida de 30 cm x 45 cm, e corte em retângulos de 6 cm x 15 cm.

Espalhe uma camada fina de mostarda sobre a massa e coloque uma fatia de cada queijo na diagonal dos retângulos. Salpique com salsinha, depois espalhe o bacon. Pincele as bordas com um pouco de água morna e dobre a massa, recobrindo o recheio e fechando os pastéis. Pressione as bordas com um garfo e disponha na assadeira.

Pincele os pastéis com ovo batido e asse em forno preaquecido a 200°C por 20-25 minutos, até corarem. Sirva quentes.

Variação: pastéis de mussarela e tomate. Substitua o bacon e os queijos por 175 g de mussarela e 125 g de tomates-cereja cortados ao meio. Prepare a receita como indicado acima.

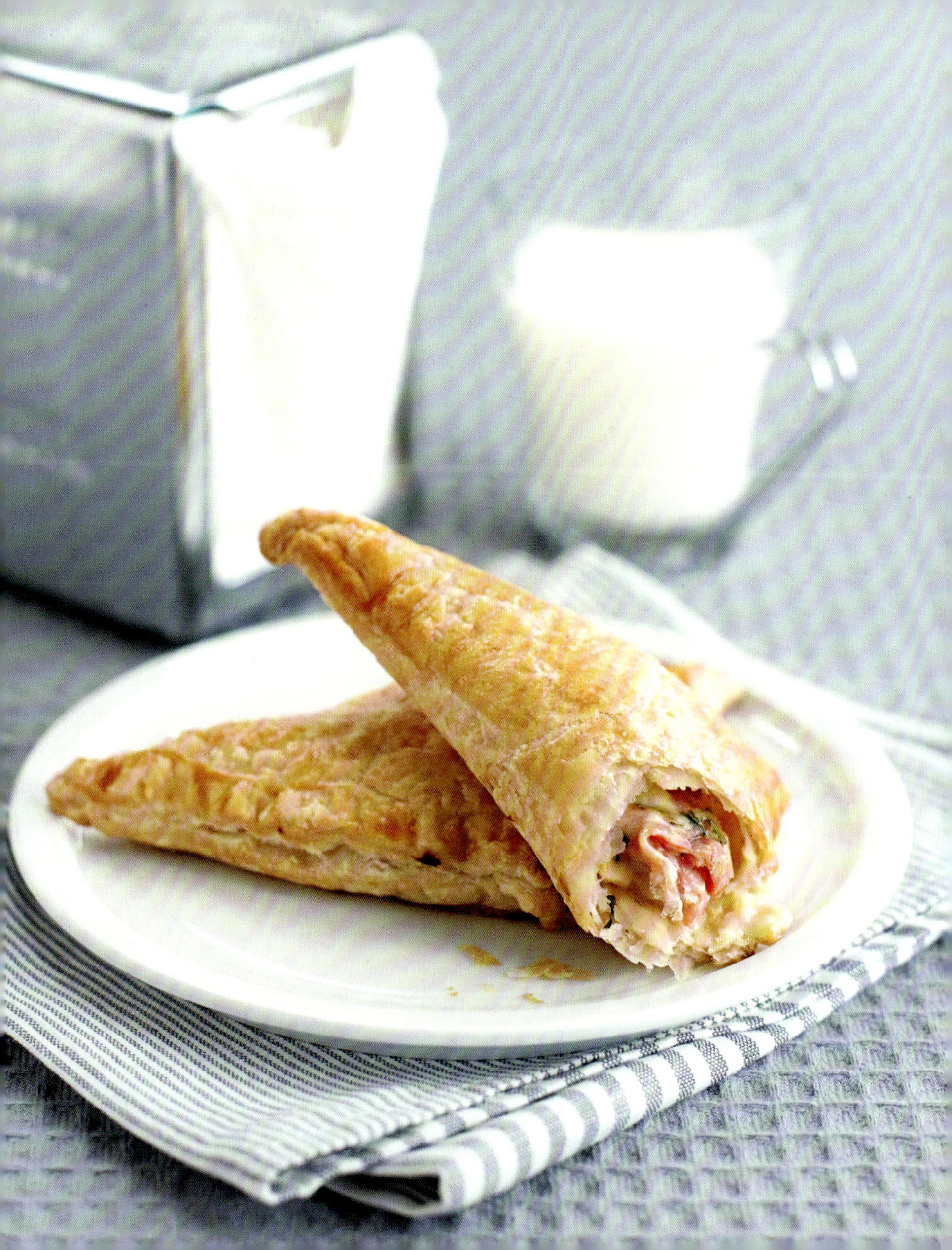

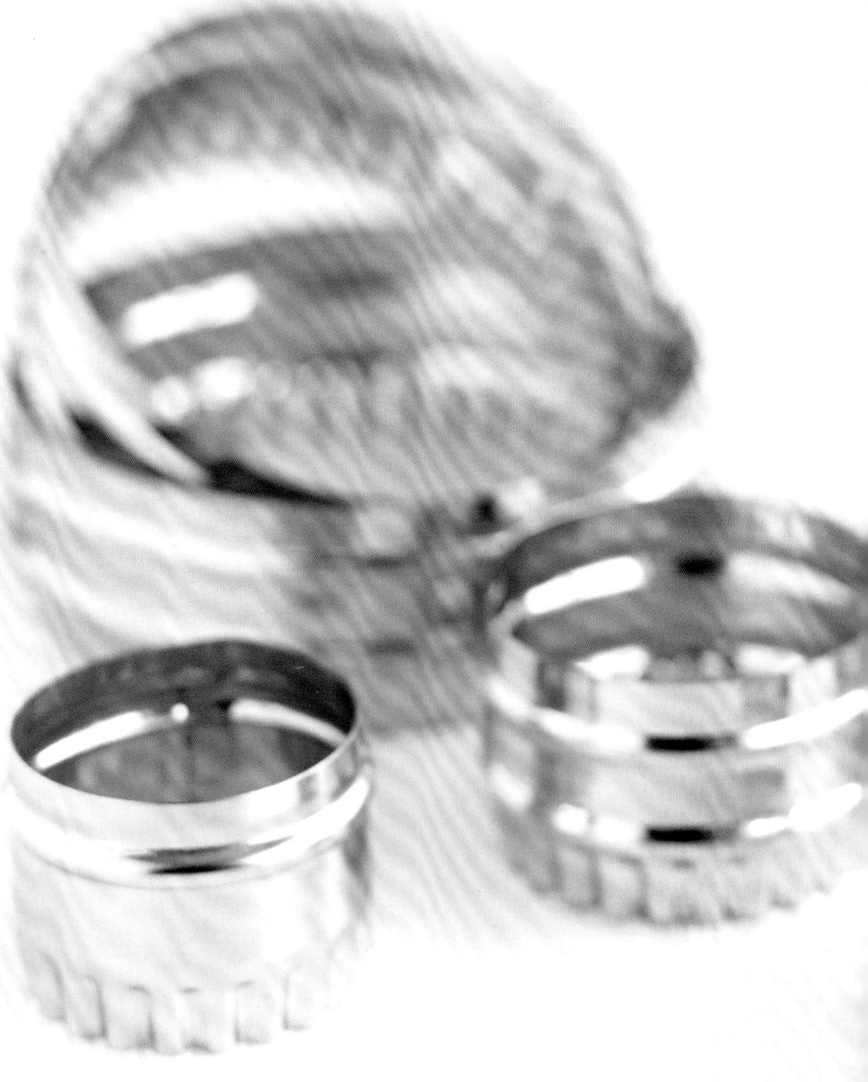

lanches reforçados

quadradinhos de banana e passas

12 porções
Preparo: **10 minutos**
Cozimento: **10 minutos**

150 g de **manteiga**
150 ml de **mel**
125 g de **uvas-passas**
2 **bananas** grandes amassadas
375 g de **aveia em flocos**

Derreta a manteiga e o mel numa panela média em fogo brando. Adicione as passas, retire do fogo, junte a banana amassada e mexa bem. Por fim, misture a aveia com cuidando para distribuí-la bem.

Coloque em uma fôrma antiaderente de 28 cm x 18 cm e nivele a superfície com uma espátula. Asse em forno preaquecido a 190°C por 10 minutos, até começar a corar. A massa ainda terá uma consistência aparentemente mole.

Espere esfriar por 10 minutos na fôrma e corte em 12 quadrados. Desenforme e deixe esfriar por completo.

Variação: barrinhas de gengibre. Junte 1 colher (chá) de gengibre em pó à manteiga derretida com o mel e substitua as bananas amassadas por 75 g de gengibre picado. Junte as passas e proceda como indicado acima.

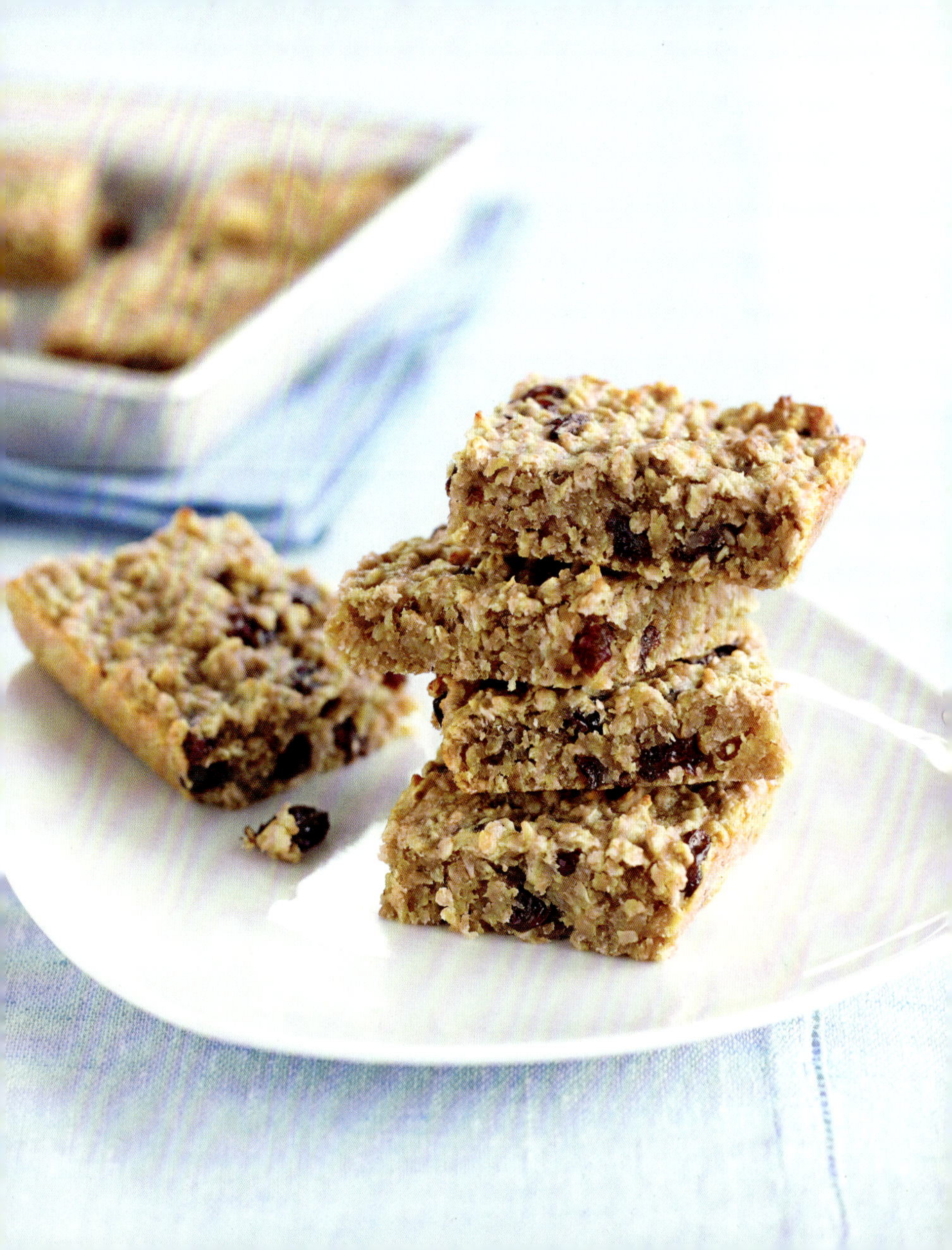

pãezinhos porco-espinho

8 porções
Preparo: **30 minutos**, mais o tempo de crescimento
Cozimento: **15-20 minutos**

350 g de **farinha de trigo**, mais um pouco para polvilhar
1 colher (chá) de **sal**
3 g de **fermento para pão instantâneo**
1 colher (sopa) de **óleo de girassol**
200 ml de **água morna**
12 **uvas-passas**
1 **ovo** batido

Peneire a farinha e o sal juntos numa tigela funda e acrescente o fermento, o óleo e a água. Mexa tudo com uma colher de pau, depois trabalhe a massa até ficar homogênea. Se necessário, junte mais água morna para amolecer, ou mais farinha de trigo, caso esteja pegajosa.

Sove a massa sobre uma superfície enfarinhada por no mínimo 5 minutos. Divida em 8 porções iguais e forme bolinhas. Modele um focinho em cada pãozinho e coloque-os numa assadeira forrada com papel-manteiga, bem espaçados, pois irão dobrar de tamanho. Faça pequenos picos com uma tesoura para criar os espinhos do corpo. Coloque as passas para fazer os olhos e a boca.

Cubra com um pano de prato limpo e deixe descansar por 1 hora em local aquecido, até crescer e dobrar de volume.

Pincele os pãezinhos com ovo batido e asse em forno preaquecido a 230°C por 15-20 minutos. Para testar se estão assados, dê batidinhas: o som deve sair oco. Manuseie com cuidado para evitar queimaduras. Deixe esfriar.

Variação: pãezinhos doces. Junte 250 g de frutas secas variadas misturadas com 2 colheres (chá) de canela e 3 colheres (sopa) de açúcar. Modele 8 pãezinhos e asse como indicado. Deixe esfriar e sirva em fatias, quentes ou frias, com um pouco de manteiga sem sal.

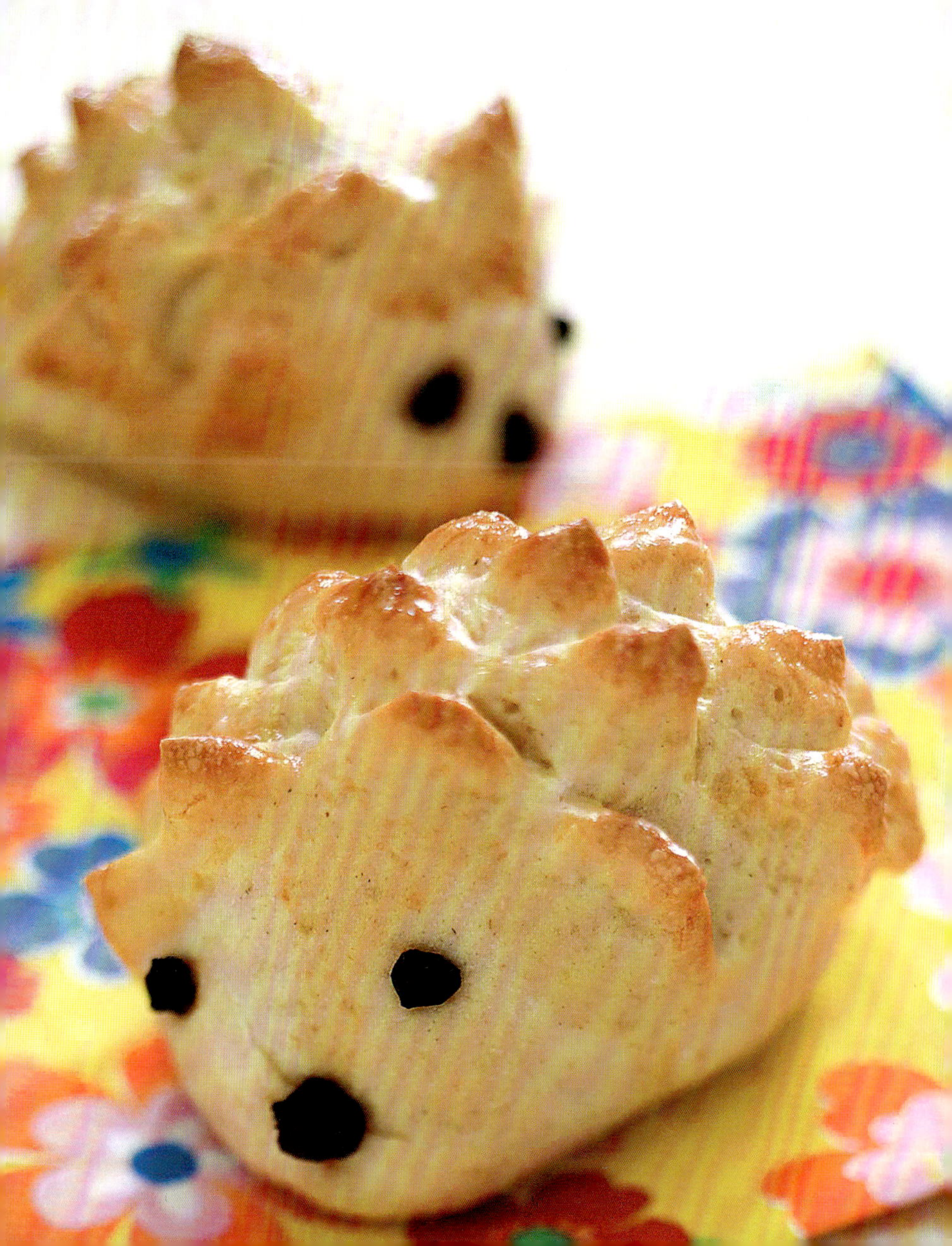

bolo festivo de aniversário

12 porções
Preparo: **25 minutos**
Cozimento: **35-40 minutos**

175 g de **margarina** em temperatura ambiente
175 g de **açúcar**
2 colheres (chá) de **essência de baunilha**
300 g de **farinha de trigo com fermento**
2 colheres (chá) de **fermento em pó**
3 **ovos**
50 g de **farinha de arroz**
150 ml de **iogurte natural**
175 g de **morangos** picados
300 ml de **creme de leite** fresco
3 colheres (sopa) de **geleia de morango light**
margarina para untar

Unte 2 fôrmas redondas de aro removível de 20 cm com margarina e forre o fundo com papel-manteiga. Bata a margarina, o açúcar e a baunilha na batedeira, até formar um creme.

Peneire a farinha e o fermento sobre a massa e junte os ovos, a farinha de arroz e o iogurte. Bata bem e misture parte dos morangos na massa.

Divida nas fôrmas preparadas e asse em forno preaquecido a 180°C por 35-40 minutos, até crescer, corar e ficar firme ao toque. Deixe esfriar por 10 minutos antes de desenformar. Depois de frio, retire o papel.

Bata o creme de leite até o ponto de chantilly. Nivele um dos bolos, espalhe a geleia e cubra com metade do chantilly. Espalhe mais um pouco dos morangos. Cubra com outro bolo, espalhe o restante do chantilly e os morangos restantes ou forme as iniciais do nome do aniversariante com eles. Coloque as velhinhas.

Variação: bolo de aniversário de chocolate.
Prepare a receita acima substituindo 25 g de farinha de trigo por chocolate em pó. Não use a geleia e os morangos, recheie e decore apenas com chantilly e 200 g de confeitos coloridos de chocolate.

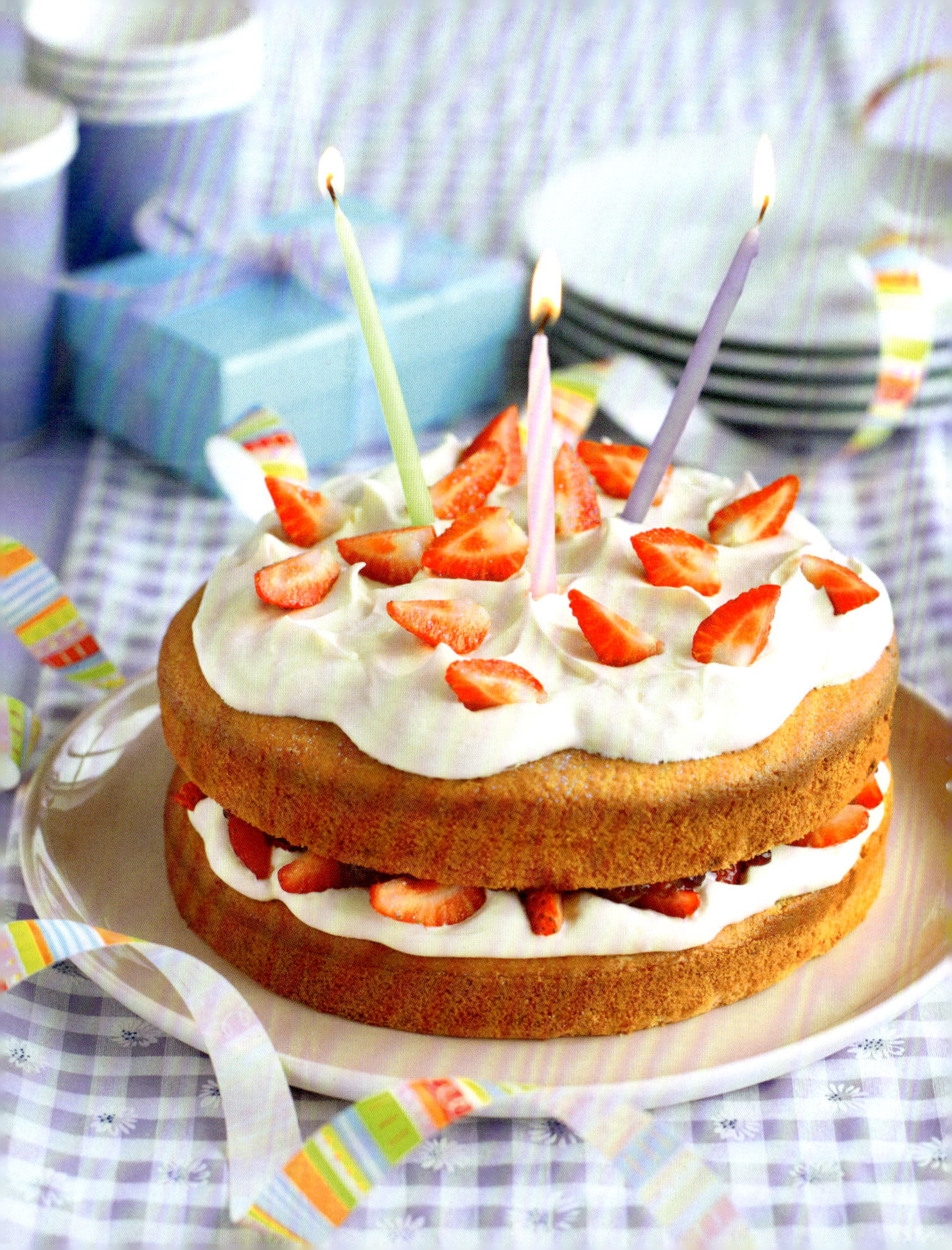

biscoitinhos de natal

14 biscoitos
Preparo: **15 minutos**
Cozimento: **15 minutos**

50 g de **flocos de milho**
100 g de **manteiga** ou **margarina** em temperatura ambiente
75 g de **açúcar**
1 **gema**
gotas de **essência de baunilha**
125 g de **farinha de trigo com fermento**
25 g de **maisena**
7 **cerejas em calda** cortadas ao meio para decorar

Coloque os flocos de milho num saco plástico, feche e triture com as mãos ou com o rolo de macarrão. Despeje num prato e reserve.

Bata a manteiga e o açúcar com uma colher de pau até formar um creme leve e claro. Junte a gema e a baunilha e misture. Peneire a farinha de trigo e a maisena e incorpore à massa.

Faça 14 bolinhas do tamanho de uma noz e passe nos flocos de milho triturados, até cobrir bem. Coloque numa assadeira forrada com papel-manteiga a intervalos regulares, e decore cada uma com ½ cereja.

Asse em forno preaquecido a 190ºC por 15 minutos, até corar. Retire do forno e deixe esfriar um pouco antes de desenformar.

Variação: biscoitos natalinos de chocolate. Junte 50 g de pastilhas de chocolate e 1 colher (sopa) de chocolate em pó à massa, junto com a farinha e a maisena. Proceda como indicado acima. Depois que esfriarem, polvilhe os biscoitos com açúcar glacê.

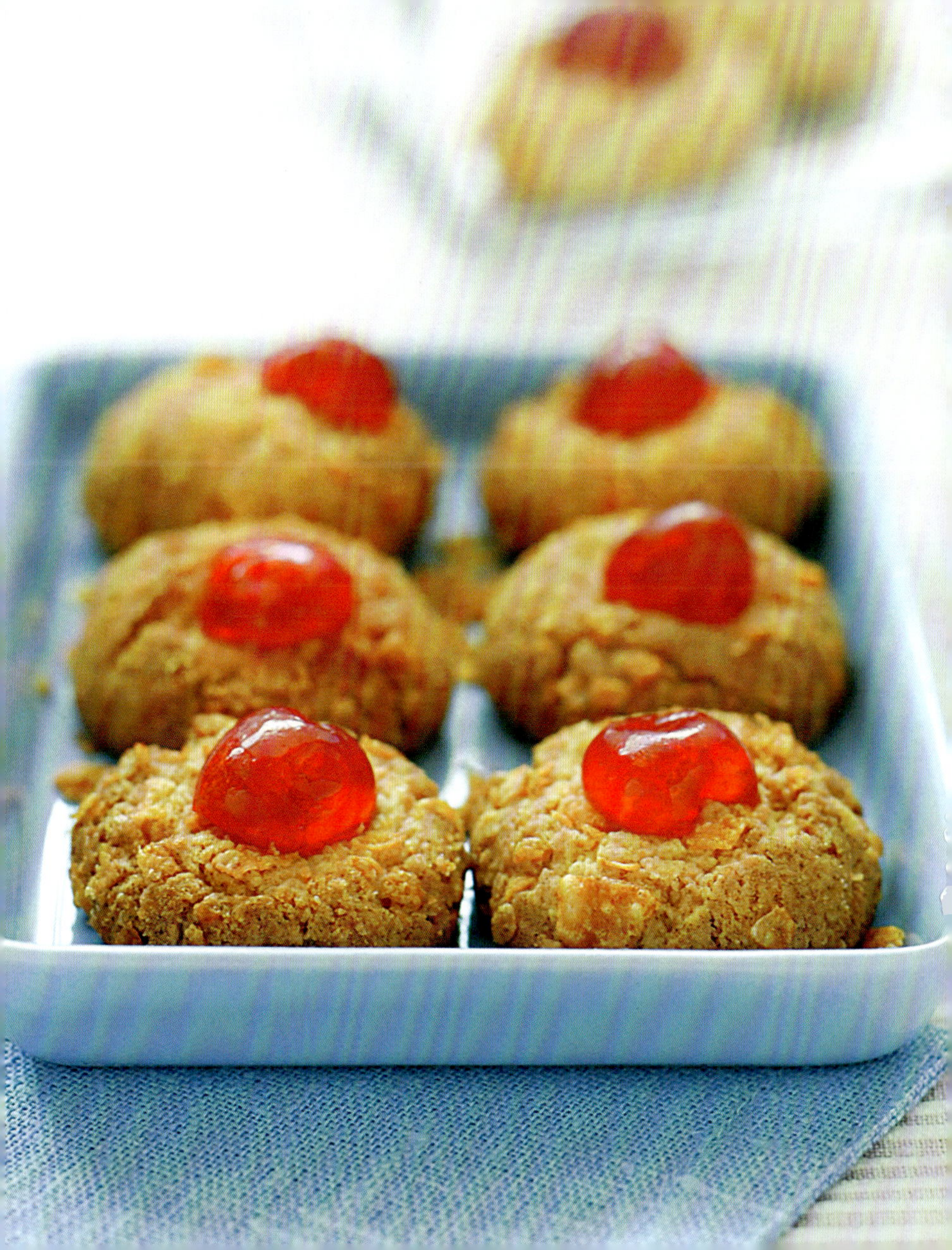

salada de melão e abacaxi

4 porções
Preparo: **10 minutos**

½ **melão cantalupo** picado
½ **abacaxi** pequeno picado
raspas de 1 **limão**
2 colheres (chá) de **adoçante à base de frutose**
fatias de **limão** cortadas em quartos para decorar

Coloque o melão e o abacaxi numa tigela ou recipiente hermético.

Misture o adoçante e as raspas de limão e salpique sobre as frutas. Misture bem. Deixe por 1 hora, para a frutose dissolver.

Decore com os pedaços de limão e sirva.

Variação: salada de pera, morango e melancia.
Misture ½ melancia em cubos com 2 peras picadas e 175 g de morangos cortados ao meio. Tempere com 3 colheres (sopa) de suco de laranja e decore com fatias de tangerina.

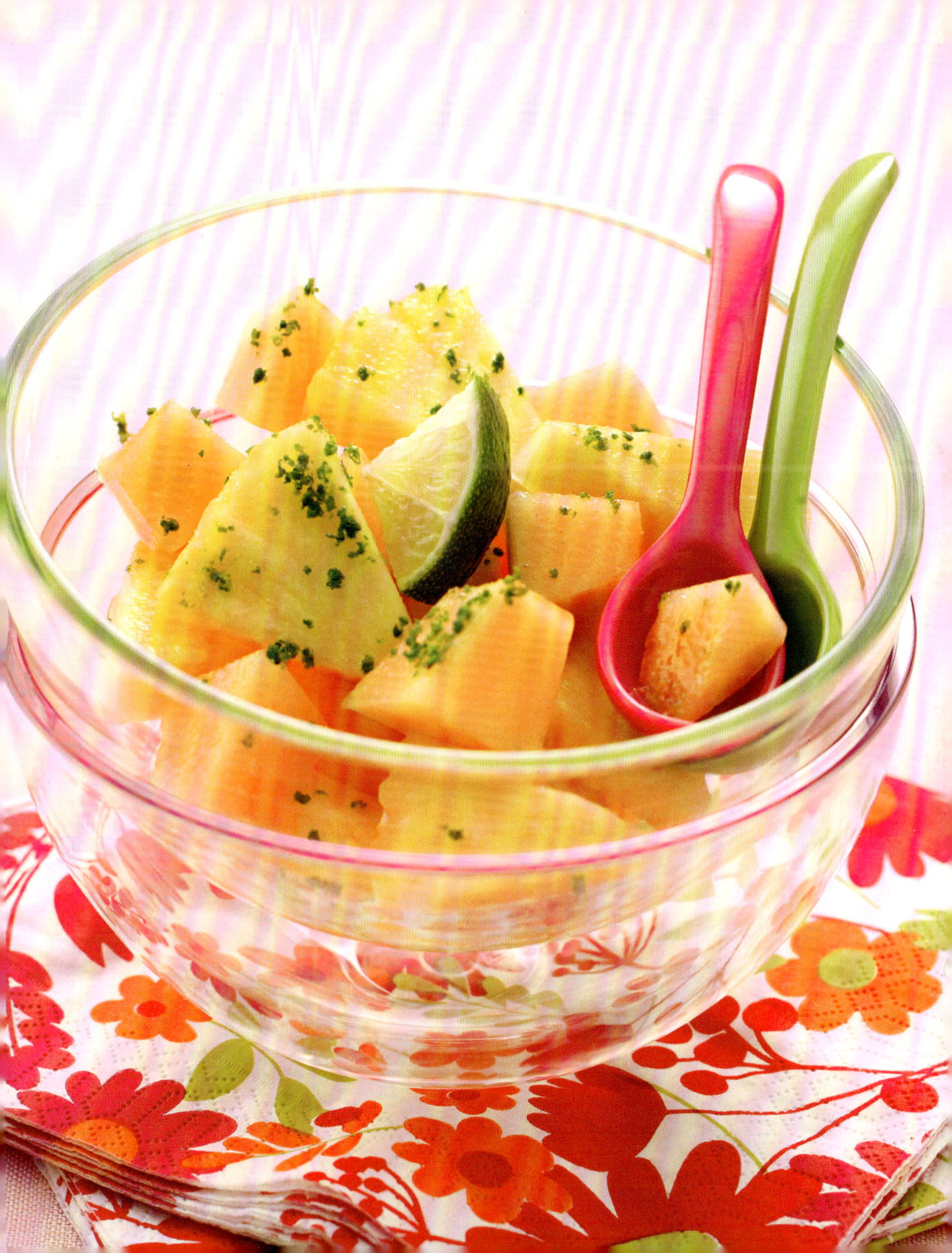

quadradinhos de mirtilo e requeijão

12 porções
Preparo: **20 minutos**
Cozimento: **20 minutos**

175 g de **manteiga** em temperatura ambiente
75 g de **açúcar mascavo**
375 g de **requeijão**
2 colheres (chá) de **essência de baunilha**
3 ovos
175 g de **farinha de trigo**
175 g de **farinha de trigo integral**
175 g de **mirtilos**
75 g de **açúcar glacê**
½ colher (chá) de **canela em pó** (opcional)

Unte uma fôrma de 28 cm x 18 cm com manteiga e forre o fundo com papel-manteiga.

Bata 150 g de manteiga com a colher de pau até ficar cremosa. Junte o açúcar, 150 g de requeijão e a baunilha e continue a bater. Incorpore os ovos e os ingredientes secos peneirados, sempre batendo.

Misture os mirtilos à massa, despeje na fôrma e nivele com uma espátula. Asse em forno preaquecido a 180°C por 20 minutos, até firmar e dourar. Deixe esfriar no mínimo por 10 minutos antes de desenformar.

Bata a manteiga e o requeijão restantes com o açúcar glacê e metade da canela, se for usá-la, e espalhe sobre o bolo. Corte em 12 quadrados e, se desejar, salpique o restante da canela por cima.

Variação: quadradinhos de laranja e framboesa.
Junte raspas de ½ laranja ao creme de manteiga e requeijão, e substitua os mirtilos por 125 g de framboesas, misturando com cuidado para não despedaçar. Asse como indicado acima e prepare a cobertura usando raspas de laranja em vez da canela.

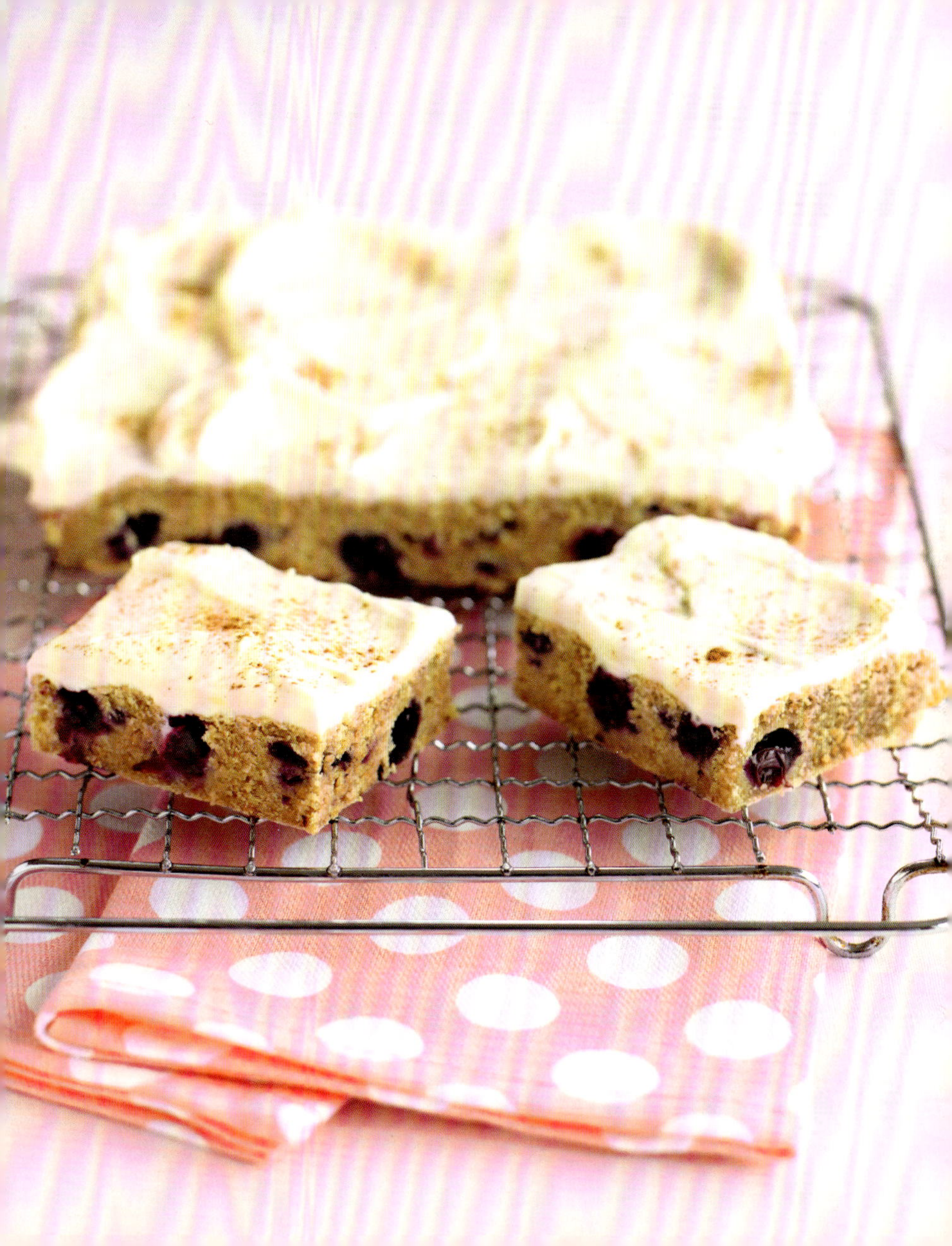

palitos de queijo

15 unidades
Preparo: **15 minutos**
Cozimento: **8-12 minutos**

75 g de **farinha de trigo com fermento**, mais um pouco para polvilhar
50 g de **queijo prato** ralado
½ colher (chá) de **açafrão em pó**
50 g de **manteiga** gelada em cubos
1 **gema**

Peneire a farinha numa tigela e junte o queijo prato e o açafrão. Acrescente a manteiga e misture até virar uma farofa grossa. Junte a gema e misture com a colher de pau, até formar uma massa homogênea.

Abra a massa sobre uma superfície enfarinhada até ficar com 5 mm de espessura. Corte em 15 tiras finas de 1 cm de largura. Torça cada tira com cuidado e coloque numa assadeira forrada com papel-manteiga.

Asse em forno preaquecido a 220°C por 8-12 minutos, até dourar. Retire do forno e deixe esfriar antes de desenformar.

Variação: palitos de espinafre e parmesão.
Passe no processador a farinha de trigo com um punhado de espinafre, até ficar verde. Adicione aos demais ingredientes, substituindo o queijo prato por parmesão ralado fresco. Prossiga como indicado acima.

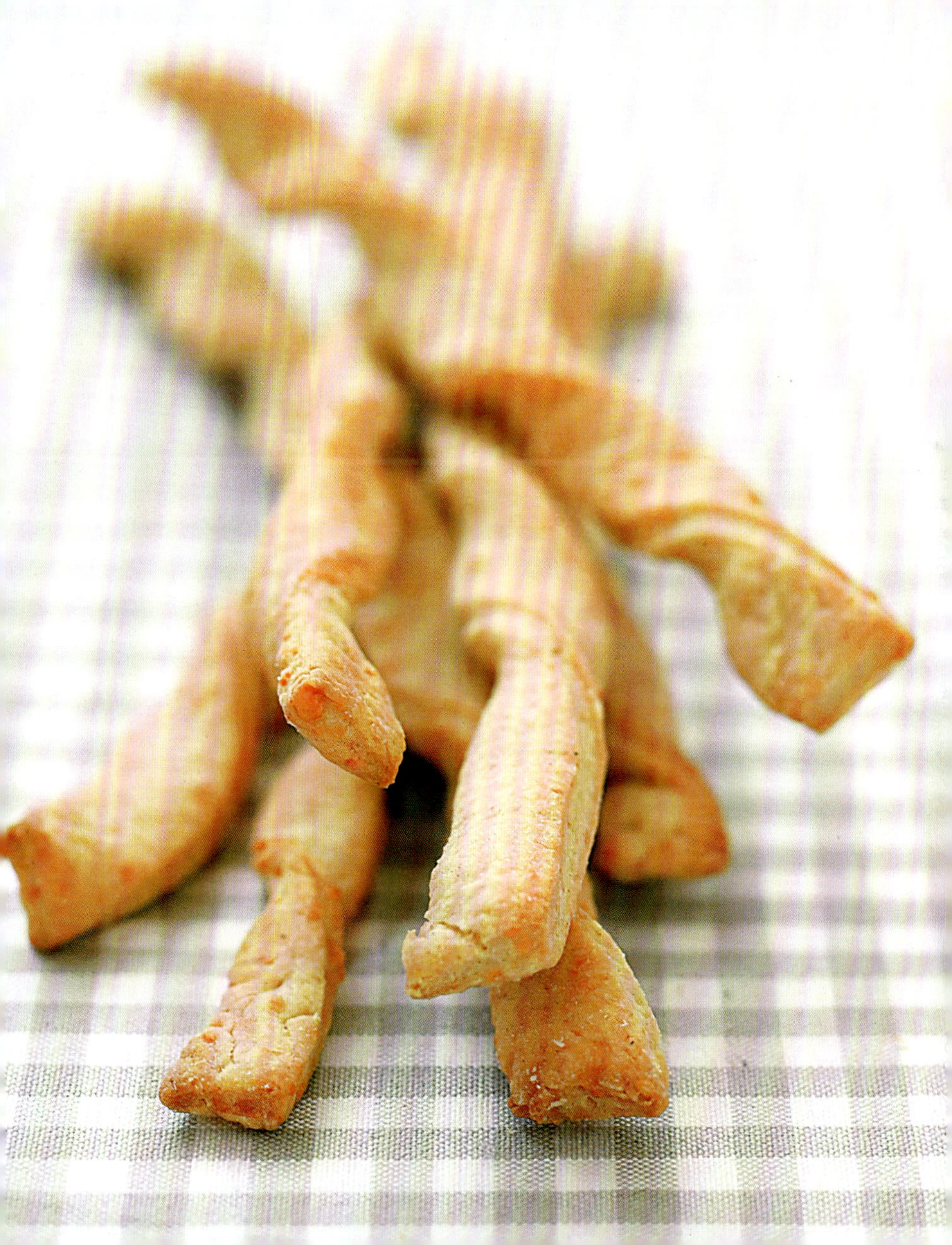

bolo de abobrinha da vovó

8-10 porções
Preparo: **30 minutos**
Cozimento: **1h15**

75 g de **manteiga**, mais um pouco para untar
275 g de **farinha de trigo com fermento**
1 colher (chá) de **fermento**
2 colheres (chá) de **especiarias**
2 **abobrinhas** raladas
125 g de **açúcar mascavo**
1 **ovo**
75 ml de **leite**
75 g de **uvas-passas**
75 g de **nozes** picadas

Cobertura
50 g de **farinha de trigo**
25 g de **açúcar mascavo**
½ colher (chá) de **especiarias**
50 g de **manteiga** gelada em cubos
50 g de **nozes** moídas

Unte com manteiga uma fôrma de bolo com capacidade para 1 kg e forre-a com papel-manteiga. Numa tigela, peneire a farinha, o fermento e as especiarias, junte as abobrinhas e o açúcar e misture.

Bata o ovo com o leite. Derreta a manteiga numa panelinha e refogue as passas rapidamente, em fogo brando, para amaciarem. Adicione o ovo batido com o leite e a manteiga derretida aos ingredientes secos e misture bem. Incorpore as nozes e despeje na fôrma.

Prepare a cobertura: misture a farinha com o açúcar e as especiarias. Misture a manteiga até virar uma farofa. Junte as nozes moídas e espalhe sobre a massa.

Asse em forno preaquecido a 180ºC por 1h-1h10, até crescer e um palito sair seco ao ser espetado. Deixe esfriar por 10 minutos antes de desenformar.

Variação: bolo úmido de manga. Substitua as abobrinhas, as passas e as nozes por 200 ml de purê de manga, 1 colher (chá) de essência de baunilha e ½ manga picada. Prepare como indicado acima e use a mesma cobertura. Asse por 40-45 minutos apenas, até estar firme e corado.

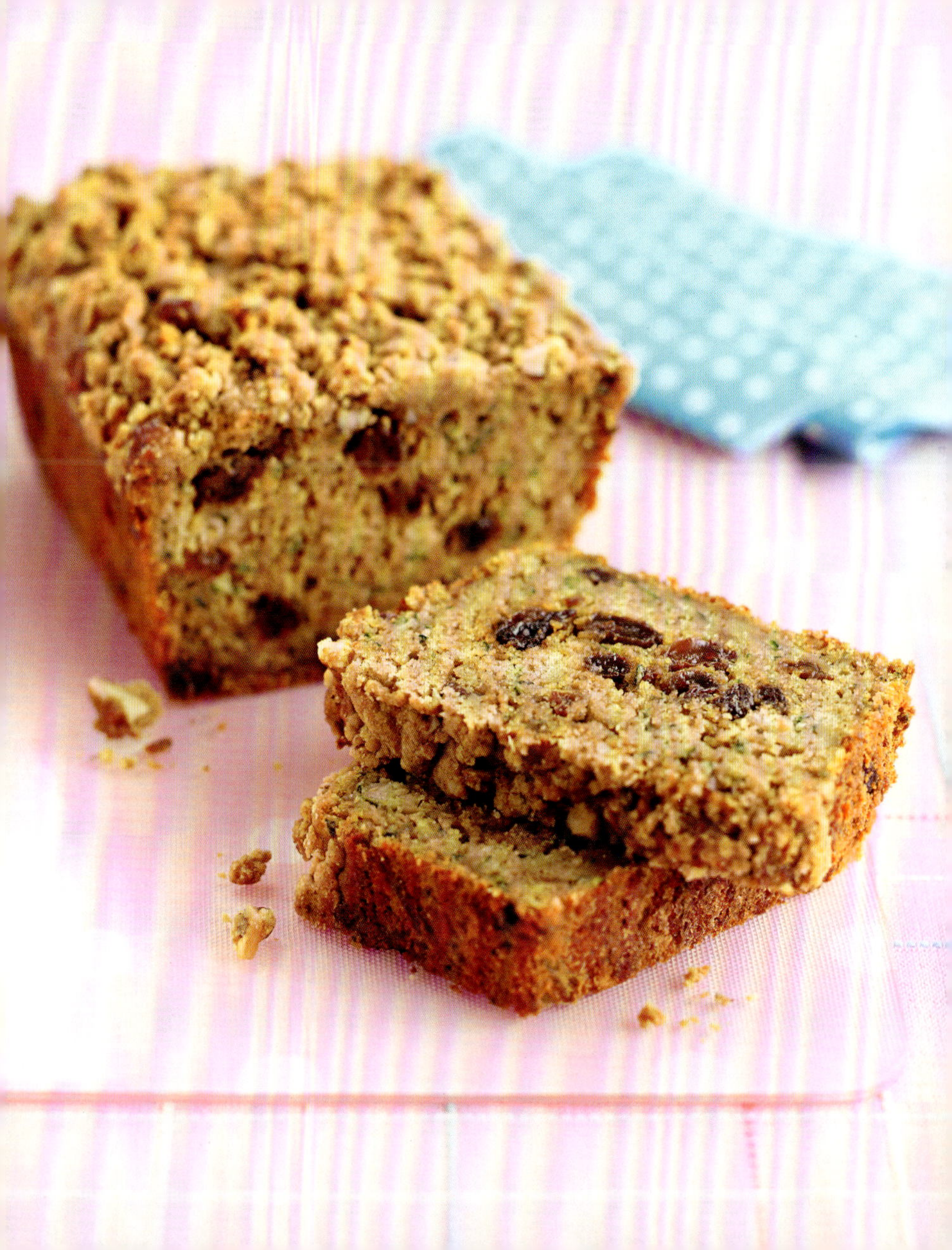

musse de amora

4 porções
Preparo: **15 minutos**
Cozimento: **2 minutos**

125 g de **chocolate branco** em temperatura ambiente
2 colheres (sopa) de **leite**
150 ml de **creme de leite**
150 g de **amoras**
1 colher (sopa) de **mel**
1 **clara**

Separe ¼ do chocolate branco para fazer rolinhos e lascas para decorar.

Coloque o restante do chocolate picado num refratário. Junte o leite e leve ao micro-ondas em potência máxima por 2 minutos. Deixe descansar por 1 minuto e misture. Se houver grumos, ponha no micro-ondas por mais 30 segundos. (Ou, se preferir, derreta o chocolate e o leite em banho-maria.) Incorpore o creme de leite e coloque numa tigela fria. Deixe esfriar por completo e leve ao freezer por 5 minutos.

Reserve 4 amoras inteiras e passe o restante no processador com o mel, até virar um purê. Coe para remover as sementes.

Bata a clara em neve e reserve. Retire o creme de chocolate do freezer e bata até encorpar. Isso deve levar alguns minutos. Incorpore delicadamente a clara em neve.

Distribua metade da musse em 4 taças ou xícaras e coloque uma colherada do purê de amora. Complete com o creme de chocolate restante e misture levemente com o cabo de um colherinha. Decore com as raspas de chocolate e as amoras reservadas. Mantenha na geladeira até a hora servir.

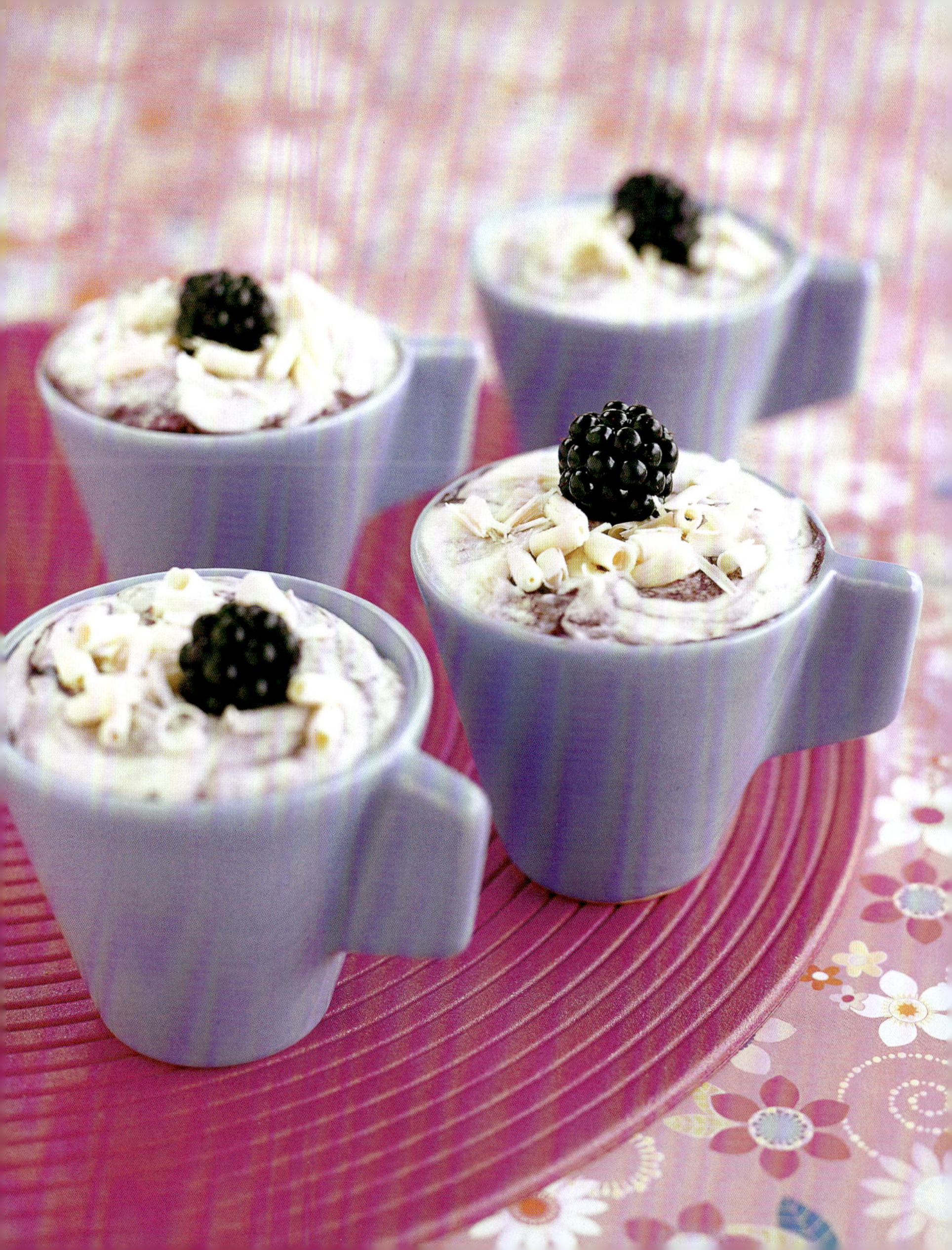

barrinhas de granola

12 porções
Preparo: **15 minutos**, mais o tempo para resfriar
Cozimento: **20 minutos**

175 g de manteiga, mais um pouco para untar
150 ml de **mel**
2 colheres (sopa) de **glicose de milho**
1 colher (chá) de **canela em pó**
125 g de **damascos secos** picados
100 g de **mamão** ou **manga** desidratados
125 g de **uvas-passas**
4 colheres (sopa) de **sementes de abóbora**
2 colheres (sopa) de **gergelim**
3 colheres (sopa) de **sementes de girassol**
75 g de **nozes-pecãs** picadas
275 g de **aveia em flocos**

Forre uma fôrma de 28 cm x 18 cm com papel-manteiga.

Aqueça a manteiga, o mel e a glicose de milho numa panela média, mexendo até a manteiga derreter. Junte a canela, as frutas secas, as sementes e as nozes, e deixe aquecer por 1 minuto. Retire do fogo e junte a aveia, mexendo para distribuir por igual.

Coloque na fôrma preparada e nivele bem, pressionando com o dorso de uma colher. Asse em forno preaquecido a 180ºC por 15 minutos, até começar a corar. Retire do forno e deixe esfriar antes de desenformar. A seguir, leve à geladeira por 30 a 60 minutos.

Coloque sobre uma tábua de corte com a face para cima e corte 12 quadrados ou barrinhas com uma faca longa.

Variação: barrinhas de chocolate e granola. Prepare a receita acima substituindo as pecãs e sementes por 75 g de maçã seca picada. Depois que esfriar, regue a massa com 50 g de chocolate branco derretido e leve à geladeira por 10 minutos antes de cortar.

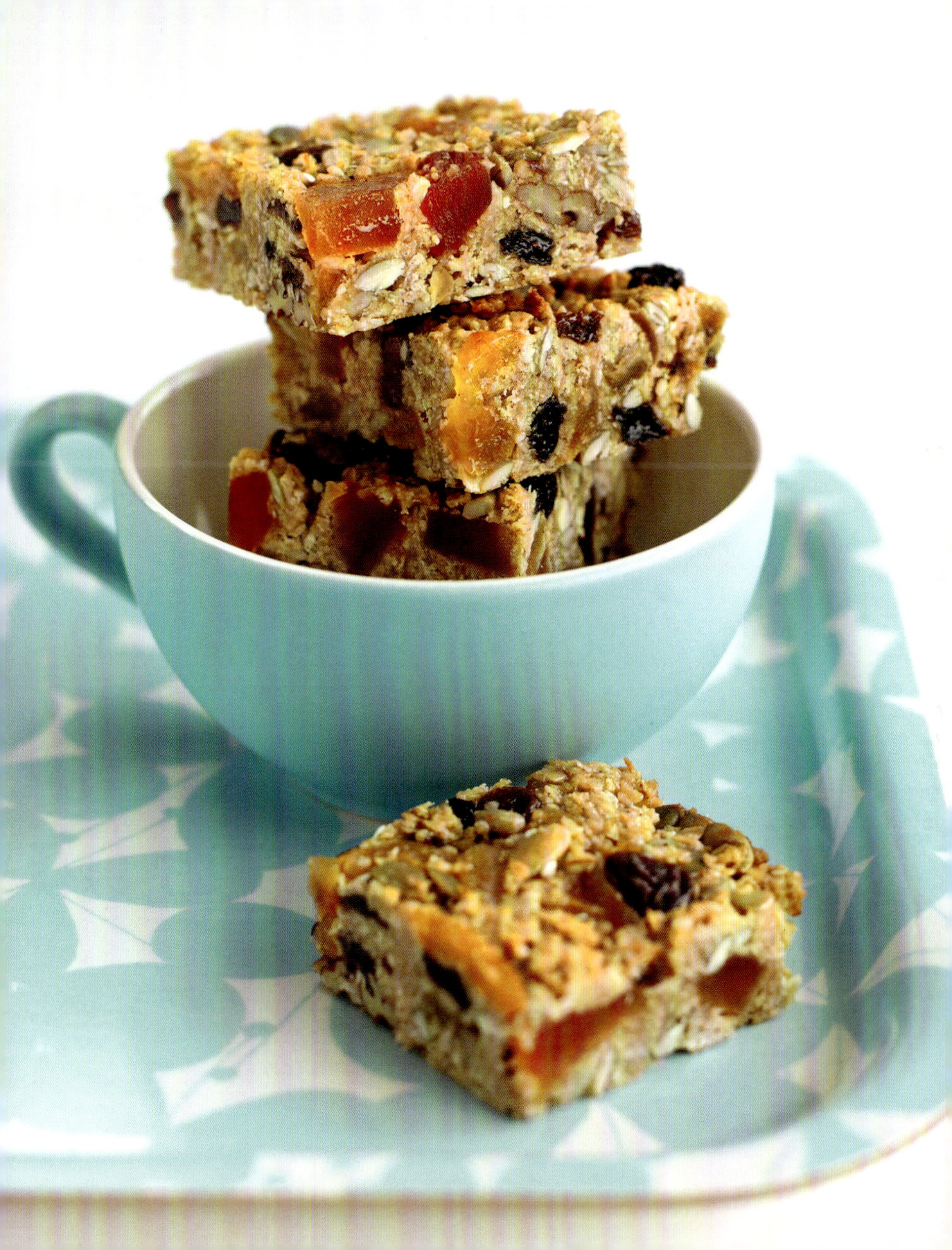

bolo de chocolate e amendoim

12 porções
Preparo: **15 minutos**
Cozimento: **1 h**

- 125 g de **farinha de trigo**
- 50 g de **farinha de trigo integral**
- 1 colher (chá) de **fermento**
- 3 colheres (sopa) de **açúcar mascavo**
- 100 g de **pasta de amendoim**
- 125 g de **manteiga** em temperatura ambiente
- 3 **ovos** ligeiramente batidos
- 1 colher (chá) de **essência de baunilha**
- 50 ml de **suco de maçã**
- 100 g de **pastilhas de chocolate** ou **chocolate amargo** picado
- 1 **maçã** grande picada

Forre uma fôrma de bolo com capacidade para 1 kg com papel-manteiga. Numa tigela, peneire as farinhas, o fermento e o açúcar. Junte a pasta de amendoim, a manteiga, os ovos, a baunilha e o suco de maçã e bata bem. Incorpore as pastilhas e a maçã.

Coloque a mistura na fôrma preparada e leve ao forno preaquecido a 180°C por 1 hora. Teste com um palito para ver se o bolo está assado. Caso o palito não saia seco, deixe por mais 10 minutos.

Retire do forno, desenforme e descarte o papel-manteiga. Deixe esfriar e corte em fatias.

Variação: bolo de mel. Substitua a pasta de amendoim por 125 g de mel e não use o chocolate. Regue com mel antes de servir.

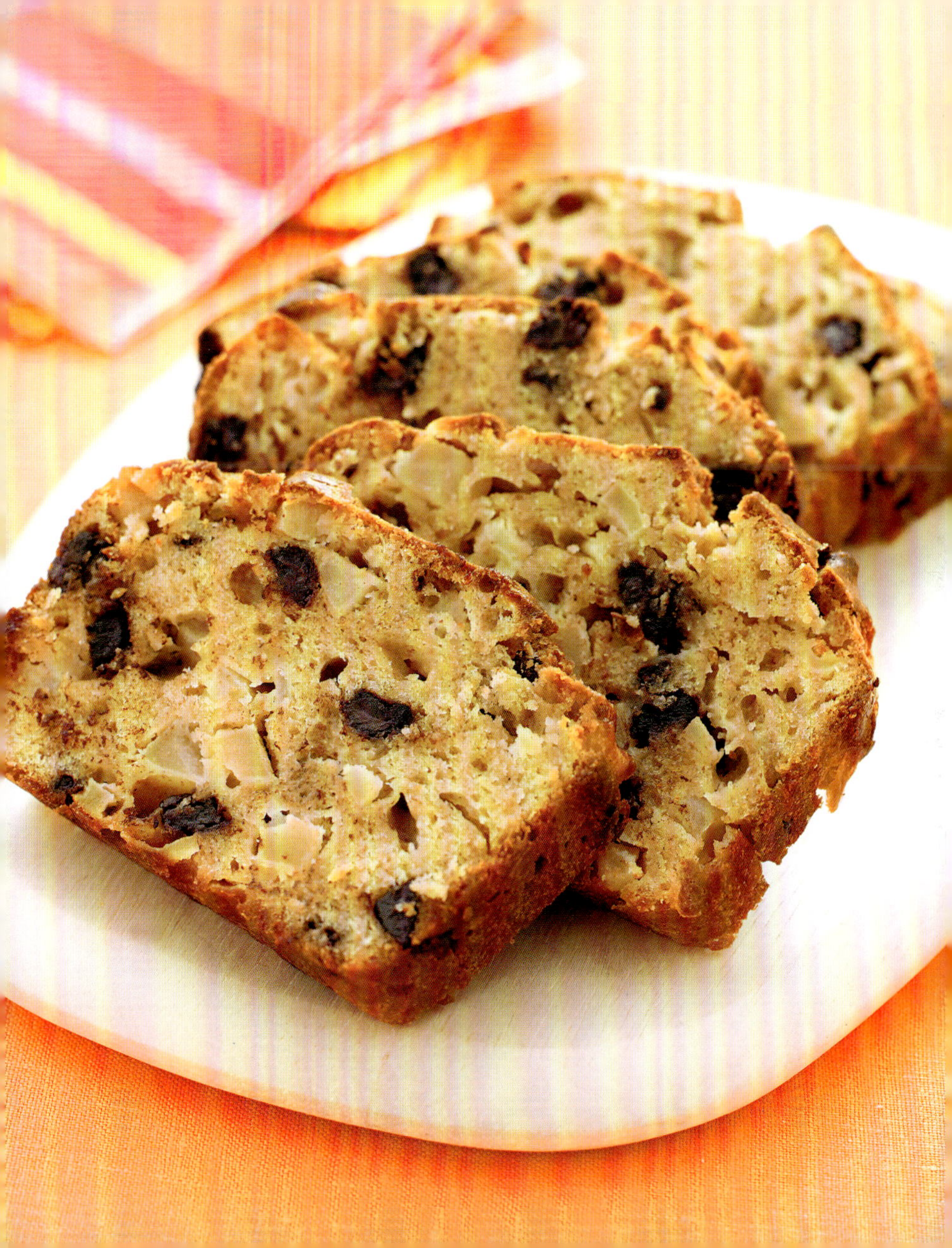

muffins de aveia, cerejas e passas

12 porções
Preparo: **15 minutos**
Cozimento: **20-25 minutos**

125 g de **farelo de aveia**
250 g de **farinha de trigo com fermento**
1 colher (chá) de **fermento**
1 colher (chá) de **bicarbonato de sódio**
1 colher (chá) de **canela em pó**
½ colher (chá) de **gengibre em pó**
125 g de **açúcar mascavo**
1 **ovo**
75 ml de **óleo**
100 ml de **leite**
250 g de **cerejas**
125 g de **uvas-passas**

Cobertura
250 g de **mascarpone** (ou **creme de leite fresco**)
2 colheres (sopa) de **açúcar glacê**

Para decorar
12 **cerejas**
canela em pó (opcional)

Coloque o farelo de aveia numa tigela. Junte a farinha de trigo, o fermento, o bicarbonato, a canela e o gengibre e misture. Adicione o açúcar e mexa bem.

Misture à parte o ovo, o óleo e o leite e despeje sobre os ingredientes secos junto com as cerejas partidas ao meio e as passas. Misture bem. Forre uma fôrma para bolinhos com 12 forminhas de papel e divida a massa entre elas. Asse em forno preaquecido a 180°C por 20-25 minutos, até dourar e crescer. Desenforme e deixe esfriar.

Bata o mascarpone ou creme de leite com o açúcar e coloque às colheradas sobre os bolinhos. Decore com uma cereja e polvilhe com canela a gosto, se desejar.

Variação: muffins de cenoura. Não use o farelo de aveia e aumente a farinha para 275 g. Junte 1 colher (chá) de especiarias. Substitua as cerejas por duas cenouras raladas e acrescente 75 g de nozes picadas. Asse como indicado acima, faça a cobertura e decore com meia noz.

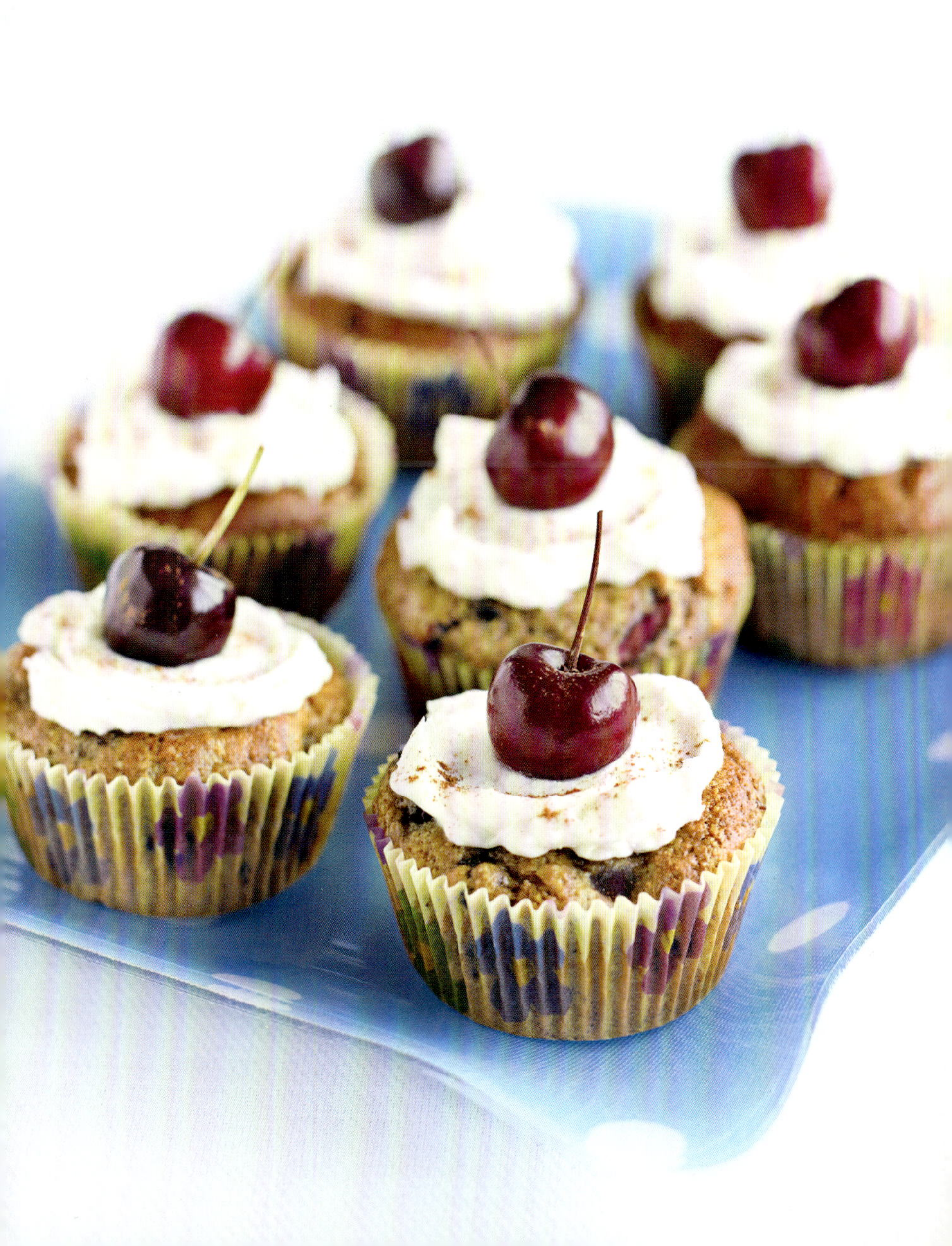

pipoca caramelada ao chocolate

Rende: **175 g**
Preparo: **15 minutos**
Cozimento: cerca de
  10 minutos

50 g de **chocolate ao leite** picado
50 g de **balas de caramelo**
4 colheres (sopa) de **leite**
1 colher (sopa) de **óleo de girassol**
75 g de **milho de pipoca**

Coloque o chocolate picado num refratário e leve ao micro-ondas em potência média por 1 minuto. Deixe descansar por 2 minutos e misture. Se ainda houver grumos, leve ao micro-ondas por mais 30 segundos, mexendo a cada vez, até derreter. (Se preferir, derreta o chocolate em banho-maria.)

Desembrulhe as balas e coloque-as num saco plástico sobre uma tábua de corte. Bata com um rolo de madeira até quebrar os caramelos em pedacinhos. Derreta os caramelos numa panela com o leite, em fogo baixíssimo (isso deve demorar vários minutos, dependendo da consistência da bala). Retire do fogo.

Aqueça o óleo numa panela grande com tampa por 1 minuto. Junte o milho e tampe. Deixe no fogo até o milho parar de estourar por completo. Coloque a pipoca numa assadeira grande e reserve por 5 minutos.

Use uma colher (chá) para regar as pipocas, intercalando o caramelo e o chocolate.

Variação: pipoca dourada. Estoure a pipoca e prepare a receita como indicado acima, substituindo os demais ingredientes por 4 colheres (sopa) de melado derretido com 25 g de manteiga e 50 g de castanhas de caju picadas. Deixe esfriar e misture à pipoca.

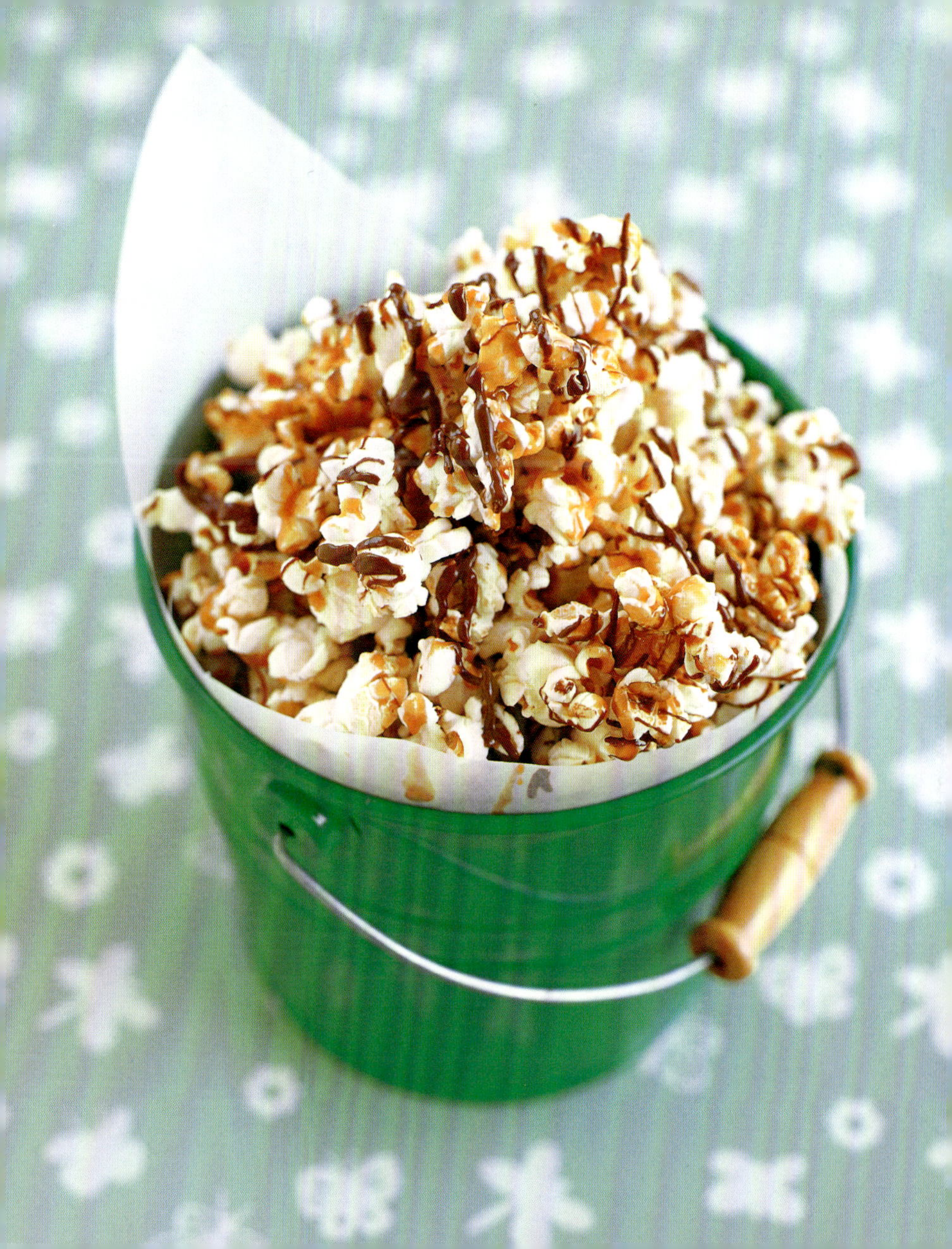

bolo de banana e chocolate

8-10 porções
Preparo: **15 minutos**
Cozimento: cerca de **1 h**

- 250 g de **manteiga** em temperatura ambiente, mais um pouco para untar
- 125 g de **açúcar**
- 1 colher (chá) de **essência de baunilha**
- 3 **ovos** batidos
- 300 g de **farinha de trigo com fermento**
- 1 colher (chá) de **fermento**
- 3 **bananas** amassadas
- 2 colheres (sopa) de **leite**
- 175 g de **chocolate amargo** picado ou **pastilhas de chocolate**

Forre uma fôrma de 28 cm x 18 cm com papel-manteiga. Bata a manteiga numa tigela com o açúcar e a baunilha, até formar um creme. Junte os ovos, a farinha e o fermento peneirados. Bata bem.

Adicione as bananas, o leite e o chocolate picado, batendo até formar uma massa homogênea. Coloque o bolo na fôrma preparada e asse em forno preaquecido a 180°C por cerca de 1 hora, até crescer e corar.

Deixe esfriar antes de desenformar. Sirva cortado em fatias.

Variação: bolo de banana e chocolate sem trigo.
Substitua a farinha de trigo por 300 g de farinha de arroz e acrescente 4 colheres (sopa) de chocolate em pó ao peneirar os ingredientes secos.

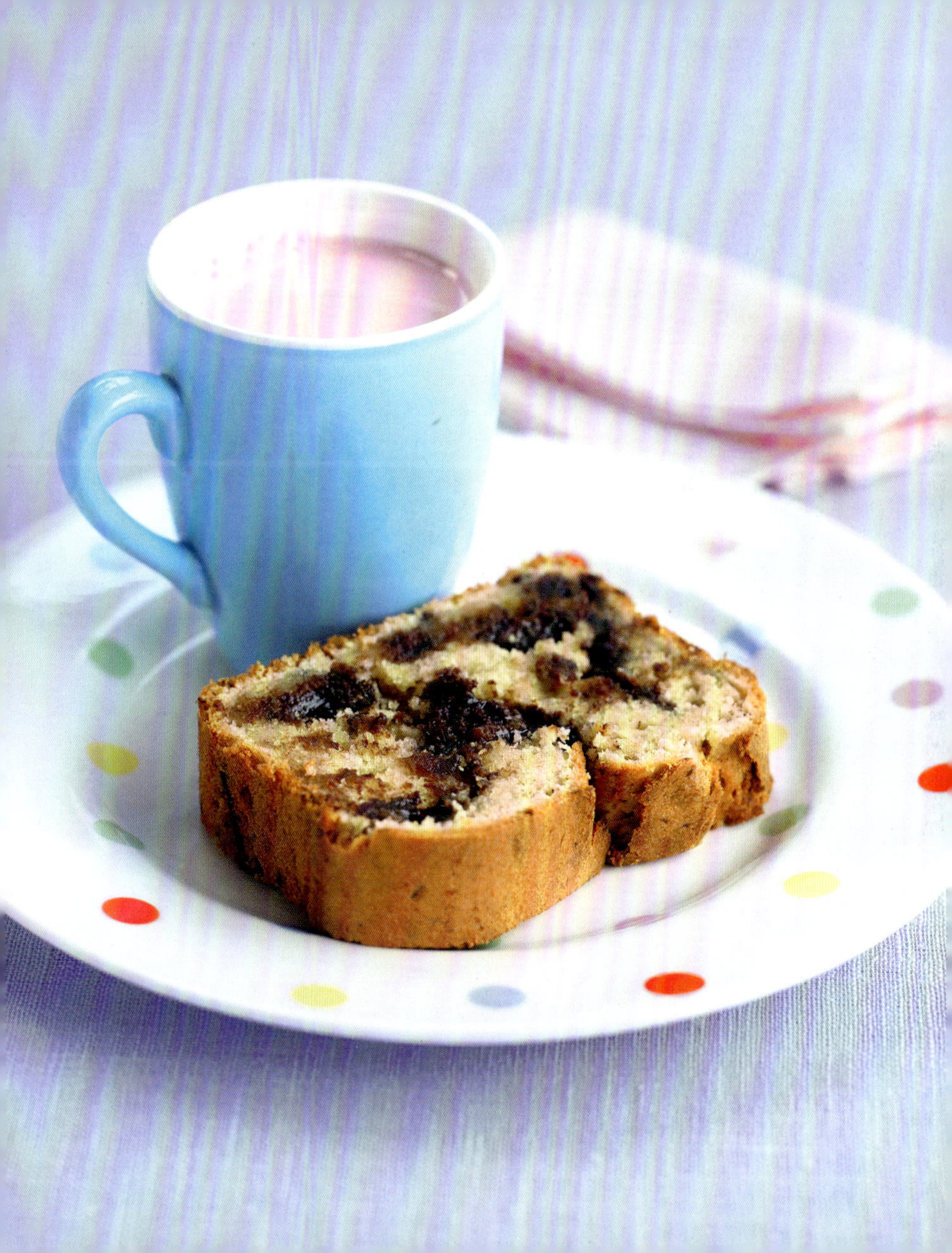

flores de baunilha

30 unidades
Preparo: **30 minutos**
Cozimento: **10-15 minutos**

200 g de **manteiga** em temperatura ambiente
essência de baunilha
50 g de **açúcar glacê**
175 g de **farinha de trigo**
50 g de **maisena**
confeitos para decorar

Coloque a manteiga e a baunilha numa tigela e junte o açúcar peneirado. Bata com a colher de pau até formar um creme. Incorpore aos poucos a farinha peneirada com a maisena, batendo com uma colher de metal.

Ponha a massa num saco de confeitar e faça as bolachinhas em formato de flor sobre uma assadeira forrada com papel-manteiga. Para fazer o acabamento, pressione o bico para baixo, sem espremer. Coloque um confeito no centro de cada bolacha.

Asse as bolachinhas no forno preaquecido a 180ºC por 10-15 minutos, até começarem a corar. Retire do forno e deixe esfriar antes de desenformar.

Variação: flores de gengibre. Prepare como indicado acima, adicionando 1 colher (chá) de especiarias à maisena e usando pedacinhos de gengibre fresco em vez dos confeitos.

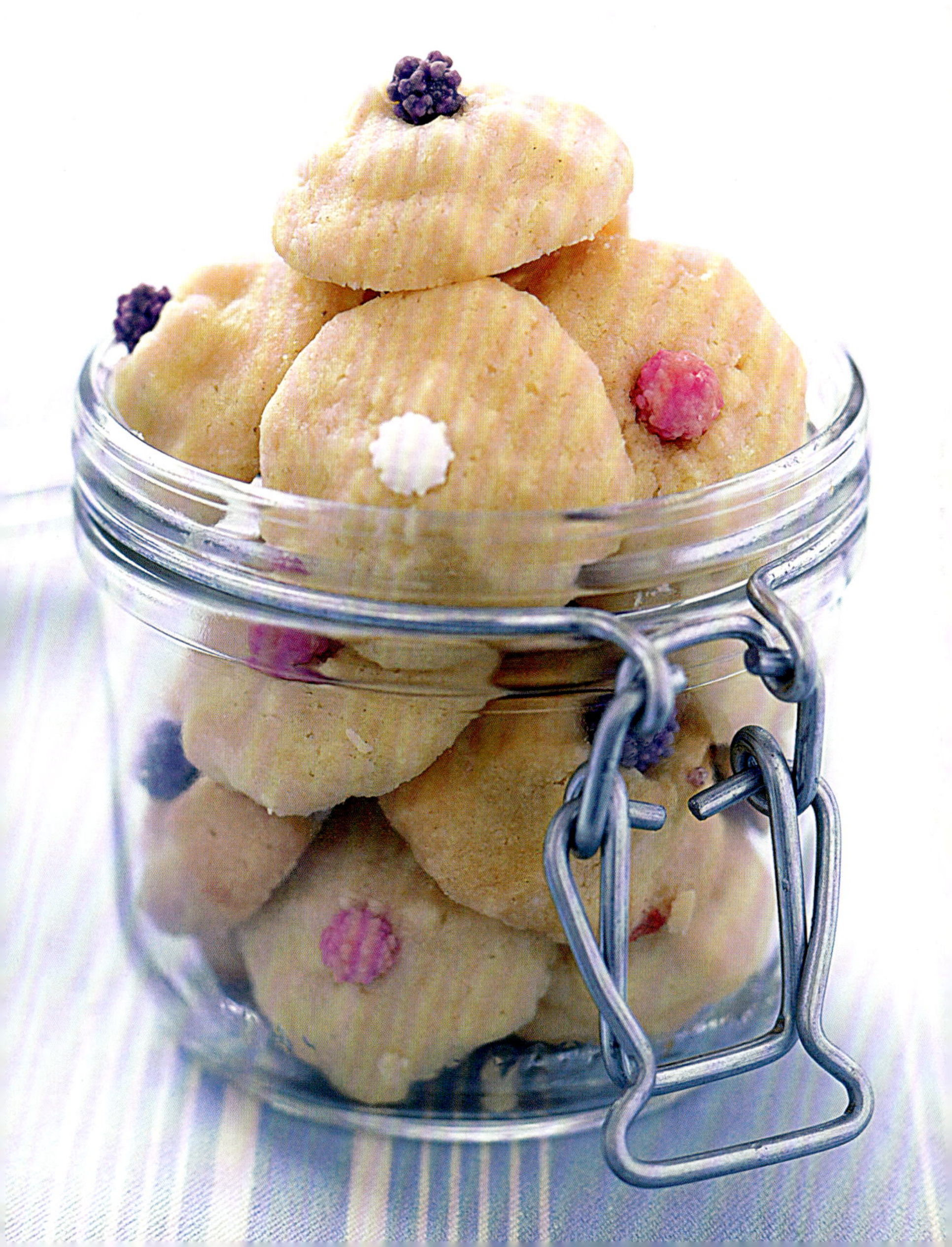

tortinhas invertidas

4 porções
Preparo: **10 minutos**
Cozimento: **15-18 minutos**

25 g de **manteiga**
25 g de **açúcar mascavo**
50 g de **groselhas**
  (ou **cerejas** picadas)
2 **peras** maduras em pedaços
200 g de **massa de torta pronta** em temperatura ambiente

Corte a manteiga em fatias finas e divida entre 4 fôrmas para tortinhas. Salpique com açúcar. Reserve 4 cachinhos de groselha (ou cerejas cortadas ao meio). Espalhe as frutinhas nas forminhas e, por cima, os pedaços de pera.

Desenrole a massa e recorte em círculos de 10 cm. Cubra as frutas com a massa, pressionando bem a sobra nas laterais das forminhas.

Coloque as forminhas numa assadeira e asse em forno preaquecido a 220°C por 15-18 minutos, até crescerem e corarem. Com uma luva térmica, retire as forminhas da assadeira e coloque sobre uma superfície à prova de calor. Deixe esfriar um pouco.

Solte as bordas passando uma faca pelas laterais. Desenforme diretamente sobre os pratos para servir, de modo que as frutas fiquem à mostra. Sirva guarnecidas com os cachos de groselha (ou cerejas).

Variação: tortinhas invertidas de banana. Substitua as peras e groselhas por 2 bananas maduras em rodelas. Coloque-as nas forminhas forradas com manteiga e açúcar, e regue cada uma com 1 colher (sopa) de mel. Cubra com a massa e asse como indicado acima.

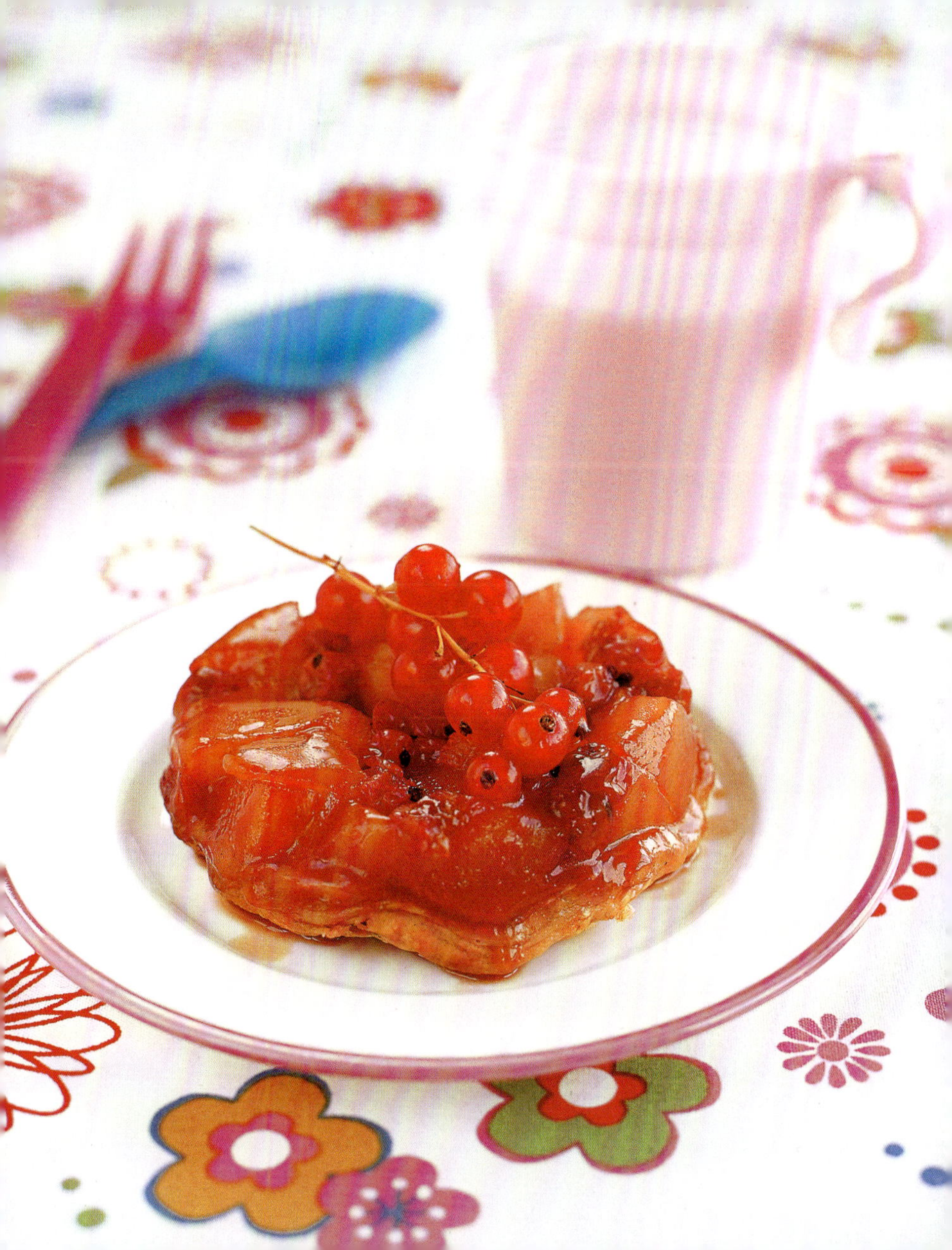

barrinhas de sementes de abóbora e frutas

8 porções
Preparo: **15 minutos**, mais o tempo para resfriar
Cozimento: **5 minutos**

50 g de **sementes de abóbora**
75 g de **soja** torrada
75 g de **uvas-passas**
75 g de **damascos secos** picados
50 g de **morangos desidratados** (ou **ameixas secas**) picados
300 g de **chocolate amargo** picado

Forre uma fôrma de 28 cm x 18 cm com papel-manteiga. Misture as sementes, a soja e as frutas picadas numa tigela.

Derreta o chocolate (p. 180). Despeje sobre a mistura de frutas e sementes e mexa bem para recobrir por igual.

Coloque a mistura na fôrma preparada e nivele com o dorso de uma colher. Leve à geladeira por 1 hora, até ficar firme. Corte em 8 barrinhas e conserve sob refrigeração ou num recipiente hermético até servir.

Variação: barrinhas de iogurte. Substitua o chocolate amargo por 200 g de chocolate branco derretido em banho-maria misturado com 2 colheres (sopa) de iogurte natural e ½ colher (chá) de essência de baunilha. Prossiga como indicado acima.

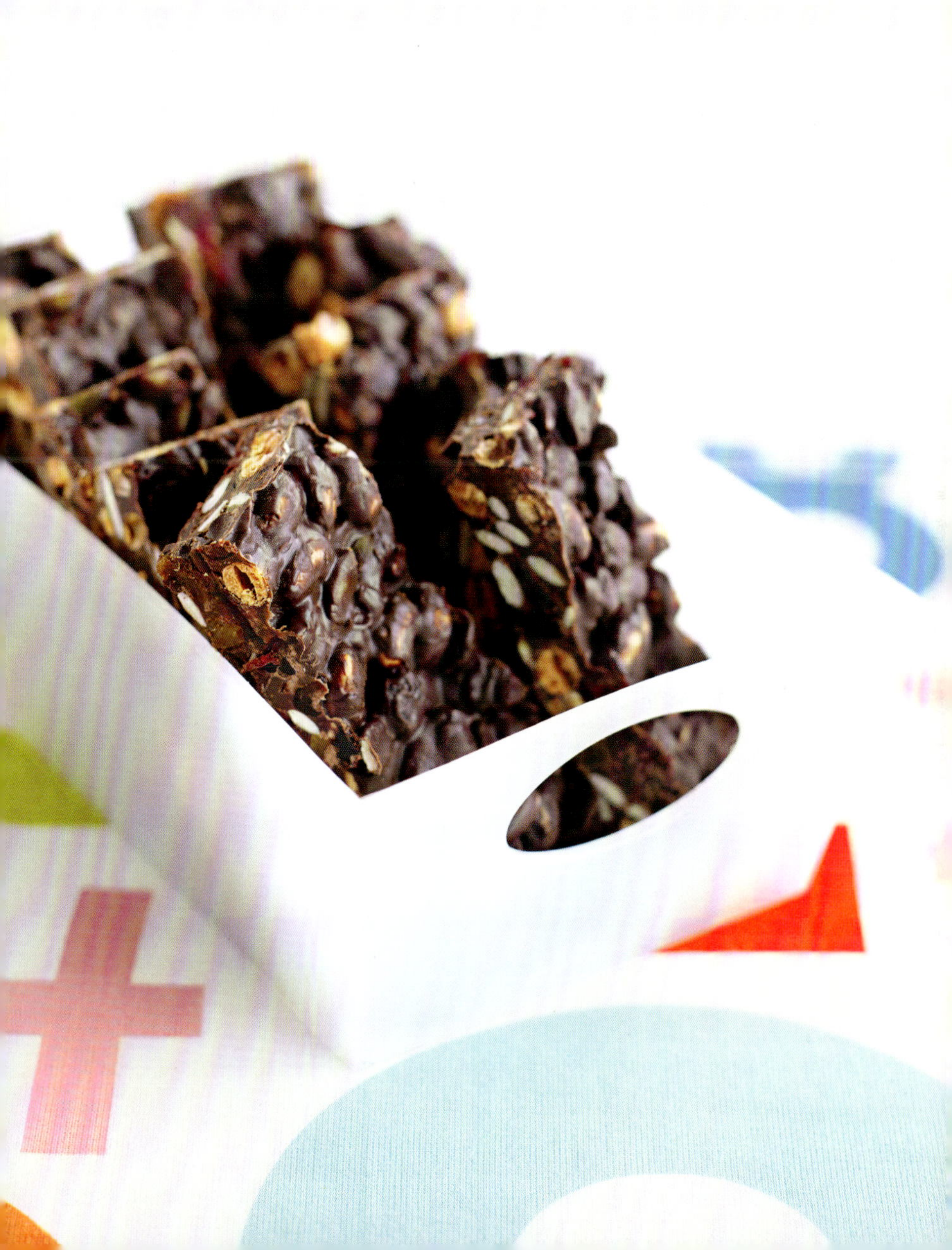

guirlandas de natal

6 porções
Preparo: **30 minutos**
Cozimento: **15 minutos**

50 g de **manteiga**
150 g de **farinha de trigo**
50 g de **açúcar**, mais um pouco para polvilhar
raspas de 1 **limão**
1 **ovo** batido
frutas cristalizadas picadas para decorar

Coloque a manteiga e a farinha numa tigela e misture até ficar com consistência de farofa grossa. Junte o açúcar, as raspas de limão e misture com uma colher de pau. Acrescente boa parte do ovo e mexa para dar liga. Sove até a massa ficar homogênea.

Faça pequenas bolinhas de massa do tamanho de uma cereja. Una oito bolinhas de cada vez, em círculos. Repita formando outras 5 guirlandas. Pressione pedacinhos de frutas cristalizadas vermelhas e verdes entre as bolinhas.

Arrume as guirlandas numa assadeira forrada com papel-manteiga e asse em forno preaquecido a 190ºC por 15 minutos, até corar. Nos últimos minutos de forno, pincele com o restante do ovo batido e polvilhe com açúcar. Recoloque no forno para acabar de assar.

Retire do forno e deixe esfriar um pouco antes de desenformar. Pendure com fitinhas, como decoração de Natal.

Variação: árvores de natal. Modele arvorezinhas de natal unindo 10 bolinhas de massa em fileiras de 1, 2, 3 e 4 bolinhas na base. Decore também com frutas cristalizadas picadas, como indicado acima.

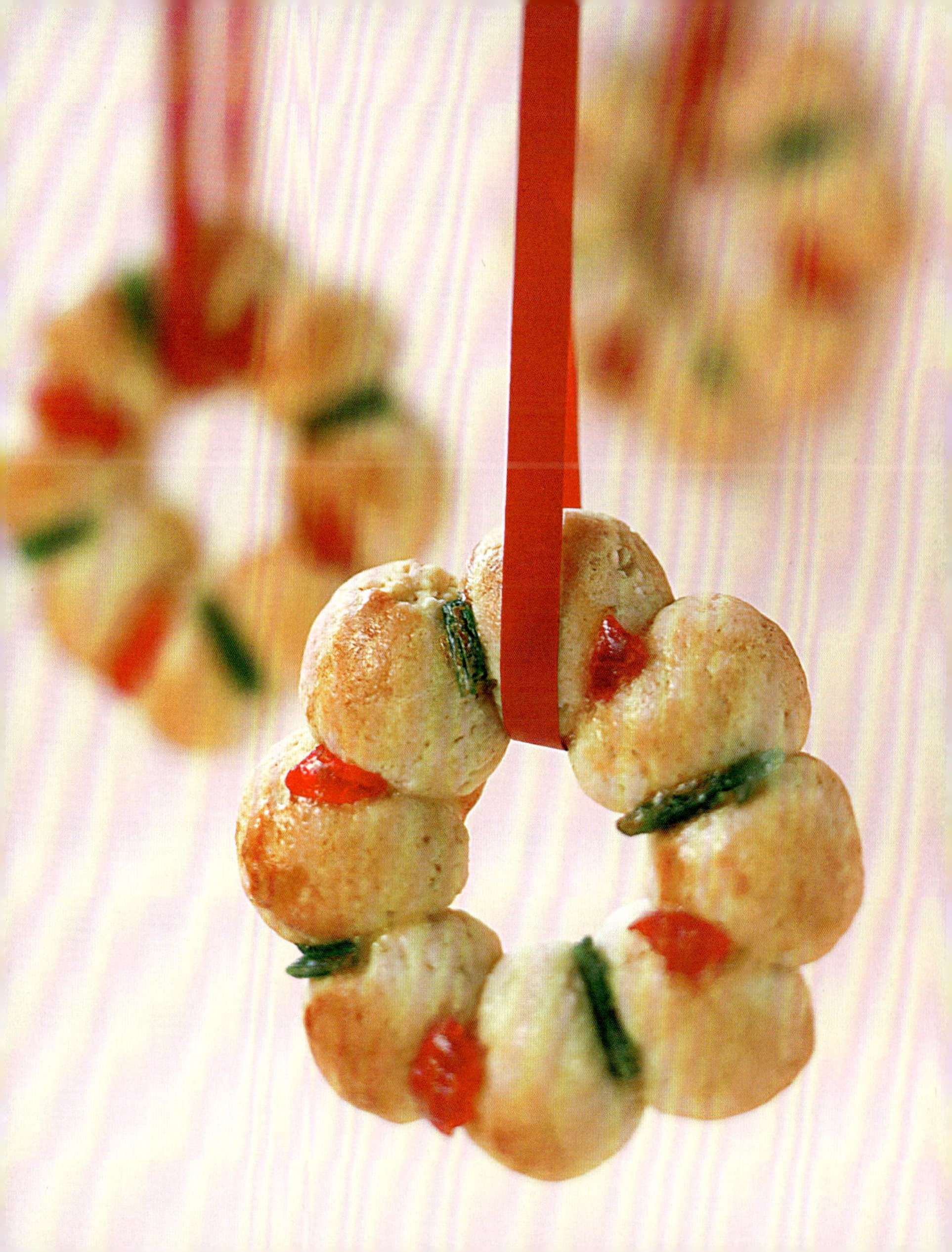

bolo de chocolate colorido

9 porções
Preparo: **15 minutos**
Cozimento: **20 minutos**

50 g de **chocolate amargo** picado
50 g de **manteiga** ou **margarina**
2 **ovos**
150 g de **açúcar mascavo**
50 g de **farinha de trigo com fermento**
glacê colorido para decorar (opcional)

Derreta o chocolate com a manteiga (p. 180).

Quebre os ovos numa tigela e junte o açúcar e a farinha peneirada. Bata com vigor.

Incorpore o chocolate derretido com a manteiga à massa, mexendo delicadamente. Despeje numa fôrma quadrada rasa de 20 cm forrada com papel-manteiga. Asse na parte superior do forno preaquecido a 180°C por 20 minutos, até ficar firme no centro.

Espere esfriar antes de desenformar e corte em 9 pedaços. Se desejar, use saquinhos de confeitar para decorar o bolo com glacê colorido.

Variação: bolo de coco rosado. Prepare a massa misturando ao mesmo tempo: 125 g de farinha com fermento, 125 g de margarina cremosa, 125 g de açúcar e 2 ovos. Bata até formar um creme. Asse como indicado acima. Deixe esfriar e faça a cobertura: misture 75 g de açúcar glacê peneirado com 1 ou 2 colheres (chá) de suco de beterraba batido até que esteja sem pelotas. Espalhe sobre o bolo desenformado e polvilhe com 1 colher (chá) de coco ralado. Corte em quadrados e sirva.

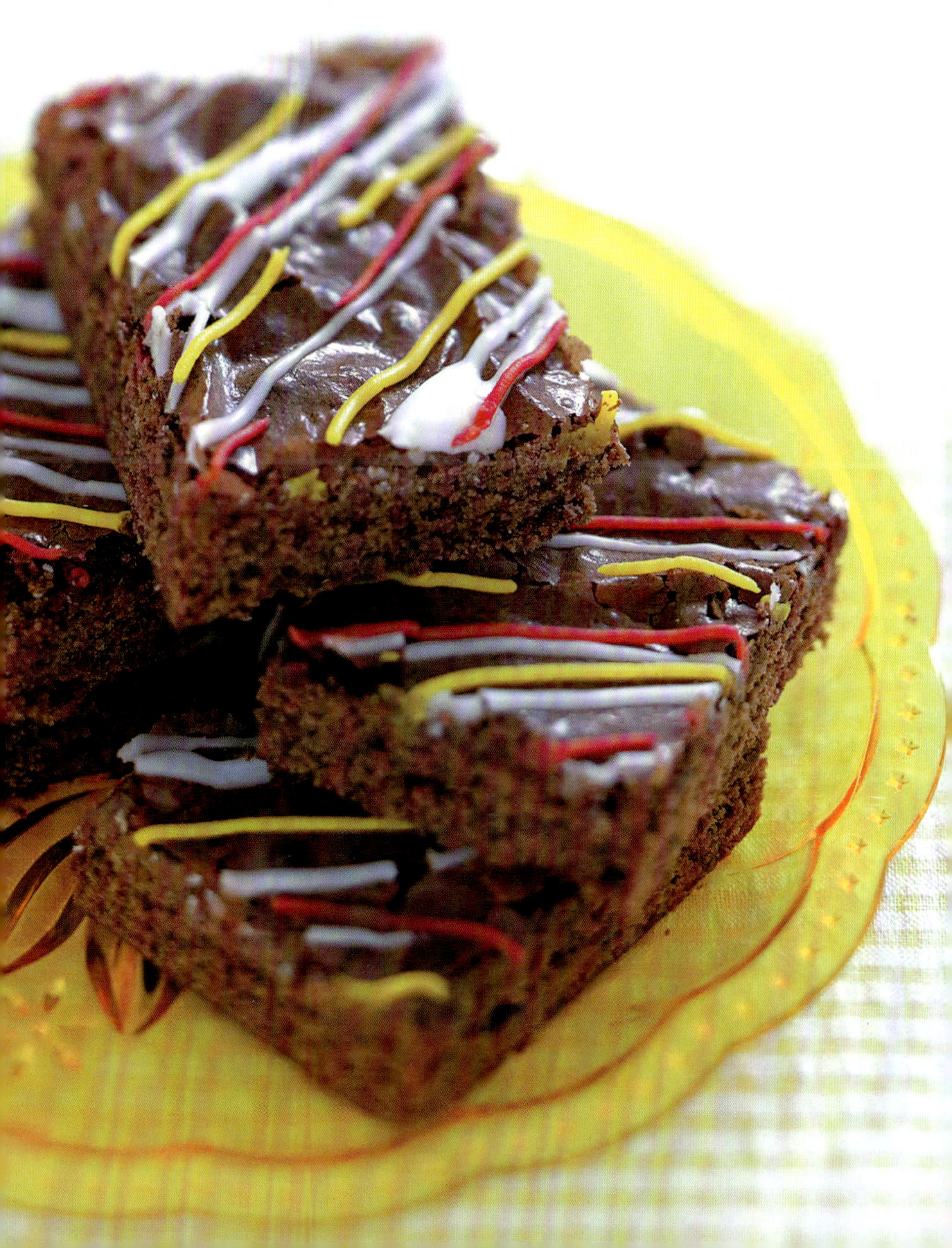

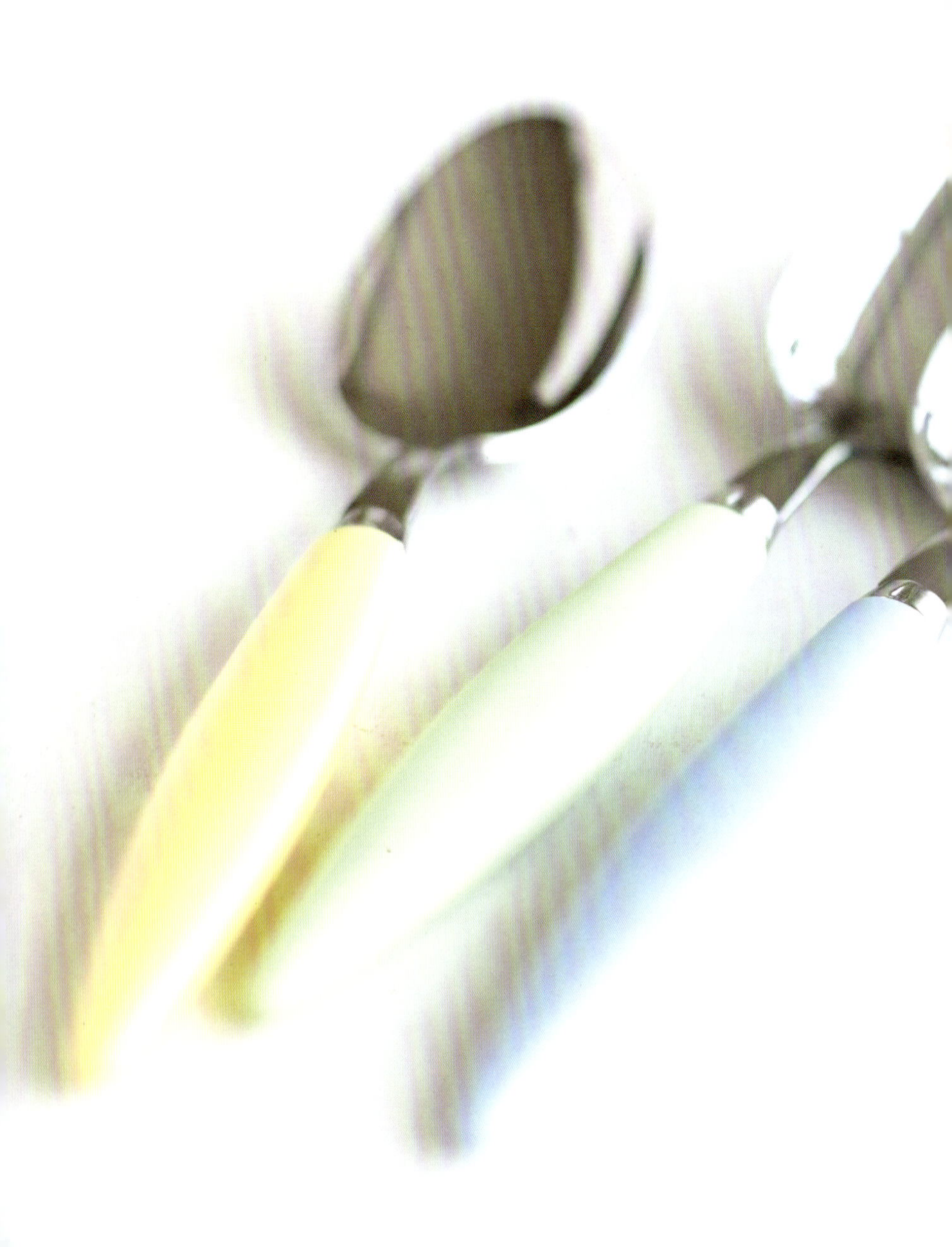

sobremesas

picolés de frutas multicoloridos

8 porções
Preparo: **20 minutos**, mais o tempo para congelar
Cozimento: **15 minutos**

300 g de **framboesas** frescas
25 g de **açúcar**
150 ml de **água**, mais 4 colheres (sopa)
400 g de **pêssegos** em calda sem drenar

Ferva as framboesas e o açúcar em 4 colheres (sopa) de água, mexendo até o açúcar dissolver. Junte o restante da água.

Coe o líquido pressionando com uma colher para aproveitar ao máximo a polpa. Descarte as sementes de framboesa.

Despeje a mistura em 8 fôrmas para picolé, enchendo parcialmente. (Se não tiver fôrmas, use potinhos de iogurte higienizados e cubra-os com papel-alumínio, espetando um palito no centro de cada pote. O papel evitará que o palito se movimente.) Leve ao freezer por 1-2 horas, para endurecer.

Enquanto isso, bata o pêssego com a calda no liquidificador. Quando a base de framboesa estiver firme, despeje o suco de pêssego e leve ao freezer por mais 1-2 h, ou deixe pernoitar.

Variação: picolés de pêssego e iogurte. Substitua o açúcar e a água por 150 ml de iogurte natural, que deve ser batido junto com o pêssego e as framboesas. Divida entre 8 fôrmas para picolé e leve ao freezer por 4-5 horas, até endurecer.

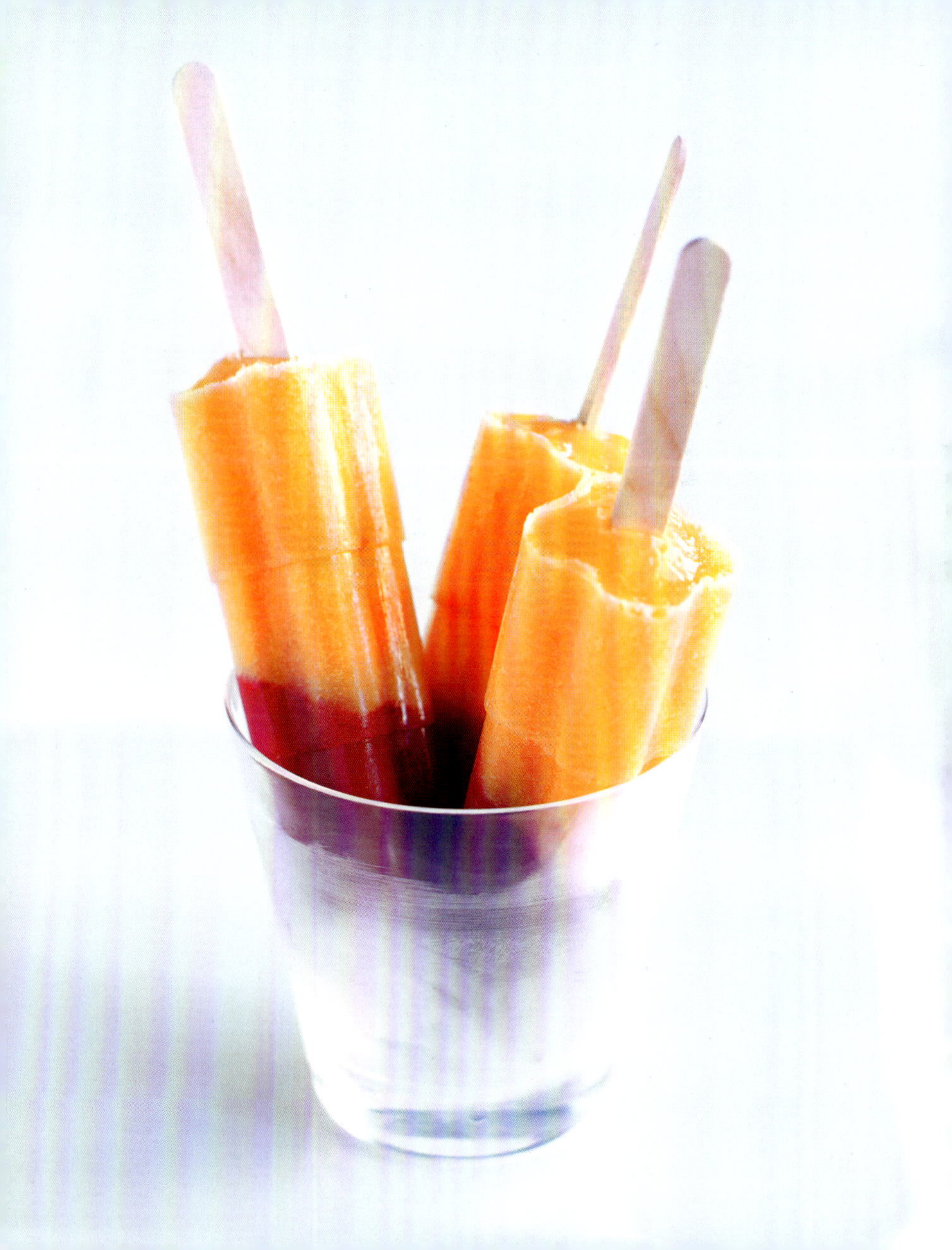

panquecas de frutas

20-24 unidades
Preparo: **15 minutos**
Cozimento: **10 minutos**

25 g de **manteiga sem sal**
100 ml de **leite**
2 **ovos** (claras e gemas separadas)
100 g de **farinha de trigo**
1 colher (chá) de **fermento**
2 colheres (sopa) de **açúcar** ou **açúcar de baunilha**
125 g de **mirtilos**
óleo para fritar

Derreta a manteiga no micro-ondas por 30 segundos. Adicione o leite e as gemas. Mexa bem.

Coloque a farinha, o fermento e 1 colher (sopa) de açúcar numa tigela. Junte a mistura líquida e bata até formar uma massa espessa. Incorpore os mirtilos.

Bata as claras em neve e misture delicadamente com um garfo à massa.

Aqueça numa frigideira pequena um filete de óleo por 1 minuto. Despeje uma colher (sobremesa) de massa e espalhe para formar a panqueca. Dependendo do tamanho da frigideira, é possível fritar 2-3 unidades por vez. Quando soltar da frigideira, vire a panqueca com uma espátula e cozinhe até dourar por igual. Coloque-as numa travessa e mantenha aquecidas até servir.

Salpique com o restante do açúcar e sirva.

Variação: panquecas de baunilha com figo. Junte 1 colher (chá) de essência de baunilha ao leite ao preparar a massa e dispense os mirtilos. Prepare como indicado acima. Doure 3 figos pequenos fatiados em 1 colher (chá) de manteiga. Junte 3 colheres (sopa) de mel e cozinhe por 2 minutos, mexendo até amolecer. Sirva acompanhando as panquecas.

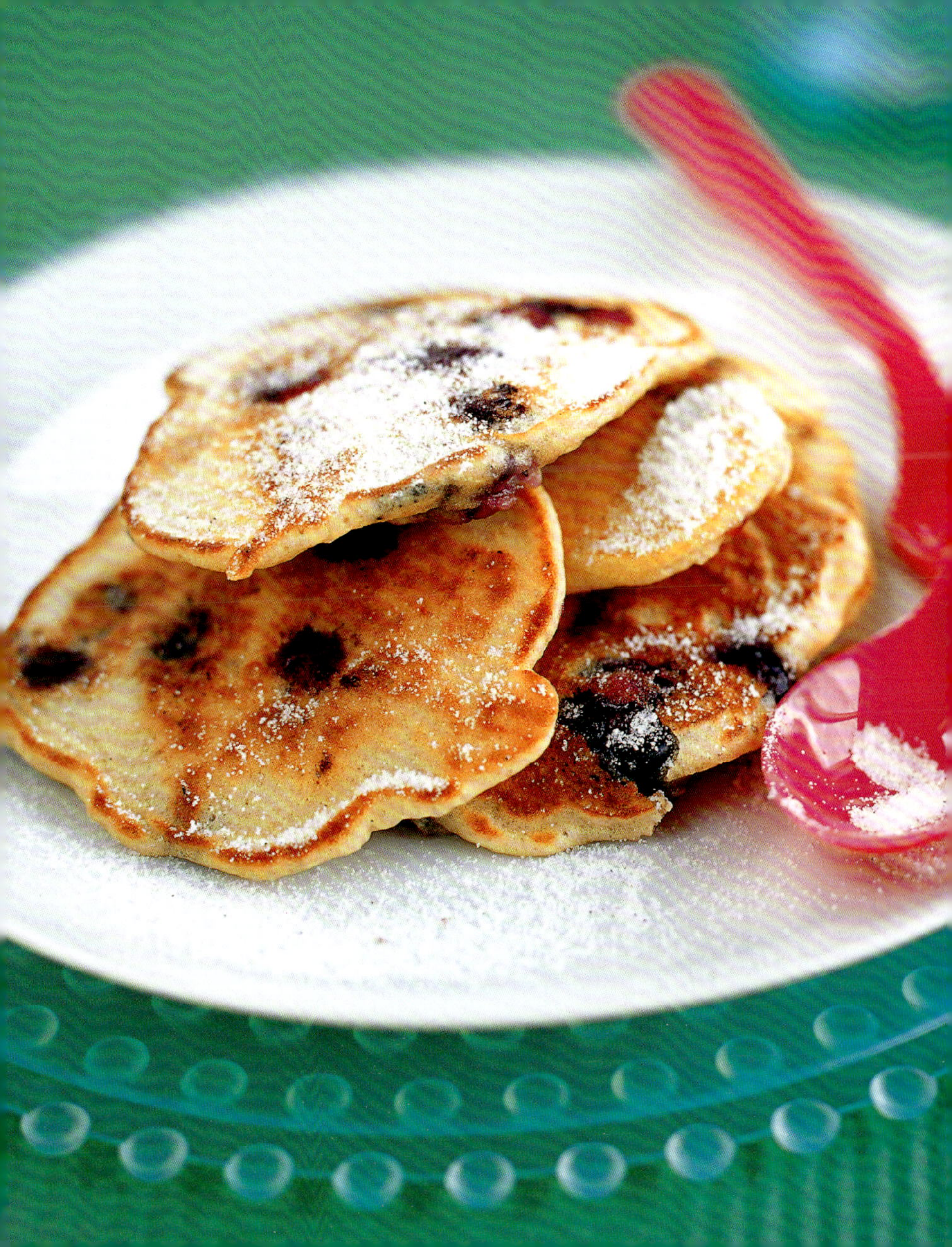

pêssegos caramelados

4 porções
Preparo: **10 minutos**
Cozimento: **15 minutos**

4 **pêssegos** cortados ao meio
50 g de **amêndoas** moídas

Calda
125 g de **açúcar mascavo**
5 colheres (sopa) de **mel**
25 g de **manteiga**
150 g de **creme de leite pasteurizado**

Recorte 4 quadrados de 20 cm de papel-alumínio e coloque 2 metades de pêssego em cada um. Salpique com as amêndoas moídas. Embrulhe e leve para grelhar por 5-8 minutos, virando vez ou outra, até os pêssegos ficarem macios.

Enquanto isso, prepare a calda. Dissolva o açúcar com o mel e a manteiga numa panelinha antiaderente em fogo brando. Mexa bem até a calda engrossar, o que deve levar uns 3 minutos. Junte o creme de leite e, quando voltar a ferver, retire do fogo.

Desembrulhe os pêssegos, regue com a calda e sirva.

Variação: maçãs carameladas. Coloque 4 maçãs cortadas ao meio em pedaços de papel-alumínio. Salpique com cubinhos de manteiga e polvilhe com canela. Embrulhe e grelhe por 10-12 minutos, até ficarem cozidas mas sem perder a forma. Sirva com a calda sugerida acima.

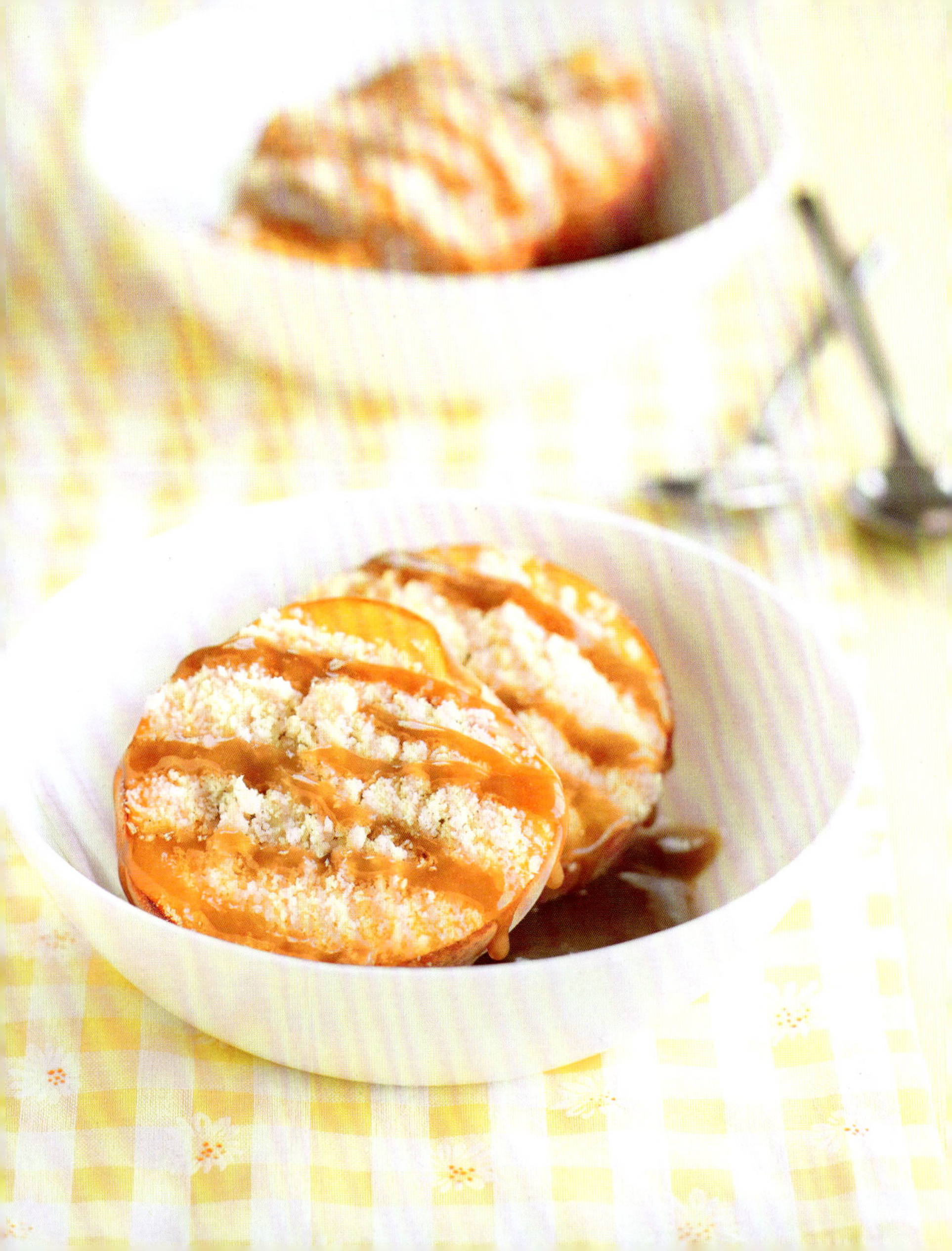

torta arco-íris

8 porções
Preparo: **25 minutos**
Cozimento: **30 minutos**

375 g de **massa para torta pronta**
2 **gemas**
3 colheres (sopa) de **açúcar**
3 colheres (sopa) de **maisena**
300 ml de **leite**
1 colher (chá) de **essência de baunilha**
1 **laranja** grande cortada em gomos
175 g de **morangos** cortados ao meio
125 g de **mirtilos**
2 fatias grossas de **abacaxi** em cubos
2 **kiwis** fatiados
açúcar glacê para polvilhar
chantilly ou **iogurte** para acompanhar

Forre uma fôrma para torta com a massa. Apare as bordas e comprima nas laterais de modo que a massa ultrapasse um pouco o limite da fôrma. Forre com papel-manteiga e encha com feijão cru. Asse em forno preaquecido a 180ºC por 15 minutos. Retire o feijão e o papel e asse por mais 5 minutos. Deixe esfriar.

Misture as gemas com o açúcar e a maisena e junte o leite quase fervendo. Bata bem com um batedor. Adicione a baunilha e leve ao fogo brando numa panela antiaderente, mexendo sempre, até engrossar. Deixe esfriar numa tigela, mexendo de vez em quando. Cubra com filme de PVC para evitar a formação de película na superfície.

Coloque a base da torta numa travessa e espalhe o creme com um garfo. Misture as frutas numa tigela e distribua sobre a torta. Polvilhe com açúcar glacê e sirva acompanhada de chantilly ou iogurte.

Variação: torta raio de sol. Misture 2 laranjas em gomos, 3 fatias grossas de abacaxi em cubos, 2 bananas em rodelas grossas, 1 manga pequena em cubos e 2 colheres (sopa) de suco de limão. Recheie a torta como indicado acima.

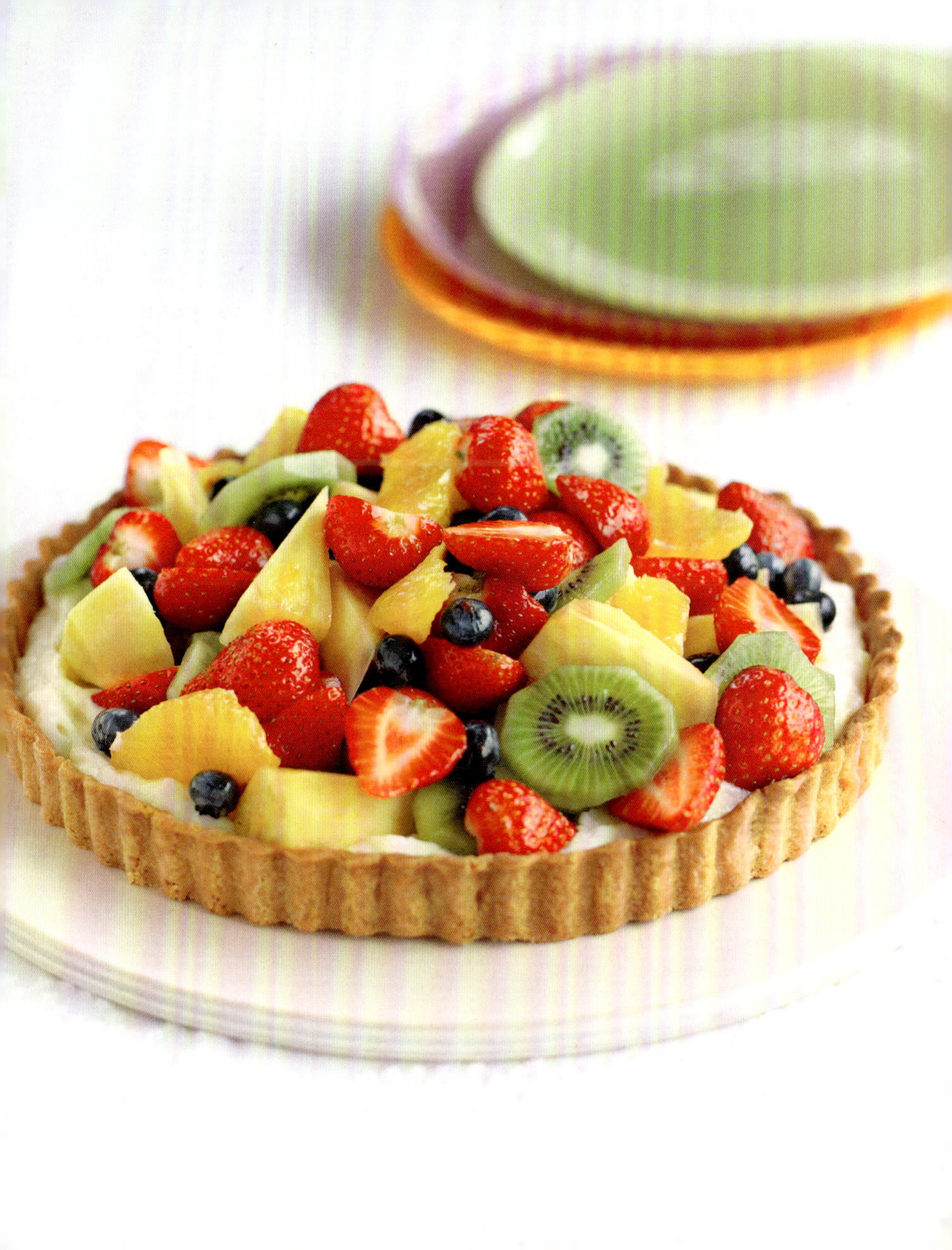

crocante encantado

6 porções
Preparo: **20 minutos**
Cozimento: **30 minutos**

500 g de **morangos** cortados ao meio
250 g de **framboesas**
1 **laranja** em gomos
4 colheres (sopa) de **açúcar**
½ colher (chá) de **canela** em pó

Cobertura
250 g de **farinha de trigo**
125 g de **manteiga** gelada em cubos
75 g de **açúcar mascavo**
50 g de **avelãs** tostadas picadas ou amêndoas em lâminas (opcional)

Creme rosado
2 **gemas**
3 colheres (sopa) de **açúcar**
2 colheres (sopa) de **maisena**
350 ml de **leite**
2 colheres (sopa) de **suco de beterraba** ou uma gota de **corante vermelho**

Misture os morangos, as framboesas, a laranja (com todo o caldo), o açúcar e a canela delicadamente. Ponha num refratário e reserve enquanto prepara a cobertura.

Coloque a farinha numa tigela e incorpore a manteiga até formar uma farofa grossa. Junte o açúcar e as avelãs e salpique sobre as frutas. Asse em forno preaquecido a 200°C por 25-30 minutos, até o crocante dourar.

Prepare o creme rosado: misture as gemas com o açúcar e a maisena e junte o leite quase fervendo, o suco de beterraba e mexa bem. Deixe cozinhar em fogo brando numa panela antiaderente, mexendo até engrossar.

Sirva em potinhos individuais com o creme à parte.

Variação: crocante caribenho. Substitua as frutas vermelhas por 1 manga grande em cubos e 6 rodelas de abacaxi em cubos. Misture com a laranja e 75 g de uvas-passas. Para a cobertura, substitua as avelãs por 4 colheres (sopa) de coco ralado seco. Sirva com sorvete em vez do creme.

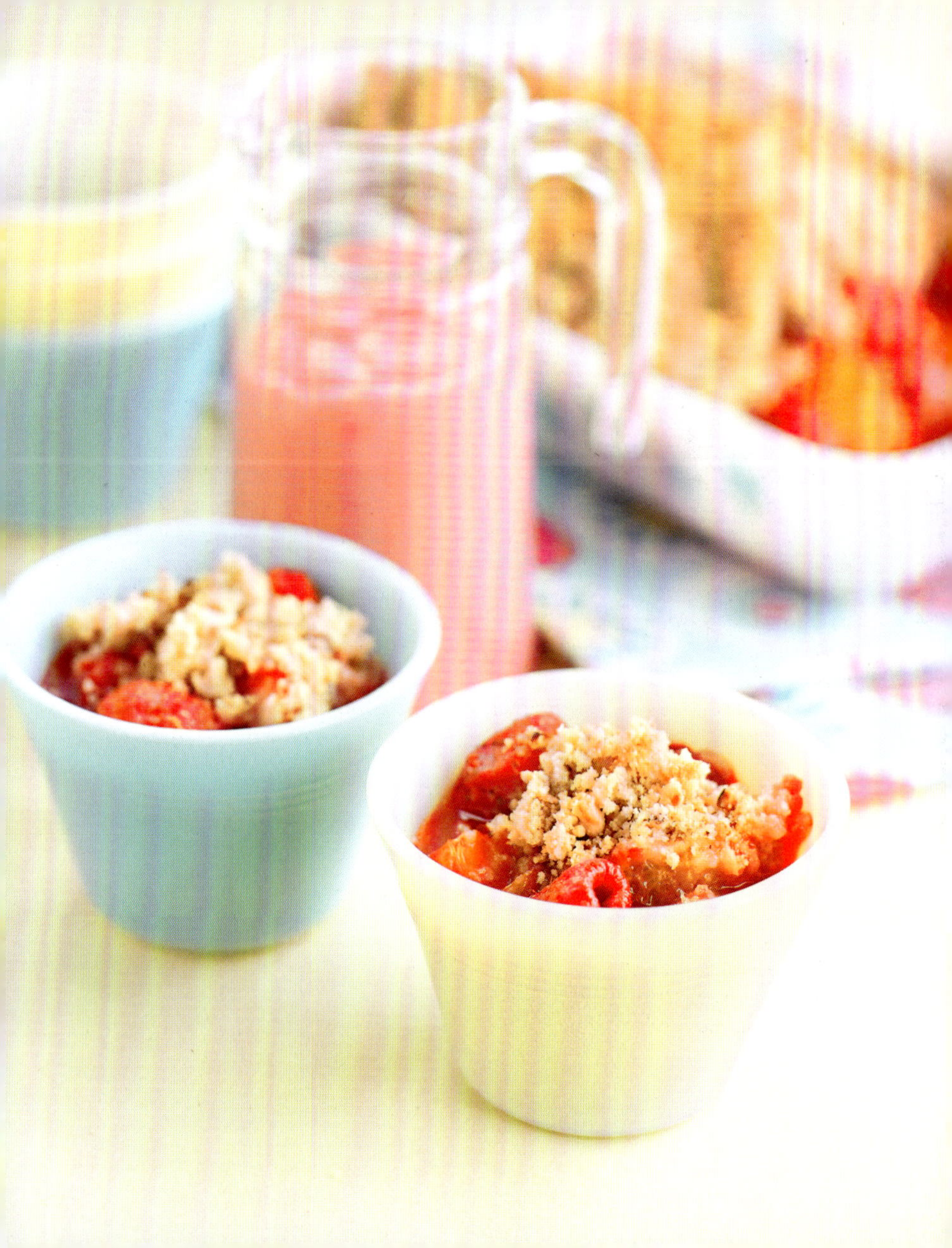

torta cremosa de mirtilo e pêssego

4 porções
Preparo: **20 minutos**
Cozimento: **40 minutos**

3 **ovos**
150 g de **farinha de trigo**
125 g de **açúcar glacê**, mais um pouco para polvilhar
300 ml de **leite**
1 colher (chá) de **essência de baunilha**
15 g de **manteiga** em temperatura ambiente
2 **pêssegos** cortados em gomos
125 g de **mirtilos**
raspas de 1 **limão**

Bata os ovos, a farinha, o açúcar, o leite e a baunilha numa tigela, até formar um creme. Unte uma fôrma com 20 cm de diâmetro e distribua os pêssegos e os mirtilos. Salpique com as raspas de limão.

Despeje a massa sobre as frutas e asse no forno preaquecido a 190°C por 35 minutos, até a massa ficar firme.

Sirva morna, polvilhada com açúcar glacê.

Variação: torta de banana, morango e cereja.
Substitua o pêssego e os mirtilos por 1 banana grande em rodelas, 175 g de morangos e 125 g de cerejas frescas sem caroço. Se preferir, polvilhe as frutas com canela em pó antes de assar.

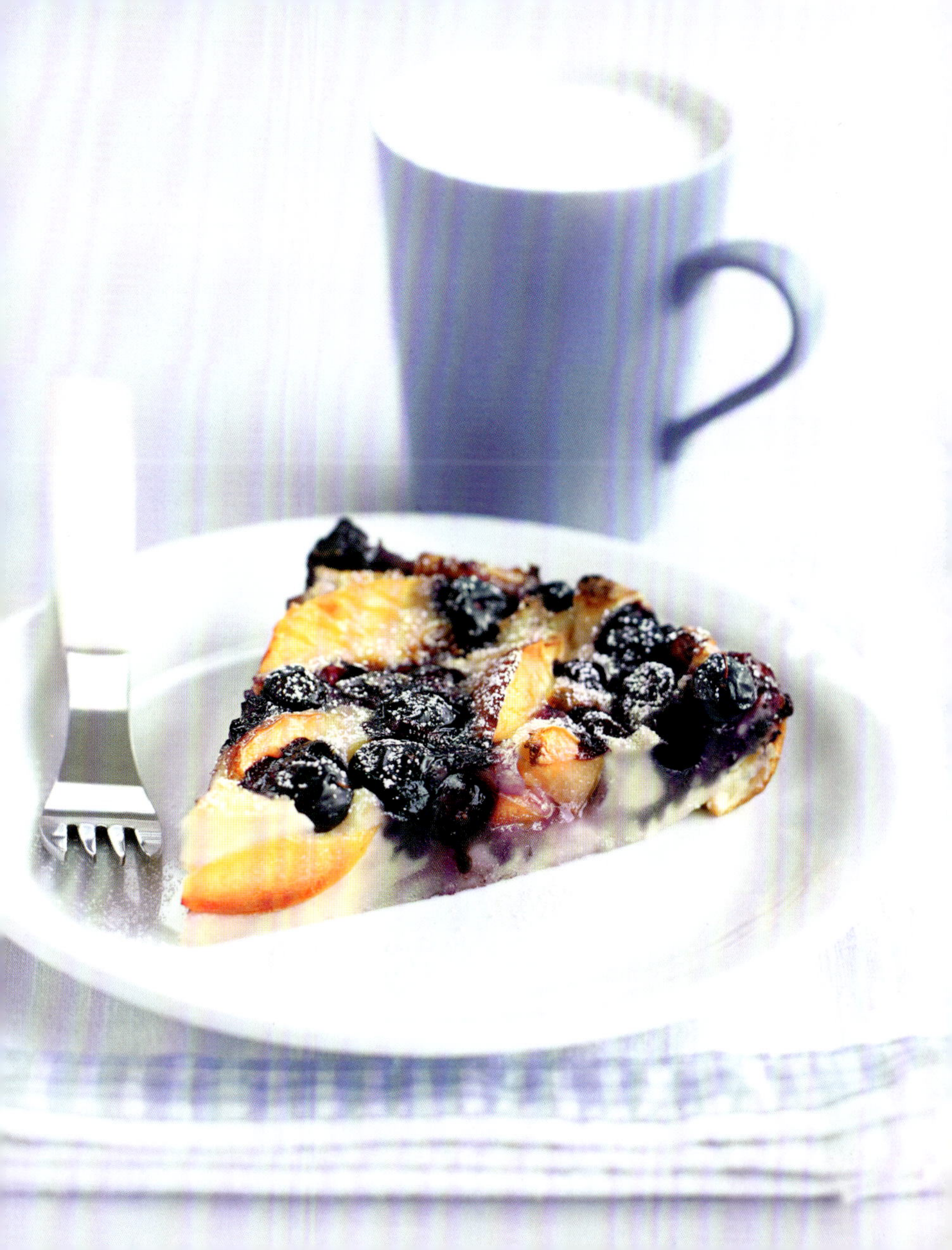

creme de chocolate especial

6 porções
Preparo: **20 minutos**, mais o tempo para resfriar
Cozimento: **10 minutos**

125 g de **ameixas secas** picadas
150 ml de **água**
125 g de **chocolate amargo** picado
500 ml de **iogurte natural**
25 g de lascas de **chocolate ao leite** para decorar

Ferva as ameixas na quantidade de água indicada. Retire do fogo e bata no processador, até formar um creme.

Recoloque na panela e junte o chocolate picado. Deixe derreter em fogo brando, mexendo sem parar. Retire do fogo, misture o iogurte e deixe esfriar.

Divida a sobremesa entre 4 taças e decore com as lascas de chocolate. Leve à geladeira por 30 minutos antes de servir.

Variação: creme de chocolate e hortelã. Substitua o chocolate amargo por um chocolate mentolado, polvilhe a sobremesa pronta com chocolate em pó e sirva guarnecida de raminhos de hortelã.

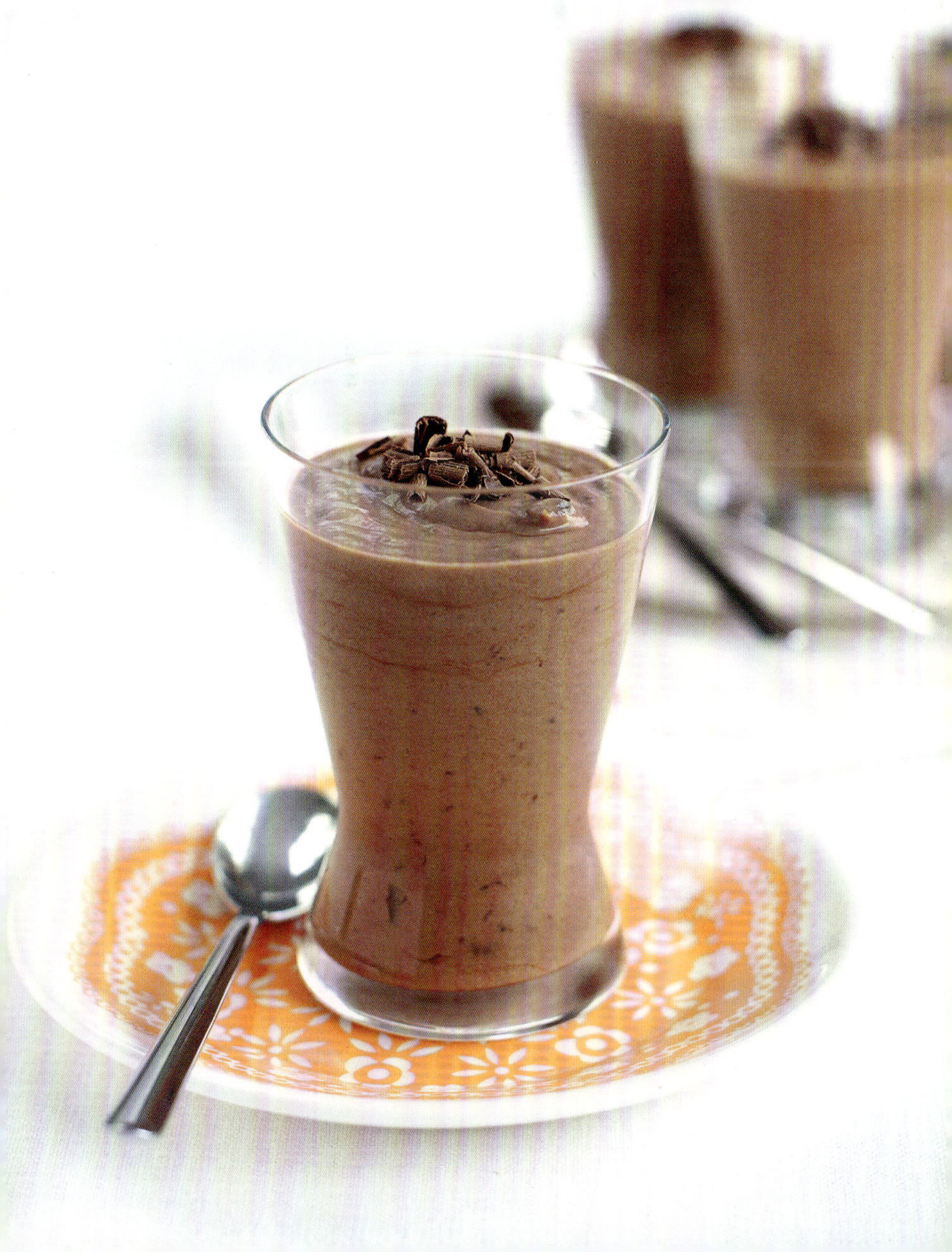

bananas carameladas e sorvete de iogurte

4 porções
Preparo: **20 minutos**, mais o tempo para congelar
Cozimento: **10 minutos**

3 colheres (sopa) de **açúcar**
150 ml de **água**
1 litro de **iogurte** natural
3 colheres (chá) de **essência de baunilha**
15 g de **manteiga** em temperatura ambiente
4 **bananas** maduras
½ colher (chá) de **canela em pó** ou **noz-moscada**

Para servir
4 colheres (sopa) de **mel**
50 g de **nozes-pecãs** picadas

Ferva o açúcar com a água por 3-5 minutos, até a calda reduzir à metade. Retire do fogo e junte o iogurte e a baunilha. Coloque num recipiente próprio para congelamento e leve ao freezer por 3 horas.

Retire o sorvete do freezer e bata com uma colher de pau para aerar bastante. Recoloque no freezer e deixe por mais 4 horas ou até o dia seguinte.

Derreta a manteiga numa frigideira antiaderente grande. Corte as bananas ao meio, no sentido do comprimento. Salpique com a especiaria e doure na manteiga por 1 minuto de cada lado. Retire do fogo com uma espátula.

Disponha as bananas em formato xadrez no prato de sobremesa, regue com mel e salpique com as nozes. Sirva acompanhadas do sorvete de iogurte.

Variação: morangos com iogurte. Prepare o sorvete como indicado acima, substituindo o iogurte natural por iogurte sabor morango. Refogue na manteiga 375 g de morangos cortados ao meio salpicados com raspas de 1 laranja e 1 colher (sopa) de mel por 2-3 minutos, sem deixar desmanchar. Sirva com sorvete de morango.

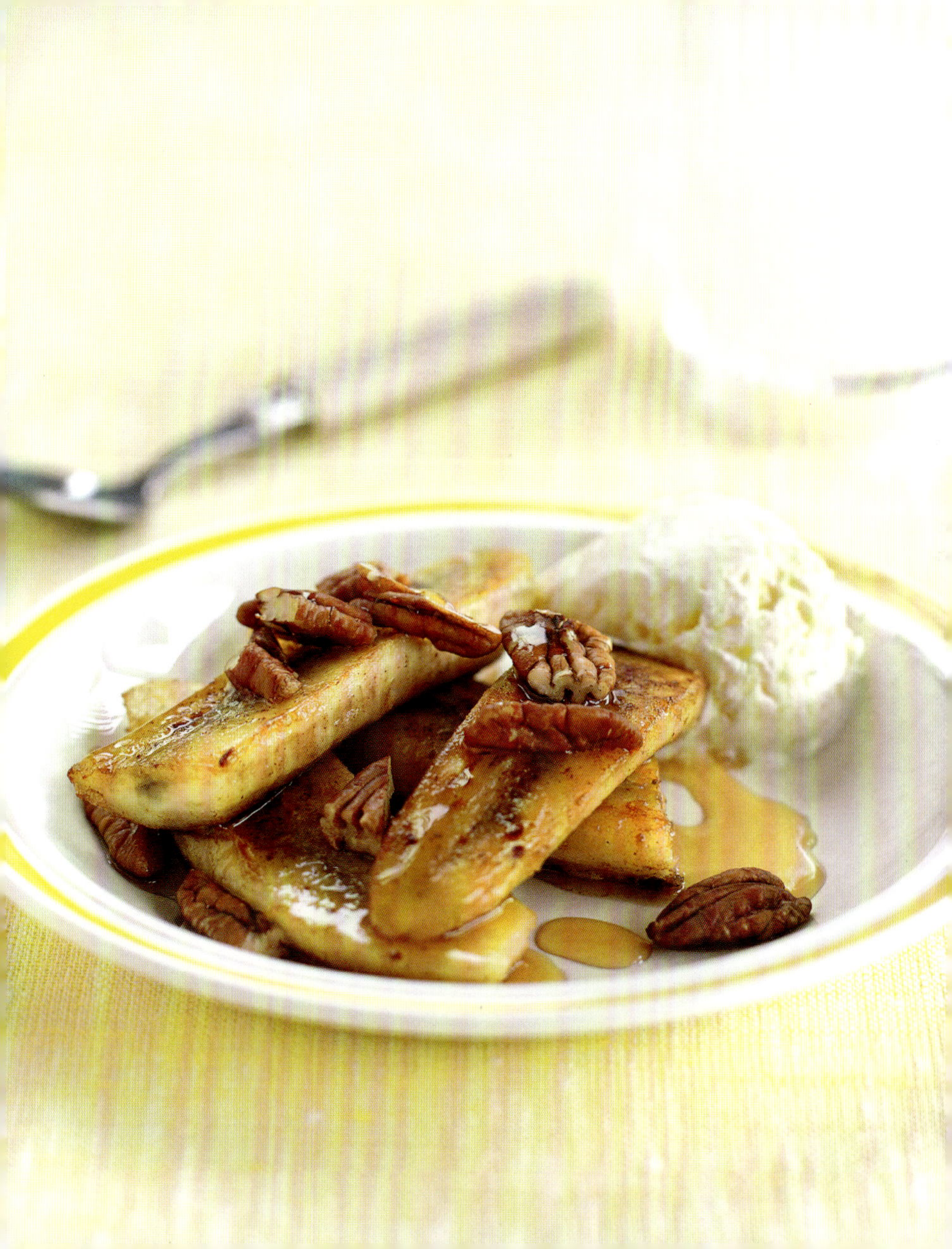

bolo de figo com banana

6 porções
Preparo: **10 minutos**
Cozimento: **20 minutos**

125 g de **manteiga** ou **margarina** em temperatura ambiente
125 g de **açúcar mascavo**
1 colher (chá) de **gengibre em pó**
2 **ovos**
125 g de **farinha de trigo**
3 **figos** em quartos
1 **banana** grande em rodelas grossas
2 colheres (sopa) de **mel**
sorvete ou **creme de baunilha** para acompanhar

Bata a manteiga ou margarina com o açúcar, até o ponto de creme. Junte o gengibre, os ovos e a farinha e bata bem. Unte uma fôrma quadrada de 23 cm e coloque a massa, nivelando a superfície com uma colher.

Misture o figo e a banana com o mel e espalhe sobre a massa, pressionando para encaixar. Asse em forno preaquecido a 180°C por 20 minutos, até a massa crescer e corar, e as frutas ficarem macias.

Sirva as fatias de bolo acompanhadas de sorvete ou de creme de baunilha (ver abaixo).

Acompanhamento: creme de baunilha. Ferva 300 ml de leite com as sementes de ½ fava de baunilha numa panela antiaderente. Enquanto isso, misture 2 gemas com 1 colher (chá) de maisena e 2 colheres (sopa) de açúcar. Despeje o leite quente por cima e bata bem. Leve de volta ao fogo, mexendo sempre até engrossar e aderir à colher.

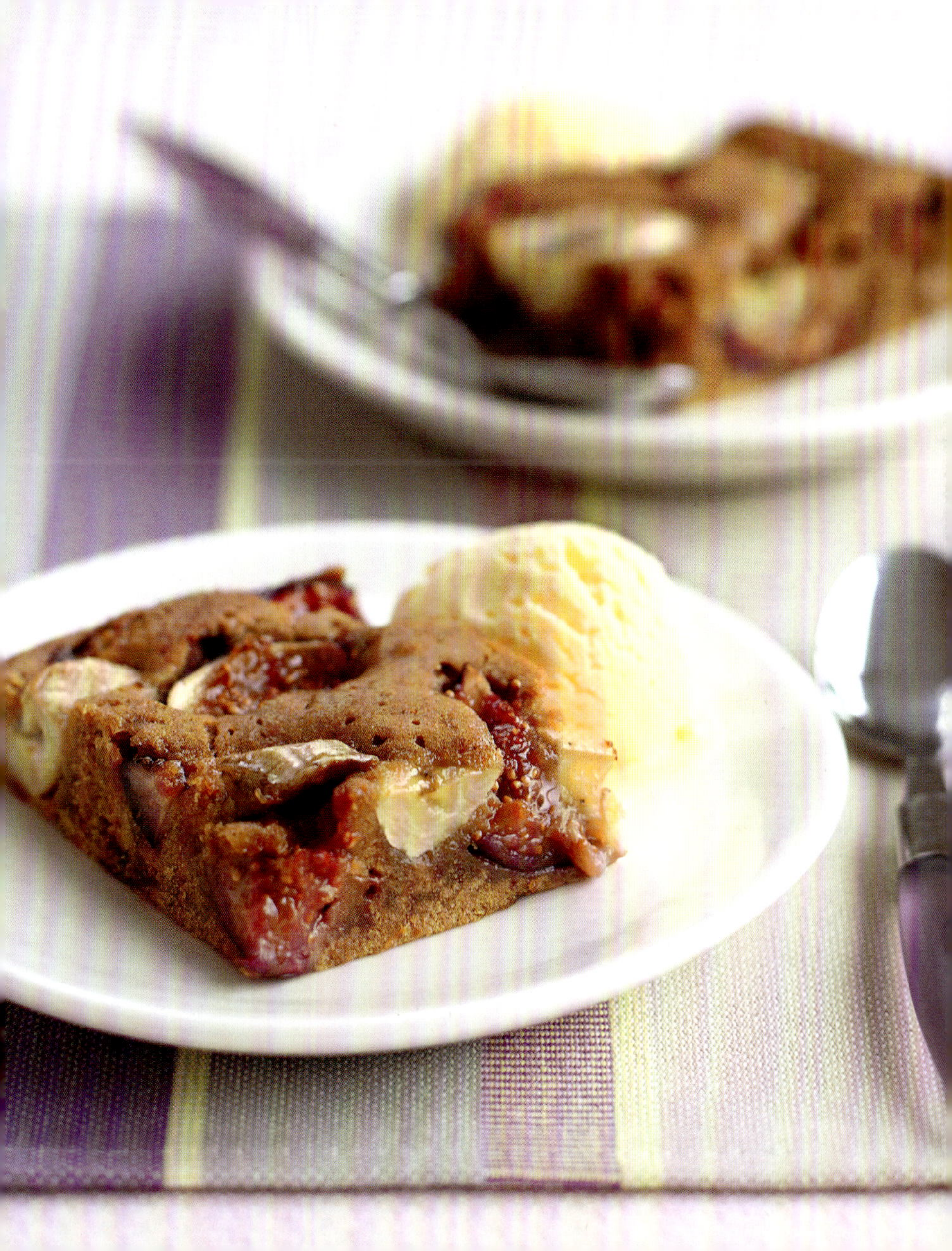

torta de frutas

6-8 porções
Preparo: **20 minutos**, mais o tempo para resfriar
Cozimento: **25 minutos**

150 g de **farinha de trigo**, mais um pouco para polvilhar
2 colheres (sopa) de **açúcar glacê**
2 colheres (chá) de **essência de baunilha**
75 g de **manteiga** gelada em cubos
2-3 colheres (sopa) de **água fria**
500 g de **amoras**
2 **maçãs** picadas
1 colher (sopa) de **mel**
4 colheres (sopa) de **açúcar**
1 **ovo** batido
sorvete de creme ou **chantilly** para acompanhar

Peneire a farinha com o açúcar glacê. Junte a baunilha e a manteiga e misture com os dedos, até virar uma farofa grossa. Salpique com a água e misture até formar uma massa homogênea. Enrole em filme de PVC e leve à geladeira por 15 minutos.

Tempere as amoras e as maçãs com o mel e o açúcar e espalhe num refratário redondo de 20 cm.

Abra a massa sobre uma superfície enfarinhada, num círculo maior que a forma. Recubra as frutas com a massa e apare as bordas. Com a sobra de massa, faça uma tira de 1 cm. Umedeça a borda e aplique o acabamento, pressionando bem para lacrar. Use as sobras para decorar a torta (em formato de folhas, flores, pássaros etc.).

Pincele com o ovo batido e asse em forno preaquecido a 200ºC por 20-25 minutos, até dourar. Sirva com sorvete de creme ou chantilly, a gosto.

Variação: torta de pêssego com canela. Substitua as amoras por pêssegos. Escorra 2 latas de pêssego em calda e misture-os com as maçãs, 1 colher (sopa) de açúcar mascavo e 1 colher (chá) de canela em pó. Prepare como indicado acima.

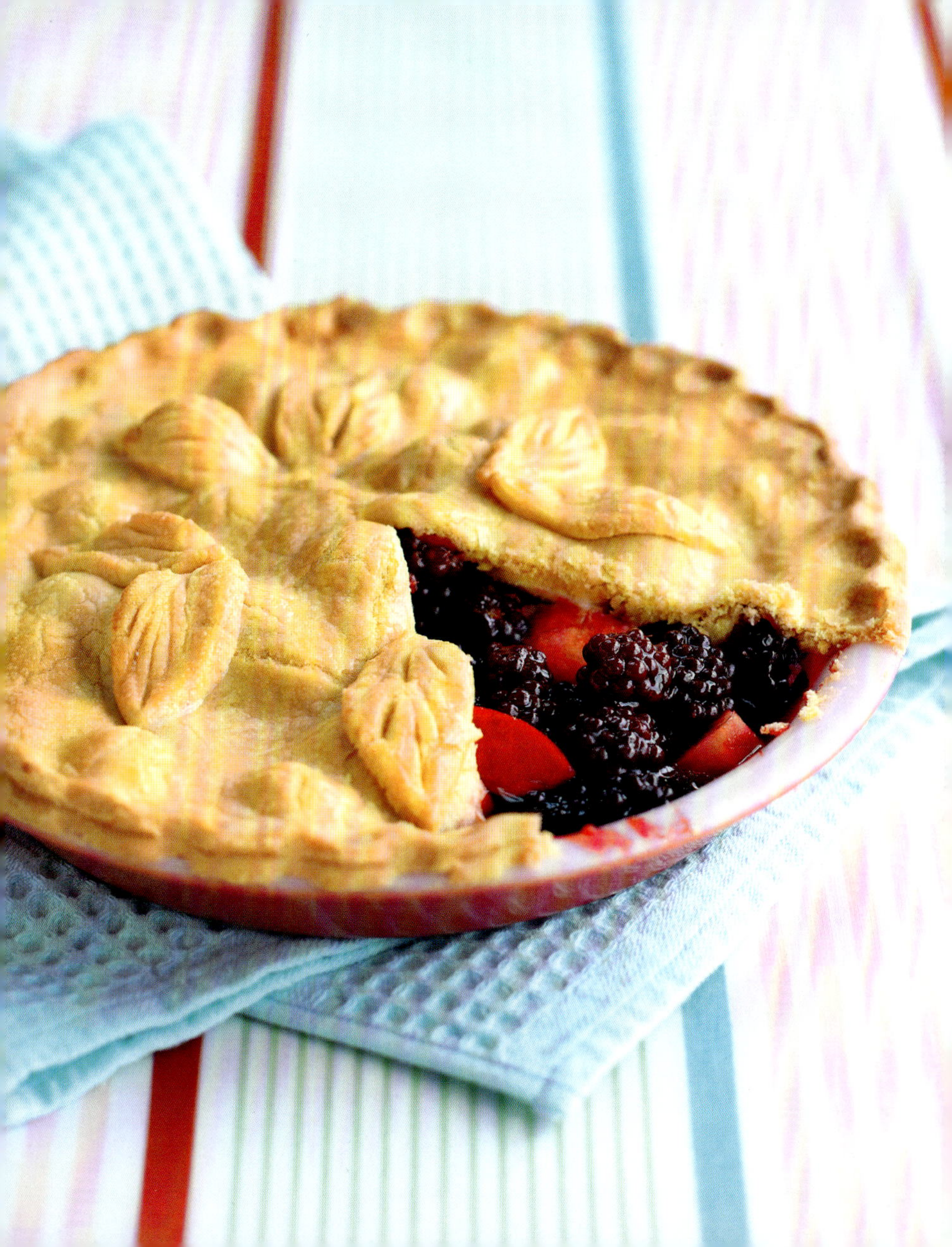

panquecas teia de aranha

8 porções
Preparo: **15 minutos**
Cozimento: **15-20 minutos**

2 **ovos**
1 colher (chá) de **açúcar**
150 g de **farinha de trigo**
300 ml de **leite**
15 g de **manteiga** derretida
300 ml de **creme de leite** fresco
3 colheres (chá) de **mel**
250 g de **framboesas**
óleo para fritar
açúcar glacê para polvilhar

Misture bem os ovos, o açúcar e a farinha. Junte o leite e mexa até formar uma massa homogênea. Incorpore a manteiga derretida e reserve.

Bata o creme de leite até o ponto de chantilly, misture o mel e as framboesas e leve à geladeira enquanto prepara as panquecas.

Aqueça uma frigideira antiaderente com um pouco de óleo por 1 minuto. Coloque a massa da panqueca numa jarra com bico. Despeje um filete contínuo sobre a frigideira quente, criando um padrão de teia de aranha, com uns 15 cm de circunferência. Cozinhe por 1 minuto, vire delicadamente com uma espátula e deixe por mais 30 segundos. Repita com o restante da massa.

Sirva as panquecas aquecidas recheadas com o creme de framboesas e polvilhadas com açúcar glacê.

Variação: panquecas de maçã com canela. Cozinhe 2 maçãs grandes picadas com 3 colheres (sopa) de passas brancas, 3 colheres (sopa) de água, ½ colher (chá) de canela em pó e 2 colheres (sopa) de açúcar mascavo em fogo brando por 3-5 minutos, mexendo sempre, até amolecer. Deixe esfriar e misture ao chantilly em vez das framboesas. Recheie as panquecas e sirva acompanhadas de iogurte.

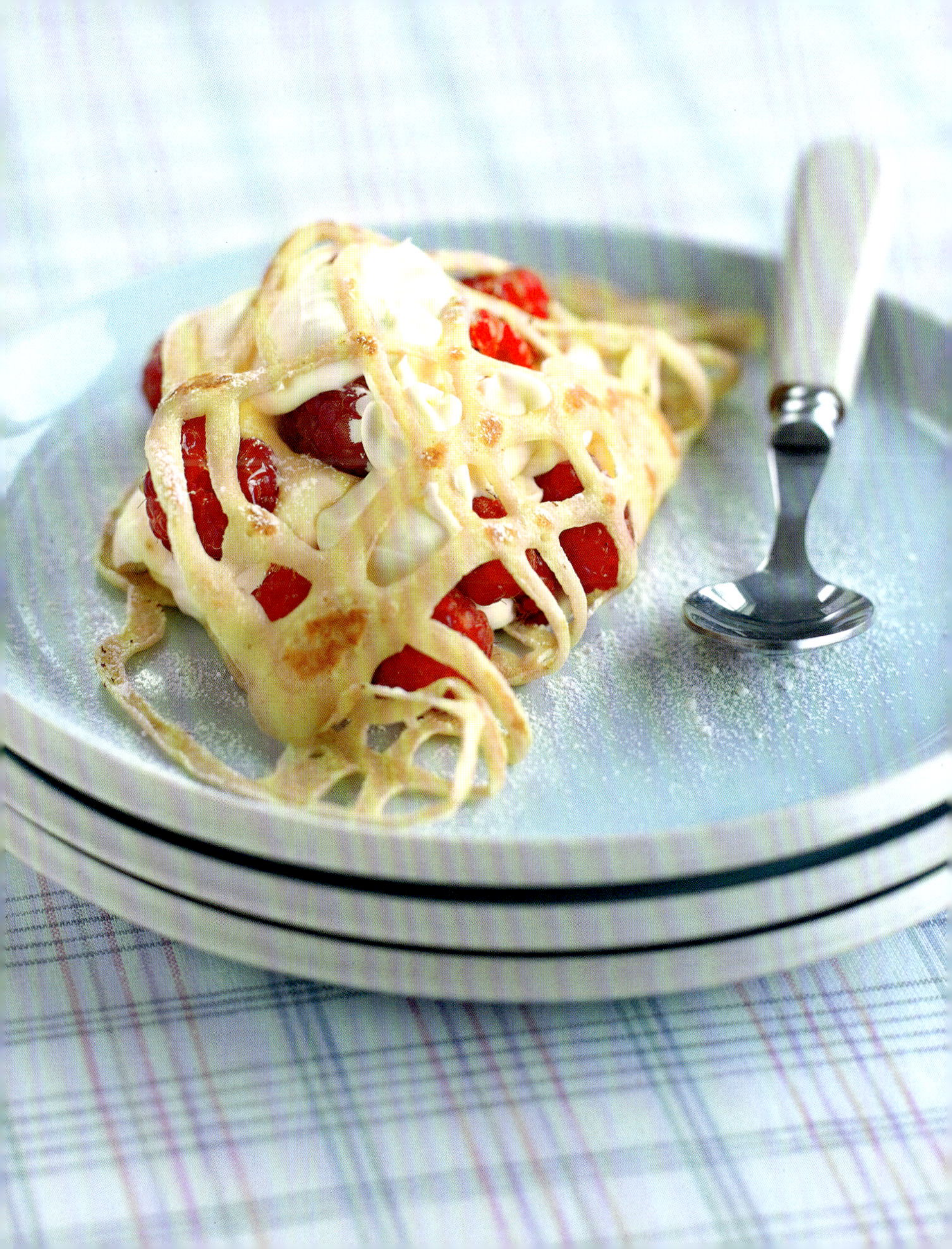

brownies com frutas vermelhas

12 porções
Preparo: **20 minutos**
Cozimento: **30 minutos**

250 g de **chocolate amargo**
125 g de **manteiga** sem sal
4 **ovos**
150 g de **farinha de trigo**
50 g de **amêndoas** moídas
75 g de **pastilhas de chocolate amargo**
50 g de **nozes-pecãs** picadas (opcional)

Para acompanhar
morangos, **mirtilos** e **framboesas** frescos
sorvete ou **chantilly**

Forre uma fôrma de 28 cm x 18 cm com papel-manteiga.

Derreta o chocolate com a manteiga (p. 180). Deixe esfriar por 2 minutos. Bata os ovos à parte (por uns 3 minutos), até ficarem volumosos. A seguir, misture o chocolate derretido resfriado.

Incorpore a farinha, as amêndoas moídas, as pastilhas de chocolate e as pecãs. Coloque na fôrma preparada e leve ao forno preaquecido a 180°C por 25-30 minutos, até ficar firme ao toque.

Deixe o brownie esfriar por 20 minutos antes de desenformar. Corte em 12 pedaços e sirva acompanhados das frutas vermelhas e de sorvete ou chantilly.

Variação: brownies de chocolate branco e morangos. Substitua o chocolate amargo por chocolate branco, e as pastilhas de chocolate e as pecãs por 125 g de morangos picados. Este brownie tem textura bem macia e pode ser conservado na geladeira por até 3 dias.

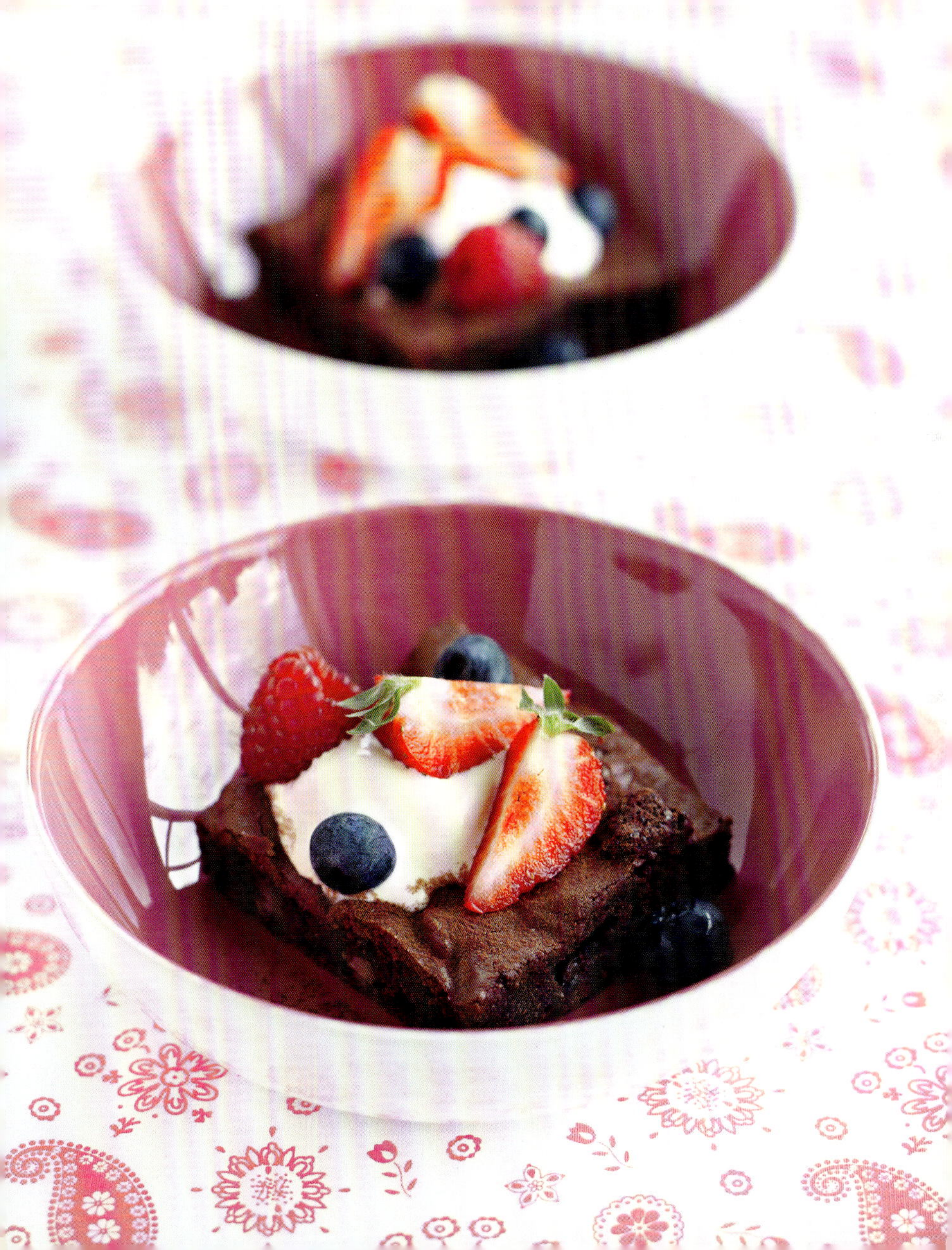

sucos, vitaminas e milk-shakes

limonada especial

Rendimento: **1,8 litro**
Preparo: **4-5 minutos**, mais o tempo para resfriar
Cozimento: **4-5 minutos**

75 g de **açúcar**
1,8 litro de **água**
4 **limões-sicilianos** em rodelas, mais algumas para decorar
cubos de **gelo**

Leve ao fogo o açúcar com 600 ml da água e as rodelas de limão, mexendo até o açúcar dissolver. Deixe ferver.

Retire do fogo e complete com a água restante. Mexa e deixe esfriar completamente.

Quando estiver fria, esprema o limão para acentuar o sabor. Coe, junte cubos de gelo e sirva em copos decorados com rodelas de limão.

Variação: limonada refrescante. Substitua o limão-siciliano por 6 limões galegos em rodelas, ou misture as duas variedades. Junte hortelã picadinha à limonada enquanto ela esfria, para dar um sabor mais intenso. Sirva como indicado acima.

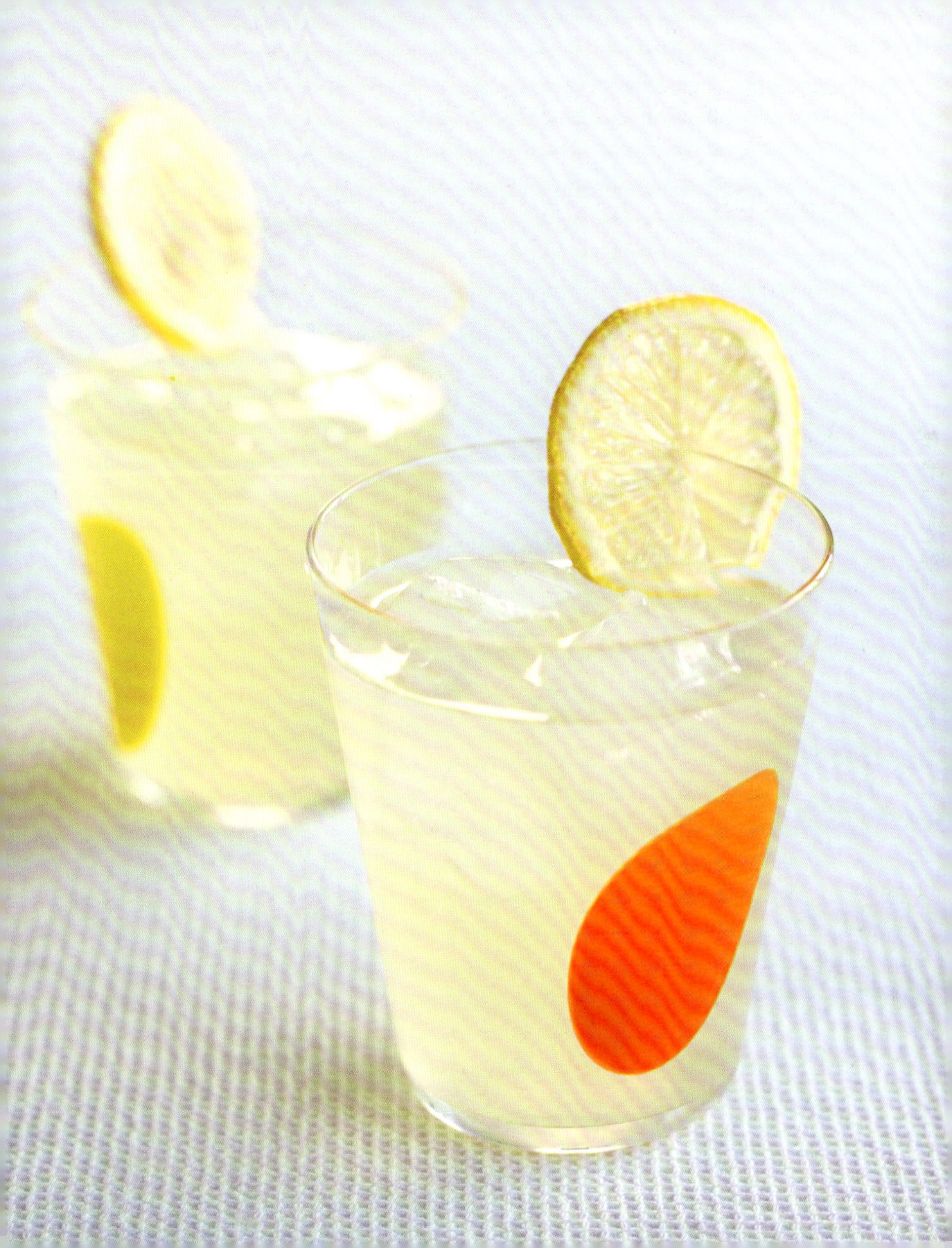

suco de manga, melão e laranja

Rendimento: **400 ml**
Preparo: **5-6 minutos**

1 **manga** madura picada
½ **melão** picado
200 ml de **suco de laranja**
2 cubos de **gelo**

Bata a manga e o melão no liquidificador.

Junte o suco de laranja e o gelo e bata até espumar. Sirva a seguir.

Variação: suco de abacaxi com coco. Passe no processador 400 ml de leite de coco com ½ abacaxi pequeno cortado em cubos. Sirva em copos com gelo picado e decorado com cerejas ou morangos frescos.

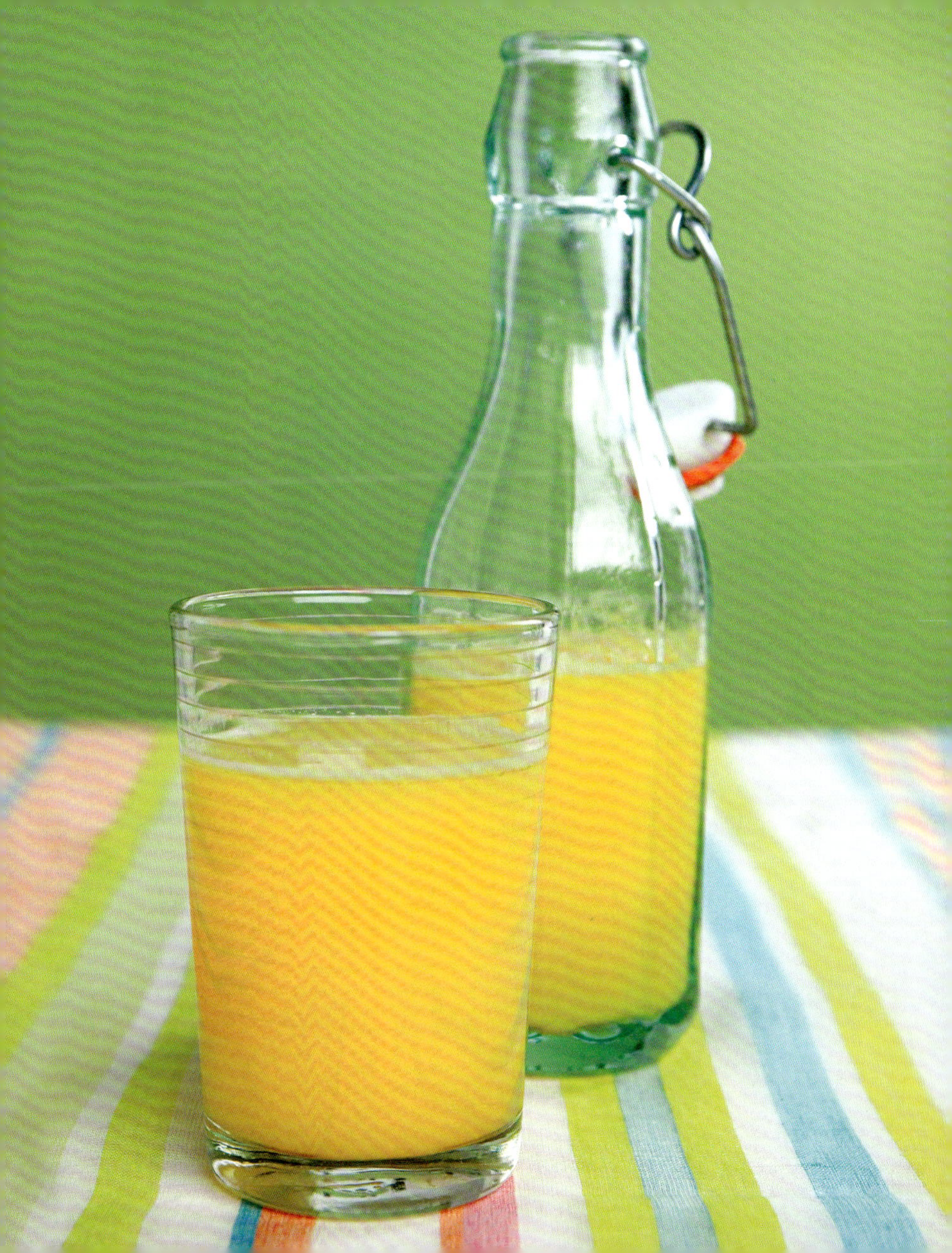

vitamina de morango

Rendimento: **2 copos**
Preparo: **5-6 minutos**, mais o tempo para resfriar
Cozimento: **5-6 minutos**

300 ml de **leite**
300 ml de **creme de leite**
½ fava de **baunilha**
250 g de **morangos**

Leve para ferver o leite, o creme de leite e as sementes da fava da baunilha, mexendo sempre. Quando levantar fervura, retire do fogo e deixe esfriar por completo.

Triture os morangos no liquidificador. Junte o leite e o creme de leite frios e bata até ficar homogêneo. Sirva em copos gelados com canudos.

Variação: milk-shake de morango. Bata o morango e o leite com 5 bolas de sorvete de creme. Junte gelo picado e bata novamente. Sirva em copos altos gelados.

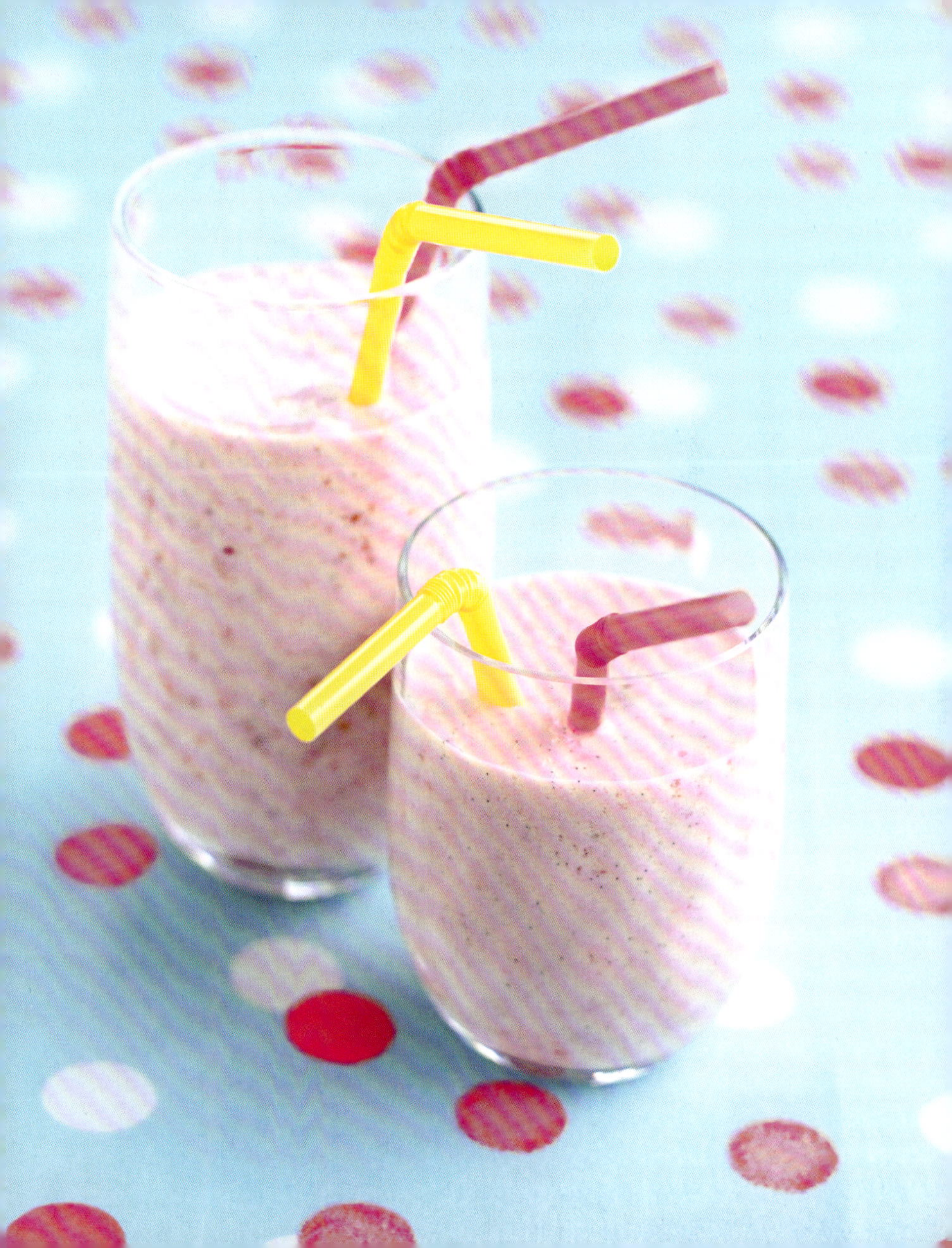

suco de melancia e framboesa

Rendimento: **200 ml**
Preparo: **5-6 minutos**

300 g de **melancia** sem sementes picada
125 g de **framboesas**
gelo picado (opcional)

Bata a melancia e as framboesas no liquidificador. Coe para eliminar as sementes de framboesa.

Sirva com gelo picado, se desejar.

Variação: suco de melão e maçã. Bata ½ melão picado com 1 maçã verde e 1 colher (sopa) de suco de limão-siciliano no liquidificador, até ficar homogêneo. Sirva sobre gelo picado, se quiser.

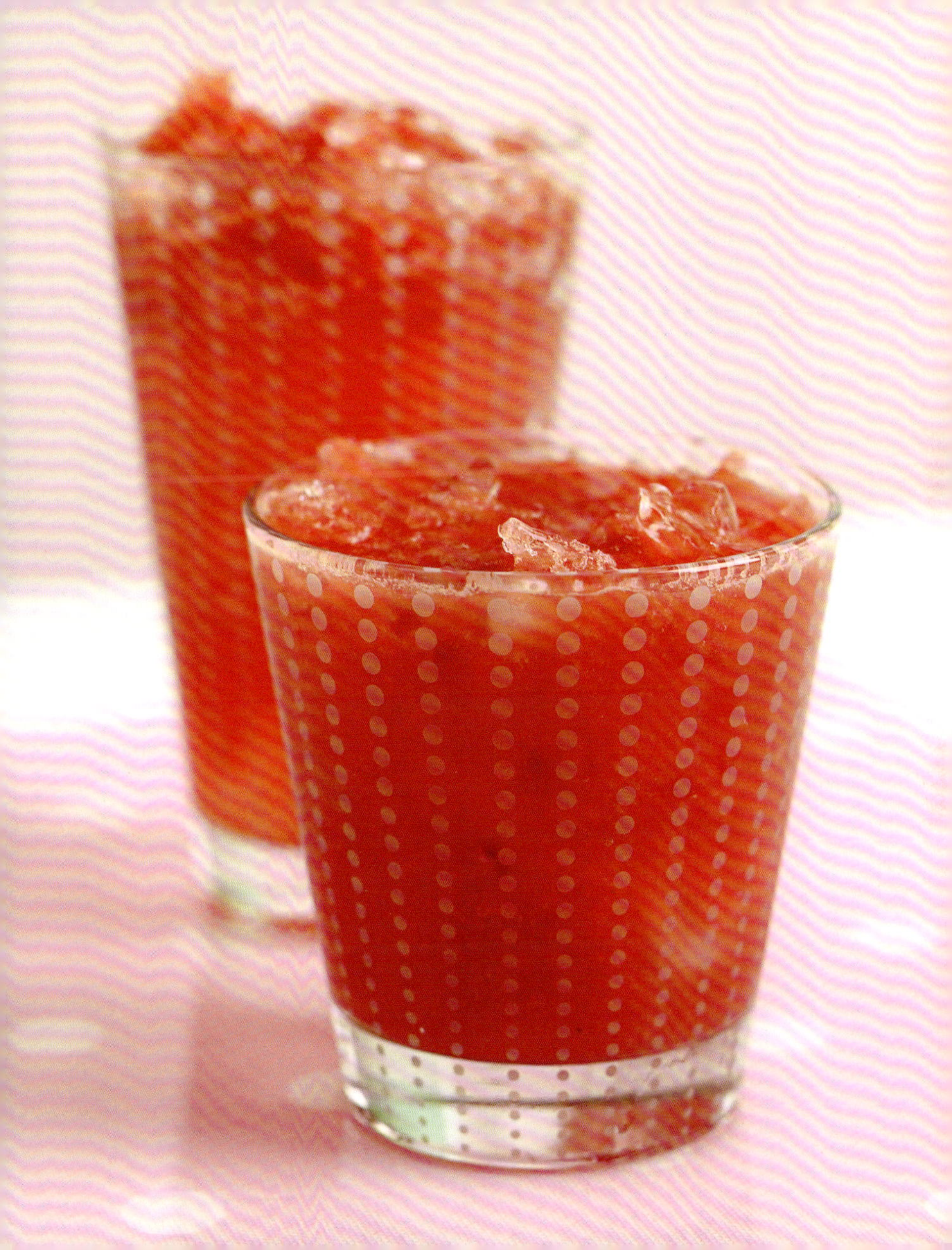

vitamina de nectarina e framboesa

Rendimento: **2 copos**
Preparo: **5 minutos**

3 **nectarinas** maduras picadas
175 g de **framboesas**
150 ml de **iogurte natural**
cubos de **gelo**

Triture as nectarinas e as framboesas no liquidificador. Junte o iogurte e bata mais um pouco. Junte os cubos de gelo e bata até engrossar e o gelo ficar triturado.

Variação: vitamina tropical. Substitua as nectarinas e as framboesas por 1 banana madura e 1 manga picadas. Triture bem, acrescente 150 ml de leite de coco e bata novamente. Junte o gelo e bata até encorpar. Sirva em copos gelados.

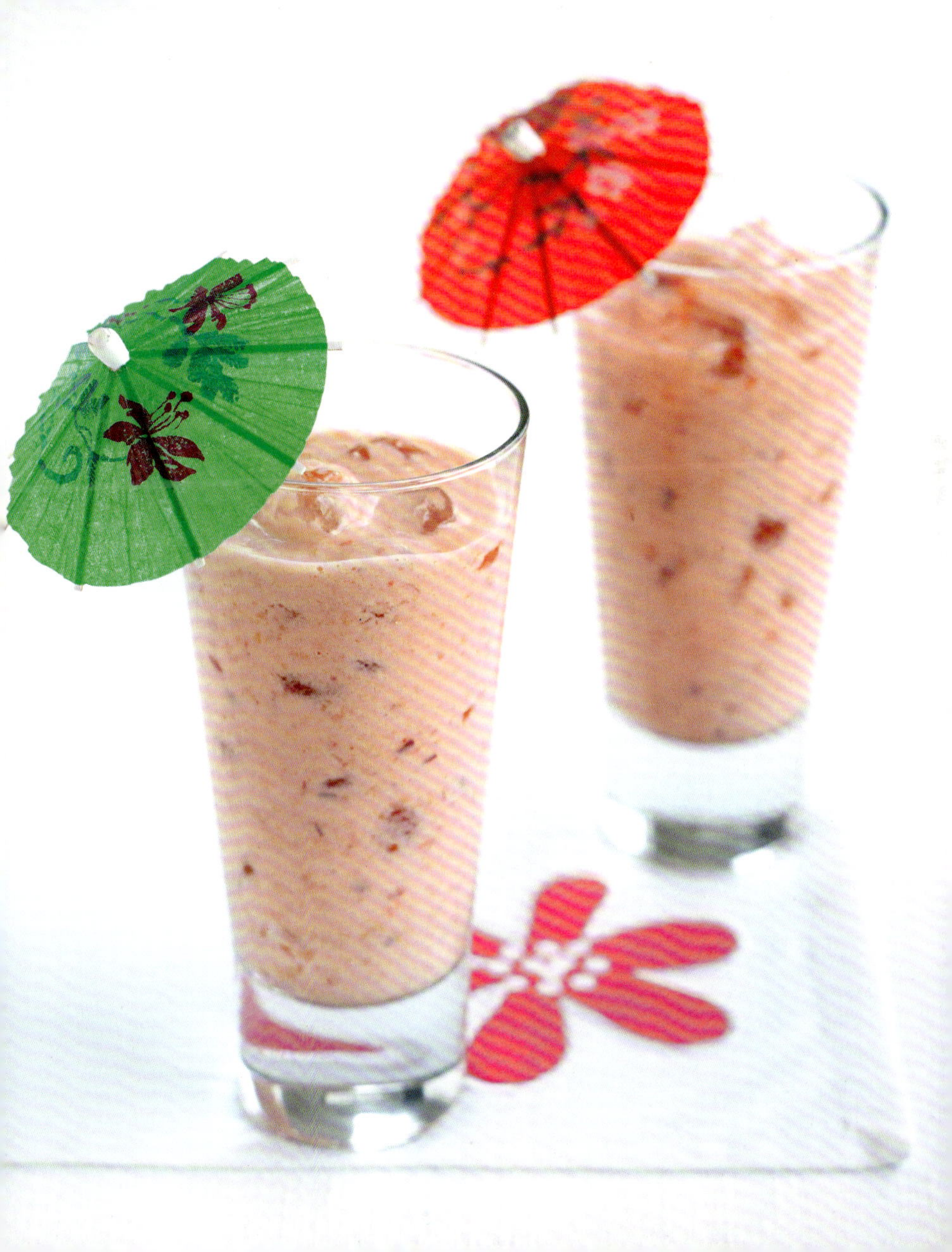

picolés de frutas

4 picolés
Preparo: **7-8 minutos**, mais o tempo para congelar

2 **pêssegos** picados
300 ml de **água**
1 **maçã** descascada
125 g de **morangos**

Triture o pêssego no liquidificador com ⅓ da medida de água. Distribua entre 4 fôrmas de picolé e leve para congelar.

Pique a maçã e bata no liquidificador com ⅓ da água. Despeje nos moldes sobre o sorvete de pêssego e leve ao freezer para endurecer.

Bata os morangos com o restante da água e complete os moldes. Leve de novo para congelar.

Variação: picolés de chocolate e tangerina. Triture 300 g de gomos de mexerica. Derreta 125 g de chocolate amargo em banho-maria. Misture com o purê de mexerica e coloque em 4 moldes para picolé. Leve ao freezer por 2 horas para endurecer.

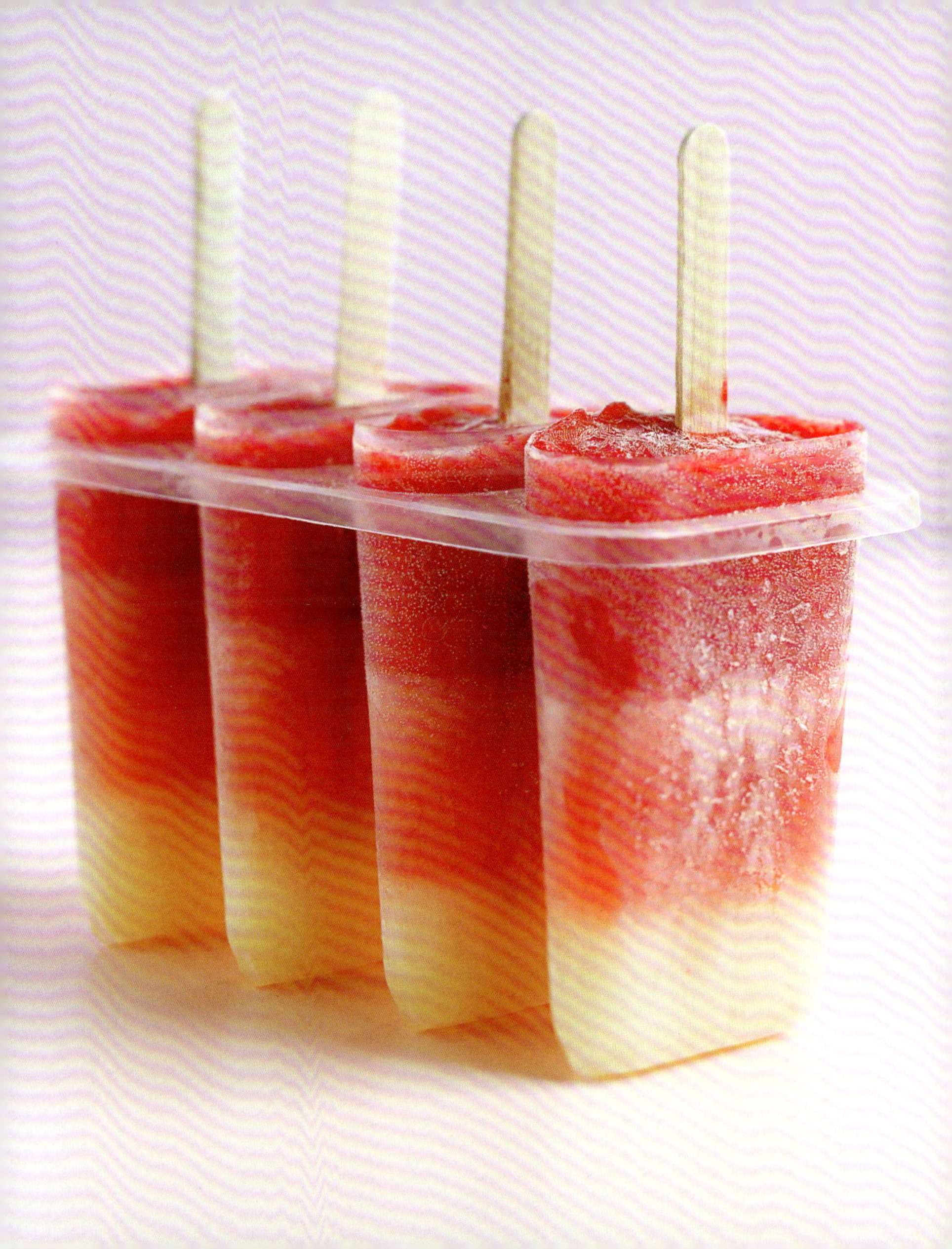

vitamina multicolorida

Rendimento: **400 ml**
Preparo: **9-10 minutos**

3 **kiwis** picados
150 ml de **iogurte natural**
1 **manga** pequena picada
2 colheres (sopa) de **suco de maçã** ou **de laranja**
150 g de **framboesas**
1-2 colheres (sopa) de **mel**

Bata os kiwis no liquidificador e coloque às colheradas em dois copos altos. Coloque 1 colher de iogurte em cada copo e espalhe igualmente pelas laterais do copo.

Triture a manga com o suco escolhido no liquidificador e divida entre os copos. Adicione outra camada de iogurte.

Bata as framboesas no liquidificador e coe para retirar as sementes. Experimente e adoce com mel a gosto. Complete os copos e sirva.

Variação: vitamina bicolor. Bata 175 g de amoras com 2 colheres (sopa) de mel no liquidificador. Coloque camadas alternadas de purê de amoras e iogurte em dois copos altos. Sirva a seguir.

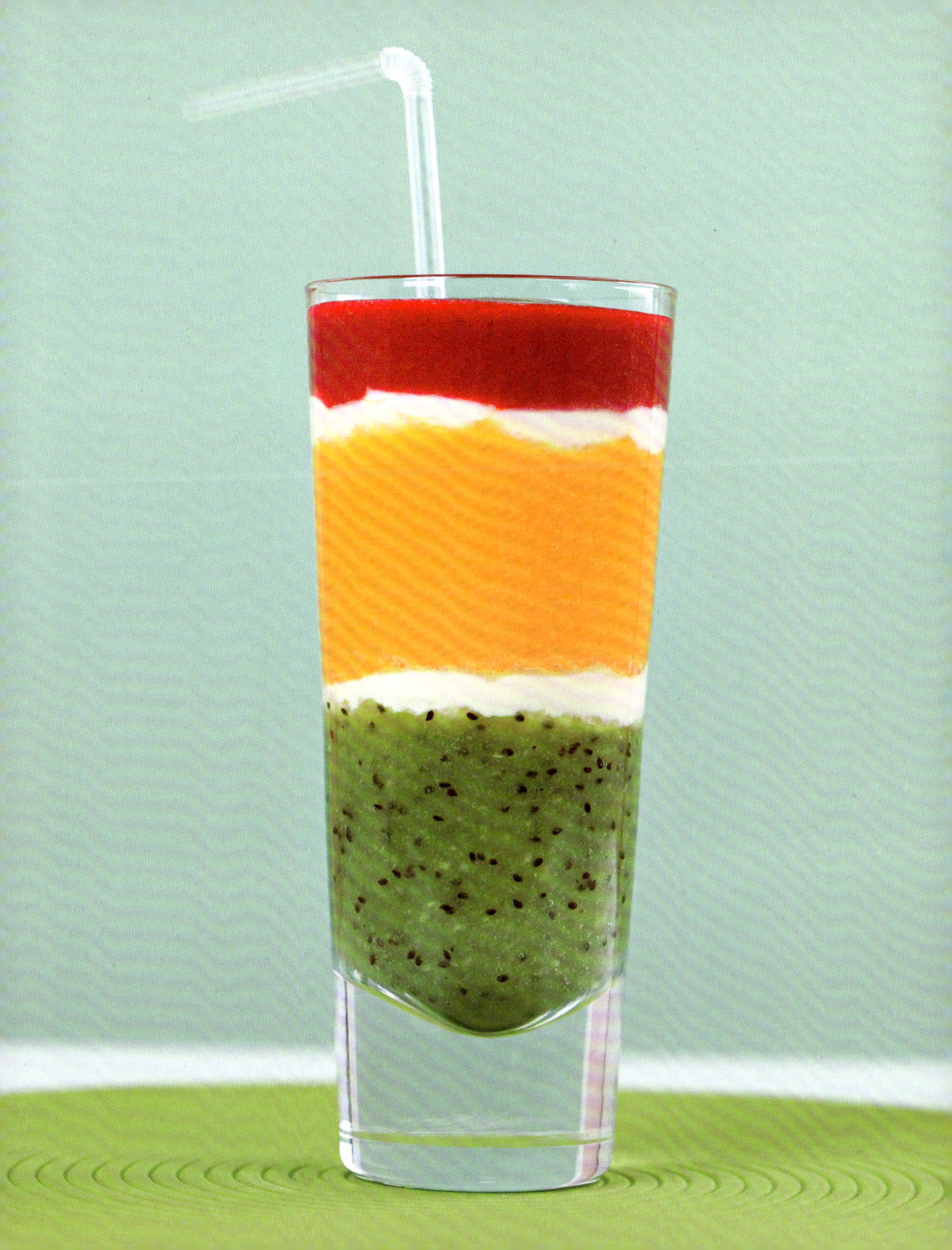

índice

abacate
  guacamole 150
  patê cremoso de abacate 46
abacaxi
  crocante caribenho 204
  pizza de presunto e abacaxi 138
  salada de melão e abacaxi 164
  suco de abacaxi com coco 224
abóbora
  calzones de abóbora e queijo 116
  ensopado de frango e abóbora 96
  legumes assados com queijo e amendoim 102
  risoto de abóbora 106
abobrinha
  bolinhos de abobrinha e hortelã 128
  bolo de abobrinha da vovó 170
  macarrão ao alho com abobrinha 78
  sanduíche vegetariano 70
acelga gratinada 102
almoço 9, 38-75
ameixa
  barrinhas de sementes de abóbora e frutas 188
  creme de chocolate especial 208
amêndoas
  delícia crocante 34
  iogurte crocante 28
  panquecas de canela e pêssego 18
  panquecas teia de aranha 216
  picolés de frutas 232
  suco de melancia e framboesa 228
  torta de frutas 214
amendoim
  acelga gratinada 102
  bolo de chocolate e amendoim 176
  espetinhos de frango à chinesa 140
  legumes assados com queijo e amendoim 102
  salada de frango e arroz 80
  vitamina de pasta de amendoim 32
amora
  musse de amora 172
  torta de frutas 214

arroz
  risoto de abóbora 106
  risoto de frango e ervilhas 106
  salada de arroz e camarão 80
  salada de frango e arroz 80
aspargo
  macarrão gratinado 94
  pizza estilizada de aspargos 58
  rolinhos de aspargos 58
  sanduíche de rosbife e aspargos 48
  sanduíche de salmão e aspargos 48
atum
  macarrão com atum e milho 82
  rolinhos de atum e repolho 130
  salada de atum, feijão e azeitona preta 126
  sanduíche de atum 70
  torta de atum e camarão 88
aveia
  barrinhas de chocolate e granola 174
  barrinhas de gengibre 156
  barrinhas de granola 174
  delícia crocante 34
  delícia dourada 34
  iogurte crocante 28
  mingau com frutas vermelhas 18
  mingau de maçã caramelada 18
  muffins de aveia, cerejas e passas 178
  quadradinhos de banana e passas 156
  vitamina de banana 32

bacon
  feijão com bacon e ervas 24
  fritada de cogumelos e bacon 132
  fritada de vagem e bacon 132
  pastéis de queijo e bacon 152
  pizza de ovos e bacon 118
  rolinhos de frango e bacon 130
  rösti com ovos e bacon 86
  rösti de batata, bacon e tomate 86
  sopa de lentilha rosa e bacon 50
  tortinhas de tomate e linguiça 20
banana
  bananas carameladas e sorvete de iogurte 210
  bolo de banana e chocolate 182
  bolo de banana e chocolate sem trigo 182
  bolo de figo com banana 212
  muffins integrais de banana 30

  panquecas cremosas de banana 16
  quadradinhos de banana e passas 156
  torta de banana, morango e cereja 206
  tortinhas invertidas de banana 186
  vitamina de banana 32
  vitamina tropical 230
barrinhas de chocolate e granola 174
barrinhas de granola 174
barrinhas de iogurte 188
barrinhas de sementes de abóbora e frutas 188
batata
  batata frita multicolor 122
  batata rösti 86
  batatas coradas 52
  peixe com fritas 148
  rösti de batata, bacon e tomate 86
  saltenha de carne 110
  tortilha espanhola 112
  tortilha espanhola com linguiça 112
batata-doce
  bacalhau gratinado com batata-doce 88
  batata-doce assada 72
  batata-doce assada com cogumelos 72
  batata frita multicolor 122
bebidas 220-235
  limonada especial 222
  limonada refrescante 222
  milk-shake de morango 226
  suco de abacaxi com coco 224
  suco de manga, melão e laranja 224
  suco de melancia e framboesa 228
  suco de melão e maçã 228
  vitamina de banana 32
  vitamina de morango 226
  vitamina de nectarina e framboesa 230
  vitamina de pasta de amendoim 32
  vitamina multicolorida 234
beterraba
  beirute de homus de beterraba 42
biscoitos
  árvores de natal 190
  biscoitinhos de natal 162
  biscoitinhos natalinos de chocolate 162
  flores de baunilha 184
  flores de gengibre 184

guirlandas de natal 190
palitos de espinafre e parmesão 168
palitos de queijo 168
bolinhos de milho e dip de tomate 128
bolos
    bolo de abobrinha da vovó 170
    bolo de aniversário de chocolate 160
    bolo de banana e chocolate 182
    bolo de banana e chocolate sem trigo 182
    bolo de chocolate colorido 192
    bolo de chocolate e amendoim 176
    bolo de figo com banana 212
    bolo de mel 176
    bolo festivo de aniversário 160
    bolo úmido de manga 170
    quadradinhos de laranja e framboesa 166
    quadradinhos de mirtilo e requeijão 166
brownies
    brownies com frutas vermelhas 218
    brownies de chocolate branco e morangos 218

café da manhã 15
calzones de calabresa e queijo 116
camarão
    bacalhau gratinado com batata-doce 88
    batata-doce assada 72
    camarão indiano 96
    macarrão com camarão 144
    macarrão oriental 90
    salada de arroz e camarão 80
    torradas de camarão 146
    torta de atum e camarão 88
carne
    espaguete à bolonhesa 84
    fajitas de carne 150
    macarrão oriental com carne e coco 90
    mini-hambúrgueres 142
    sanduíche de rosbife e aspargos 48
carne de porco
    escalopinhos de porco 104
    espetinhos de porco 140
    hambúrguer de porco com maçã 142
    macarrão oriental agridoce 144
    wraps de porco e acelga à chinesa 62

cereja
    árvores de natal 190
    biscoitinhos de natal 162
    biscoitinhos natalinos de chocolate 162
    guirlandas de natal 190
    muffins de aveia, cerejas e passas 178
    muffins de baunilha e cereja 30
    torta de banana, morango e cereja 206
chocolate
    barrinhas de chocolate e granola 174
    barrinhas de iogurte 188
    barrinhas de sementes de abóbora e frutas 188
    biscoitinhos natalinos de chocolate 162
    bolo de aniversário de chocolate 160
    bolo de banana e chocolate 182
    bolo de banana e chocolate sem trigo 182
    bolo de chocolate colorido 192
    bolo de chocolate e amendoim 176
    brownies com frutas vermelhas 218
    brownies de chocolate branco e morangos 218
    creme de chocolate especial 208
    crocante de iogurte e cereal 28
    muffins integrais de banana 30
    musse de amora 172
    picolés de chocolate e tangerina 232
    pipoca caramelada ao chocolate 180
cogumelo
    batata-doce assada com cogumelos 72
    cogumelos gratinados 36
    cogumelos com ovo poché 36
    folhados especiais 20
    fritada de cogumelos e bacon 132
    sanduíche de tomate e cogumelo 26
cuscuz
    cuscuz de frango e hortelã 44
    cuscuz de legumes 66
    cuscuz real 44
cordeiro
    cozido de cordeiro oriental 98
    kafta de cordeiro 124

rolinhos marroquinos 124
wraps de cordeiro e alface 68
wraps de pequim 68
creme de baunilha 212
creme de chocolate especial 208
crocante encantado 204

damasco
barrinhas de granola 174
delícia dourada 34
macarrão oriental 90

ervilha
camarão indiano 96
fritada de vagem e bacon 132
macarrão com salmão gratinado 82
macarrão oriental agridoce 144
risoto de frango e ervilhas 106
wraps de peru oriental 62
espaguete à bolonhesa 84
espetinhos de frango à chinesa 140
espinafre
    macarrão ao queijo e espinafre 78
    palitos de espinafre e parmesão 168
    sopa de feijão, coco e espinafre 50

fajitas de frango e salsa 150
feijão
    ensopado de feijão-branco 60
    feijão com bacon e espinafre 24
    feijão com linguiça 24
    salada de atum, feijão e azeitona preta 126
    sopa de feijão, coco e espinafre 50
figo
    bolo de figo com banana 212
    panquecas de baunilha com figo 198
flores de baunilha 184
folhados especiais 20
framboesa
    brownies com frutas vermelhas 218
    crocante encantado 204
    panquecas teia de aranha 216
    suco de melancia e framboesa 228
    vitamina de nectarina e framboesa 230
frango
    cuscuz de frango e hortelã 44
    ensopado de frango e abóbora 96
    espetinhos de frango à chinesa 140

fajitas de frango e salsa 150
frango ligeiro 104
nuggets de frango picantes 136
pizza de frango e calabresa 138
rolinhos de frango e bacon 130
salada de frango e arroz 80
torta de frango especial 100
wraps de frango 56
fritada de vagem e bacon 132
frutas
  barrinhas de chocolate e granola 174
  torta arco-íris 202
  torta raio de sol 202
frutas secas
  barrinhas de sementes de abóbora e frutas 188
  pãezinhos doces 158

grão-de-bico
  hambúrguer vegetariano 120
  minibeirute de homus 42
  salada de ervas e grão-de-bico 126
guirlandas de natal 190

hambúrguer
  mini-hambúrgueres 142
  hambúrguer de porco com maçã 142
  hambúrguer de calabresa e pimentão 120
  hambúrguer vegetariano 120
homus
  beirute de homus de beterraba 42
  minibeirute de homus 42
  rolinhos marroquinos 124

iogurte
  bananas carameladas e sorvete de iogurte 210
  barrinhas de iogurte 188
  creme de chocolate especial 208
  crocante de iogurte e cereal 28
  iogurte crocante 28
  morangos com iogurte 210
  picolés de pêssego e iogurte 196
  vitamina bicolor 234
  vitamina de nectarina e framboesa 230
  vitamina multicolorida 234

jantar 9, 76-107

ketchup caseiro 26
kiwi
  vitamina multicolorida 234

lanches rápidos 109
  lanches reforçados 155
laranja
  quadradinhos de laranja e framboesa 166
  suco de manga, melão e laranja 224
  torta arco-íris 202
  vitamina multicolorida 234
leite
  vitamina de banana 32
  vitamina de morango 226
leite de coco
  sopa de feijão, coco e espinafre 50
  suco de abacaxi com coco 224
  vitamina tropical 230
lentilha
  cozido indiano de lentilha 60
  sopa de lentilha rosa e bacon 50
limonada especial 222
linguiça
  calzones de calabresa e queijo 116
  feijão com linguiça 24
  hambúrgueres de calabresa e pimentão 120
  hambúrguer matinal reforçado 26
  pizza de frango e calabresa 138
  tortilha espanhola com linguiça 112
  tortinhas de tomate e linguiça 20
  wraps picantes 74

maçã
  delícia crocante 34
  hambúrguer de porco com maçã 142
  maçãs carameladas 200
  mingau de maçã caramelada 18
  panquecas de maçã com canela 216
  picolés de frutas 232
  suco de melão e maçã 228
  torta de frutas 214
maionese de queijo e cebolinha 122
manga
  bolo úmido de manga 170
  crocante caribenho 204
  suco de manga, melão e laranja 224
  vitamina multicolorida 234
  vitamina tropical 230

massas
  macarrão ao alho com abobrinha 78
  macarrão ao queijo e espinafre 78
  macarrão com atum e milho 82
  macarrão com camarão 144
  macarrão com salmão gratinado 82
  macarrão gratinado 94
  macarrão gratinado com abobrinha 94
  macarrão oriental 90
  macarrão oriental agridoce 144
  macarrão oriental com carne e coco 90
massa folhada
  folhados especiais 20
  pastéis de mussarela e tomate 152
  pastéis de queijo e bacon 152
  torta cremosa de presunto 100
  torta de frango especial 100
  tortinhas de tomate e linguiça 20
melancia
  salada de pera, morango e melancia 164
  suco de melancia e framboesa 228
melão
  salada de melão e abacaxi 164
  suco de manga, melão e laranja 224
  suco de melão e maçã 228
milho
  bolinhos de milho e dip de tomate 128
  macarrão com atum e milho 82
  vinagrete de milho e pepino 146
mingau de maçã caramelada 18
minibeirute de homus 42
mini-hambúrgueres 142
minipizzas 118
miniquiches 114
mirtilo
  panquecas de frutas 198
  quadradinhos de mirtilo e requeijão 166
  rabanadas com mirtilo 22
  torta cremosa de mirtilo e pêssego 206
morango
  bolo festivo de aniversário 160
  brownies de chocolate branco e morangos 218
  crocante encantado 204
  milk-shake de morango 226

milk-shake de morango 226
morangos com iogurte 210
picolés de frutas 232
salada de pera, morango e melancia 164
torta arco-íris 202
torta de banana, morango e cereja 206
vitamina de morango 226
musse de amora 172
muffins
    muffins de aveia, cerejas e passas 178
    muffins de baunilha e cereja 30
    muffins de cenoura 178
    muffins integrais de banana 30

nuggets de frango picantes 136

ovo
    cogumelos com ovo poché 36
    cogumelos gratinados 36
    fritada de cogumelos e bacon 132
    fritada de vagem e bacon 132
    ovos mexidos coloridos 40
    pizza de ovos e bacon 118
    rösti com ovos e bacon 92
    tortilha espanhola 112

pãezinhos salgados 64
palitos de queijo 168
panquecas
    panquecas cremosas de banana 16
    panquecas de baunilha com figo 198
    panquecas de canela e pêssego 16
    panquecas de frutas 198
    panquecas teia de aranha 216
pães
    frango ligeiro 104
    pãezinhos doces 158
    pãezinhos porco-espinho 158
    pãezinhos salgados 64
    sanduíche de atum 70
    sanduíche de presunto 54
pastéis de queijo e bacon 152
patê
    grissini e patê de queijo 46
    patê cremoso de abacate 46
pato
    wraps de pequim 68
peixe
    bacalhau gratinado com batata-doce 88
    macarrão com atum e milho 82
    peixe com fritas 148
    peixe gratinado com batata-doce 88
    rolinhos de atum e repolho 130
    salada de atum, feijão e azeitona preta 126
    sanduíche de atum 70
    torta de atum e camarão 88
pepino
    fajitas de carne 150
    fajitas de frango e salsa 150
    minibeirute de homus 42
    molho de alho e pepino 52
    salada de arroz e camarão 80
    salada de ervas e grão-de-bico 126
    vinagrete de milho e pepino 146
    wraps de cordeiro e alface 68
    wraps de pequim 68
pera
    delícia crocante 34
    salada de pera, morango e melancia 164
    tortinhas invertidas 186
peru
    wraps de peru oriental 62
pêssego
    delícia dourada 34
    panquecas de canela e pêssego 16
    pêssegos caramelados 200
    picolés de frutas 232
    picolés de frutas multicoloridos 196
    torta cremosa de mirtilo e pêssego 206
    torta de pêssego com canela 214
picolés
    picolés de chocolate e tangerina 232
    picolés de frutas 232
    picolés de frutas multicoloridos 196
pimentão
    bolinhos de milho e dip de tomate 128
    calzones de calabresa e queijo 116
    cozido de legumes 98
    cuscuz de legumes 66
    cuscuz real 44
    folhados especiais 20
    hambúrgueres de calabresa e pimentão 120
    ovos mexidos coloridos 40
    quiche de pimentão, alho e parmesão 114
pipoca caramelada ao chocolate 180
pipoca dourada 180
pizza
    calzones de abóbora e queijo 116
    calzones de calabresa e queijo 116
    minipizzas 118
    pizza de frango e calabresa 138
    pizza de ovos e bacon 118
    pizza de presunto e abacaxi 138
    pizza estilizada de aspargos 58
presunto
    minipizzas 118
    miniquiches 114
    pizza de presunto e abacaxi 138
    pizza estilizada de aspargos 58
    rolinhos de aspargos 58
    sanduíche de presunto 54
    torta cremosa de presunto 100
    wraps de presunto 56

quadradinhos de banana e passas 156
    quadradinhos de mirtilo e requeijão 166
quiches
    miniquiches 114
    quiche de pimentão, alho e parmesão 114
quinua com legumes grelhados 66

rabanadas com mirtilo 22
repolho
    acelga gratinada 102
    salada de repolho 56
restaurante em casa 135
risoto de abóbora 106
rolinhos
    rolinhos de aspargos 58
    rolinhos de atum e repolho 130
    rolinhos de frango e bacon 130
    rolinhos marroquinos 124

saladas
    salada de arroz e camarão 80
    salada de atum, feijão e azeitona preta 126
    salada de ervas e grão-de-bico 126
    salada de frango e arroz 80
    salada de melão e abacaxi 164
salmão
    macarrão com salmão gratinado 82

salmão rösti 92
sanduíche de salmão e aspargos 48
saltenha de carne 110
sanduíche de presunto 54
sanduíche de rosbife 48
sementes
  barrinhas de granola 174
  barrinhas de sementes de abóbora e frutas 188
  crocante de iogurte e cereal 28
  pãezinhos salgados 64
sobremesas 11, 194-219
sopa
  sopa de feijão e espinafre 50
  sopa de lentilha rosa e bacon 50
sorvete
  bananas carameladas e sorvete de iogurte 210
  brownies com frutas vermelhas 218
  milk-shake de morango 226
  morangos com iogurte 210
  picolés de chocolate e tangerina 232
  picolés de frutas 232
  picolés de frutas multicoloridos 196
suco de manga, melão e laranja 224
suco de melancia e framboesa 228

tomate
  bolinhos de milho e dip de tomate 128
  ensopado de feijão-branco 60
  feijão com bacon e ervas 24
  hambúrguer matinal reforçado 26
  miniquiches 114
  rösti de batata, bacon e tomate 86
  sanduíche de presunto 54
  sanduíche de tomate e cogumelo 26
torradas de camarão 146
tortas
  torta arco-íris 202
  torta cremosa de mirtilo e pêssego 206
  torta cremosa de presunto 100
  torta de banana, morango e cereja 206
  torta de frango especial 100
  torta de frutas 214
  torta de pêssego com canela 214
  tortilha espanhola com linguiça 112
  tortinhas de tomate e linguiça 20
  ver massa folhada
  tortinhas invertidas 186
trigo-sarraceno

salada de ervas e grão-de-bico 126
sanduíche de atum 70

vagem
  cuscuz real 44
vitaminas
  vitamina de banana 32
  vitamina de morango 226
  vitamina de nectarina e framboesa 230
  vitamina de pasta de amendoim 32
  vitamina multicolorida 234

wraps
  wraps de cordeiro e alface 68
  wraps de frango 56
  wraps de frango e pesto 74
  wraps de pequim 68
  wraps de peru oriental 62
  wraps de porco e acelga à chinesa 62
  wraps de presunto 56
  wraps picantes 74

créditos

Agradecimentos

Agradeço a minha irmã Sofia por sua cooperação e apoio enquanto eu escrevia este livro. E agradeço especialmente à Sophie e a meus filhos por sua valiosa opinião ao testar as receitas.

Editora-executiva Nicky Hill
Editora Kerenza Swift
Editor de arte executivo Mark Stevens
Projeto gráfico Richard Scott
Fotografia Lis Parsons
Economista doméstica Emma Jane Frost
Estilista de culinária Liz Hippisley
Gerente de produção Carolin Stransky

Fotografia da capa: © Octopus Publishing Group Limited/Lis Parsons.
Fotografias especiais © Octopus Publishing Group Ltd/Lis Parsons, exceto as das páginas 8, 11, 12, 115, 158, 163, 169, 185, 191, 193, 225, 228, 233, 235: © Octopus Publishing Group Ltd/Vanessa Davies